रामकुमार सिंह

राइटर-स्क्रीनराइटर रामकुमार सिंह दिलचस्प क़िस्सागोई के लिए जाने जाते हैं। सिनेमा और साहित्य में समान रूप से सक्रिय। फतेहपुर शेखावाटी, राजस्थान के बिरानिया गाँव में किसान परिवार में पैदा हुए। राजस्थान में हिन्दी पत्रकारिता में नाम कमाया। पुरस्कृत हुए। कहानियाँ लिखीं। प्रमुख साहित्यिक पत्रिकाओं में छपे। कहानियों के अनुवाद दूसरी भाषाओं में हुए। कहानी-संग्रह आया। राजस्थानी फ़िल्म 'भोभर' की कथा, संवाद और गीत लिखे। राजकमल प्रकाशन से आए उपन्यास 'जेड प्लस' पर इसी नाम से डॉ. चन्द्रप्रकाश द्विवेदी के निर्देशन में फ़िल्म बनी। इस फ़िल्म की पटकथा और संवाद लिखे। रामगोपाल वर्मा की 'सरकार-3' के संवाद लिखे। फ़िल्म 'अनारकली ऑव आरा' के कुछ गीत लिखे। हाल ही उनका नया उपन्यास 'सुपरस्टार की मौत' काफ़ी चर्चित रहा। लोककथाओं को दिलचस्प अन्दाज में पुनर्पाठ के साथ 'बातपोश' नाम से पॉडकास्ट करते हैं। इन दिनों मुम्बई में फ़िल्म पटकथाओं और वेब सीरीज पर लगातार काम कर रहे हैं।

ईमेल : indiark@gmail.com

सत्यांशु सिंह

नेशनल अवार्ड विजेता फ़िल्म मेकर। बचपन बिहार में बीता। मेडिकल की पढ़ाई के दौरान सिनेमा के सुलेमानी कीड़े ने काटा। एमबीबीएस की डिग्री से सिनेमा में आने के लिए आर्म्स फोर्सेज़ के बॉन्ड की भारी रकम चुकाकर मुंबई आ गए। पहली पटकथा लिखने के आठ साल बाद उस पर फ़िल्म 'चिंटू का बर्थडे' बनी, जिसे ख़ुद सत्यांशु ने अपने भाई देवांशु सिंह के साथ निर्देशित किया जो कथानक और फॉर्म के लिहाज से काफ़ी चर्चित रही। कई नामी फ़िल्म संस्थानों में पटकथा अध्यापन किया। सत्यांशु की निर्देशित शॉर्ट फ़िल्म 'तमाश' को नेशनल अवार्ड मिला। फ़िल्म 'उड़ान' के रोहन की कविताएँ सत्यांशु की हैं। 'सुलेमानी कीड़ा' और 'फेरारी की सवारी' में गीत लिखे। एआईबी फर्स्ट ड्राफ्ट के सूत्रधार रहे। नए स्क्रीनराइटर को तैयार करने में महत्त्वपूर्ण भूमिका निभाई। लॉकडाउन के दौरान ऑनलाइन स्क्रीनराइटिंग वर्कशॉप्स लीं और लाखों रुपए एकत्र कर कोरोना आपदा कोष में दिए। फ़िलहाल मुंबई में कई निर्माणाधीन फ़िल्म और वेबसीरीज़ के साथ बतौर लेखक और सलाहकार जुड़े हुए हैं।

रामकुमार सिंह
सत्यांशु सिंह

आइडिया से परदे तक

कैसे सोचता है फ़िल्म का लेखक?

राजकमल पेपरबैक्स

राजकमल पेपरबैक्स में
पहला संस्करण : 2021
चौथा संस्करण : 2025

राजकमल पेपरबैक्स : उत्कृष्ट साहित्य के जनसुलभ संस्करण

राजकमल प्रकाशन प्रा.लि.
1-बी, नेताजी सुभाष मार्ग, दरियागंज
नई दिल्ली-110 002
द्वारा प्रकाशित

शाखाएँ : अशोक राजपथ, साइंस कॉलेज के सामने, पटना-800 006
पहली मंजिल, दरबारी बिल्डिंग, महात्मा गांधी मार्ग, प्रयागराज-211 001
1, अनमोल सोराबजी संतुक लेन, धोबी तलाव, मरीन लाइंस, मुम्बई-400 002

वेबसाइट : www.rajkamalprakashan.com
ई-मेल : info@rajkamalprakashan.com

विकास कंप्यूटर एंड प्रिंटर्स
ट्रॉनिका सिटी-201 102
द्वारा मुद्रित

मूल्य : ₹250

IDEA SE PARDE TAK : Kaise Sochta Hai Film Ka Lekhak?
by Ramkumar Singh, and Satyanshu Singh

ISBN : 978-93-89598-83-4

हर उस लेखक को
जिसने लेखन के क्राफ़्ट को
ख़ुद से ज़्यादा गम्भीरता से लिया...

क्रम

प्रस्तावना

कहानी हमारे यहाँ श्रुति परम्परा से आई। इसे कहनेवाले की प्रतिष्ठा रही है। निस्सन्देह कहानी कहना एक कला है लेकिन सिनेमा की कहानी कहना उससे भी ज़्यादा परिष्कृत कला है। हज़ारों साल पहले भरत मुनि ने 'नाट्यशास्त्र' में रसास्वाद के लिहाज से सारे नियम-क़ायदे समझाए हैं। हमारी कथा परम्परा में सिनेमा बहुत ही नया माध्यम है। मात्र एक शताब्दी पुराना। इसलिए इसे समझने-परखने की सामग्री भी सीमित है। हिन्दी में तो और भी कम।

मैं देख पा रहा हूँ कि नई पीढ़ी के फ़िल्मकार और सिनेमा के लेखक पाश्चात्य सिनेमा से बहुत ज़्यादा प्रभावित रहे हैं। यह स्पष्ट है कि वे कथा परम्परा के लिहाज से उर्वर भारत भूमि के मूल्यों और कहानियों से वंचित होने के लिए अभिशप्त हैं। चूँकि सिनेमा एक बड़े कौशल और लगन से सीखा जानेवाला माध्यम है, इसे लिखने के लिए आपको व्यापक अध्ययन और समझ की ज़रूरत होती है। पटकथा लेखन के बारे में अंग्रेज़ी में विशाल ग्रंथ हैं लेकिन हिन्दी में बहुत ही सीमित सामग्री उपलब्ध है। मुझे विश्वास है, यह पुस्तक इस कमी को पूरा करेगी।

ऐसा होता नहीं है कि राम कोई नया काम कर रहा हो और मुझे इसकी सूचना ना दे। मैं उसकी लगन और गम्भीरता को जानता हूँ। मेरा स्नेह और शुभकामनाएँ हमेशा उसके साथ रहती हैं।

सत्यांशु से निजी तौर पर नहीं मिला हूँ लेकिन रामकुमार ने कई बार उसकी प्रतिभा के बारे में ज़िक्र किया है। वह भी चिकित्सा के क्षेत्र से कहानियों के इस जादुई संसार में आया है। मैं समझ सकता हूँ कि एक सुनिश्चित बेहतर भविष्य को छोड़कर अपने सपने की

तरफ लपकना कितने साहस का काम है। इन दोनों की अथक मेहनत के बाद लम्बे इन्तज़ार के बाद यह पुस्तक आपके सामने आ रही है।

आप सिनेमा या आजकल लोकप्रिय वेब सीरींज लिखने की तरफ़ आ रहे हैं तो यह किताब बेहद आसान तरीके से भारतीय कथा सन्दर्भों के साथ आपको पटकथा लेखन के कुछ आवश्यक मंत्र बताती है। मेरी शुभकामनाएँ!

—डॉ. चन्द्रप्रकाश द्विवेदी

सपने को सच में बदलते देखना

सबसे पहले तो अपनी पहली फ़िल्म का पहला ड्राफ़्ट लिखने की तरफ़ उठे आपके पहले कदम के लिए बधाई। अगर आप अपनी पहली फ़िल्म लिखने के बाद इसे पढ़ रहे हैं, तो यह जानने के लिए बधाई कि फ़िल्म लिखना एक बहुत मुश्किल काम है और ये दूसरी बार में भी आसान नहीं होनेवाला। अगर आपने अभी-अभी हमारे बारे में सुना है, तो मैं आपको इस किताब के पीछे की थोड़ी सी कहानी बता दूँ।

मेरा मानना है कि सत्यांशु सिंह (हम उन्हें प्यार से बुलाते हैं—'सैटी सर') इस देश में स्क्रिप्ट राइटिंग के सबसे बढ़िया टीचर हैं। यह सिर्फ़ मेरे अकेले का मानना नहीं है। उनके लेक्चर में शामिल होने वाले सैकड़ों छात्र भी ऐसा ही कहते हैं। हम में से किसी को भी ये सब कहने के लिए सैटी ने कोई पैसा नहीं दिया है, क्योंकि सैटी एक शानदार लेखक हैं और हम सभी जानते हैं कि लेखक रिश्वत देने के लिए बहुत ग़रीब होते हैं। सैटी सही में लाखों में एक हैं। न केवल वह एक बेहतरीन लेखक हैं जो अपने काम को लेकर बहुत मेहनती हैं, बल्कि वह अपनी इस कला के बारे में दूसरों को सिखाने के लिए भी उतना ही जुनूनी हैं। जैसे-जैसे AIB में हमारे इरादे इंटरनेट से आगे बढ़े, हमारे रास्ते एक होते चले गए। क़िस्मत से एक दिन बातचीत के दौरान हम एक नतीजे पर पहुँचे : 'फ़र्स्ट ड्राफ़्ट'।

ज़्यादातर लोग अपने सपनों का पीछा न करने के बहुत से बहाने ढूँढ़ लेते हैं। अगर आपका सपना फ़िल्में लिखने का है तो आपके बहाने काफ़ी हद तक ठीक भी है। फ़िल्मों को लिखने में काफ़ी समय लगता है और हिन्दी फ़िल्में अधिकतर मुम्बई में बनती हैं। यह एक महँगा शहर है। यहाँ आप फ़िल्मी दुनिया के अन्दर जान-पहचान के बिना अपनी फ़िल्म नहीं बना सकते। अगर आप अपनी फ़िल्म लिखने के लिए समय निकालते भी हैं तो आप अपने रोज़मर्रा के ख़र्चों का भुगतान कैसे करेंगे?

इसीलिए हमने 'फ़र्स्ट ड्राफ़्ट' शुरू करने का निर्णय लिया, देश-भर के लेखकों के लिए एक खुला रेज़िडेन्सी प्रोग्राम, जिसमें मुफ़्त रहना-खाना, मुफ्त ट्यूशन और

जेबख़र्च का भी ध्यान रखा जाएगा। जिसके अन्त में सभी छात्र अपनी पहली फ़िल्म या वेब-सीरीज़ के पहले ड्राफ़्ट के साथ निकलेंगे!

अगर ये सुनने में आपको एक सपने जैसा लगता है तो यक़ीन मानिए आप सही सोच रहे हैं क्योंकि ये बिलकुल ऐसा ही था। 'फ़र्स्ट ड्राफ़्ट' की 10 सीटों के लिए 15,000 से ज़्यादा लोगों ने एप्लाई किया था। अब तक इसके दो बैच निकल चुके हैं और हमारे कई छात्र अब फ़िल्मी दुनिया में काम कर रहे लेखक बन चुके हैं। इनमें से कुछ नाम हैं—ध्रुव नारंग (सेक्रेड गेम्स 2), निशा कालरा (भाग बीनी भाग), और मनोज कलवानी (जो एक बड़े स्टूडियो के साथ एक फ़ीचर फ़िल्म कर रहे हैं।)

हमें इन दो बैचों के बाद एहसास हुआ कि न सिर्फ़ 10 लेखकों को चुनना एक मुश्किल काम था, बल्कि उन हज़ारों लोगों को ना चुनना और भी ज़्यादा मुश्किल था जो सीखने की इच्छा रखते थे। हम सोचने लगे कि हम उनके लिए क्या कर सकते हैं?

तभी हमें इस किताब का विचार आया—एक ऐसी किताब जो लोगों को उनकी पहली कहानी लिखने में मदद करेगी। राजकमल प्रकाशन के अलिन्द महेश्वरी इस विचार को हक़ीक़त में बदलने के लिए हमारे साथ जुड़े तो हमारा आत्मविश्वास और बढ़ गया।

रामकुमार सिंह, जो एक अच्छे लेखक और बेहतरीन इंसान हैं, जिनका हिन्दी पत्रकारिता में भी काफ़ी अनुभव रहा है, हमारे इस प्रयास में हमारे साथ जुड़े। हमारे पब्लिशर, राजकमल प्रकाशन ने हमें उनसे मिलवाया और उनके साथ मिलकर काम करने का ये सफ़र बहुत ही शानदार रहा। अपनी लगन और जुनून के साथ रामकुमार जी ने सत्यांशु के लेक्चर्स को इन कमाल के, आसानी से पढ़े जानेवाले हिस्सों में बदल दिया, जो न केवल आपको फ़िल्में लिखना सिखाते हैं बल्कि आपको कुछ अद्भुत लिखने के लिए प्रेरित भी करते हैं। मैं हमेशा रामकुमार सिंह का आभारी रहूँगा, जिन्होंने हमारे इस सपने को सच कर दिखाया।

मुझे उम्मीद है कि यह किताब आपको अपना स्क्रीनप्ले लिखने के लिए प्रेरणा और हिम्मत देगी। चूँकि सत्यांशु का कोई भी लेक्चर 'लगान' फ़िल्म के ज़िक्र के बिना अधूरा है इसीलिए मैं उसी की इन पंक्तियों के साथ आप सभी को शुभकामनाएँ देना चाहूँगा कि 'सच और साहस है जिसके मन में, अन्त में जीत उसी की रहे!'

—तन्मय भट्ट

आइडिया से परदे तक

कैसे सोचता है फ़िल्म का लेखक?

यह किताब क्या है, क्यों है?

I could be just a writer very easily. I am not a writer. I am a screenwriter, which is half a film maker. But it is not an art form. Because screenplays are not works of art. They are invitations to others to collaborate on a work of art.

—Paul Schrader

ज़रा सोचिए कि आप एक आर्किटेक्ट हैं। आपमें प्रतिभा और जुनून है। आप मेहनती भी हैं। कई साल की तमन्ना है कि आप एक पुल बनाएँ। इस पुल की छवि आपके दिमाग़ में एकदम साफ़ है। आपको पूरा भरोसा है कि जब यह पुल बन जाएगा तो इसे तकनीक और कला की ज़बरदस्त मिसाल माना जाएगा। आप यह भी जानते हैं कि यह पुल हमेशा के लिए शहर का लैंडमार्क बन जाएगा और इस पुल के लिए आप याद रखे जाएँगे।

अब सोचिए। अगर आप पेंटर होते तो कैनवस पर रंग बिखेरकर अपनी कल्पना को साकार कर सकते थे। आप संगीतकार होते तो हाथ में गिटार लेकर ऐसी संगीत-रचना तैयार करते, जो हमेशा के लिए महान हो जाती। कवि होते तो काग़ज़-कलम उठाते, अपने ख़यालों को एक कविता बनाकर लिख देते। वो कविता भी महान कविता की श्रेणी में जा सकती थी।

समस्या यह है कि आप तो तीनों ही नहीं हैं। आप तो एक आर्किटेक्ट हैं। कविता, संगीत या पेंटिंग नहीं, पुल बनाना चाहते हैं। ये पुल आप अपने घर की छत पर तो नहीं बनाएँगे। सबसे पहले तो यह हो कि सरकार आपको उस पुल के लिए अधिकृत करे। फिर जगह चुननी होगी। बहुत सारे पैसों की ज़रूरत होगी। आपको ज़रूरी क़ानूनी औपचारिकताएँ पूरी करनी पड़ेंगी। और फिर पुल आप अकेले नहीं बनाएँगे। आप एक ब्लू-प्रिंट बनाएँगे, जिस पर सैकड़ों लोग अलग-अलग महक़मों को सँभालते हुए काम करेंगे। कोई बिजली वाला होगा, कोई कंक्रीट बिछा रहा

होगा, कोई मेटल का काम देख रहा होगा। हर विभाग का एक मुखिया होगा। वो सब उस पर मिलजुल कर काम करेंगे। आपको यह भी देखना होगा कि आपका सपना एक तय बजट में पूरा हो पाए। तकनीकी रूप से उसमें कोई कमी नहीं रह जाए। इन सबके बीच आपको यह कोशिश करनी है कि आपकी कला और रचनात्मकता से बना वह पुल जनता के काम भी आए।

अगर आप इन सब बातों को ध्यान में रखते हुए काम नहीं कर सकते हैं, इन सब चीज़ों का समन्वय नहीं कर पा रहे हैं तो क्या आपको नहीं लगता कि आप ग़लत पेशे में हैं?

इसी तरह सिनेमा है—बहुत महँगा माध्यम और सामूहिक सहयोग से तैयार की गई अभिव्यक्ति। उसमें लेखक और निर्देशक की अपनी सोच तब तक मूर्त नहीं होती, जब तक बहुत सारे लोग आपके साथ न जुड़ें। आप अकेले सारा काम करके, अपने पैसे लगाकर फ़िल्म नहीं बनाएँगे। बतौर लेखक आप एक ब्लू-प्रिंट बनाएँगे, जिस पर सैकड़ों लोग इकट्ठा होकर काम करने को राज़ी होंगे। तब जाकर आप अपने सपने को साकार होते हुए देख पाएँगे।

इसलिए सिनेमा का अपना व्याकरण है, उसके नियम हैं। एक लेखक के नाते आपको उस व्याकरण को मानते हुए अपनी बात कहनी होती है। अगर आप यह नहीं कर सकते हैं, तो शायद आपको फ़िल्म लेखन के बजाय किसी और काम में ध्यान देना चाहिए। साहित्य की दुनिया के कई बड़े लेखक सिनेमा में आए, लेकिन वहाँ वे क़ामयाब नहीं हो पाए। इसी तरह साहित्य से कई साधारण लेखक सिनेमा में आए और वे क़ामयाब हो गए। फ़िल्म का लेखक बनने के लिए ज़रूरी है कि आप फ़िल्म के क्राफ़्ट को सीखें, क्योंकि फ़िल्म का लेखन दूसरे क़िस्म के लेखन से कई मायनों में अलग होता है।

पहली बात तो यह है कि फ़िल्म के लेखक का अपने पाठक के साथ सीधा कोई संवाद नहीं होता, जिस तरह का संवाद उपन्यास या कहानी के लेखक का होता है। फ़िल्म के लेखक को चुनिन्दा लोग पढ़ते हैं, सिर्फ़ वो लोग जो उस फ़िल्म में काम कर रहे होते हैं। यदि आपको पाठक चाहिए, उनसे सीधा संवाद चाहिए, तो फिर आप कहानी लिखिए, उपन्यास लिखिए या ब्लॉग लिखिए। फ़िल्म के लेखक के लिए यह सम्भव नहीं है।

दूसरी बात, फ़िल्म लेखक के तौर पर आप जो लिखते हैं, जिसे हम स्क्रीनप्ले कहते हैं, वह एक तकनीकी दस्तावेज़ है, जो एक निर्माता को प्रेरित करता है कि वह उसमें निवेश करे, बहुत सारे लोगों को एकत्र करे और एक फ़िल्म का निर्माण करे।

पटकथा को निर्देशक पढ़ता है, एक्टर पढ़ता है, सिनेमाटोग्राफ़र पढ़ता है और

प्रोडक्शन का आदमी भी पढ़ता है। पटकथा पढ़कर ही तय होता है कि किसी फ़िल्म को बनाने में कितना पैसा ख़र्च होने वाला है। लिहाज़ा यह बहुत बड़ी ज़िम्मेदारी है कि पटकथा कलात्मक रूप से मज़बूत हो लेकिन साथ ही तकनीकी रूप से भी उतनी ही सही हो क्योंकि इसी का अनुसरण करते हुए लगभग सौ-दो सौ लोग उस फ़िल्म को पूरा करते हैं। जब इतने सारे लोग एक साथ मिलकर उस पर काम करते हैं तो यह एक वर्क ऑव आर्ट हो जाता है।

> सिनेमा का अपना व्याकरण है, उसके नियम हैं। एक लेखक के नाते आपको उस व्याकरण को मानते हुए अपनी बात कहनी होती है।

आप फ़िल्म लिख रहे हैं तो आपको अपना काम तो आना ही चाहिए, साथ ही दूसरे काम भी आने चाहिए। आप लिखते समय अभिनय भी कर रहे होते हैं, सम्पादन भी, और कुछ-कुछ निर्देशन भी। आप कॉस्ट्यूम और मेकअप की डिटेल्स भी कभी लिखते हैं और कभी आप अपने कैमरा-निर्देशक को भी प्रेरित करते हैं कि वह कैसे शूट करे। आपको साउंड की जानकारी होनी चाहिए। पटकथा पढ़ते समय आपकी यह जानकारी दिखनी और सुनाई पड़नी चाहिए। लिहाज़ा फ़िल्म के लेखक को उपन्यास के लेखक से कहीं अधिक सजग और सचेत रहना पड़ता है। वहाँ सिर्फ़ कहानी का प्रवाह ही नहीं, हर चीज़ महत्त्वपूर्ण होती है।

इसका मतलब यह भी नहीं है कि फ़िल्म के हर विभाग के सारे निर्णय आप लेंगे। आप अपनी पटकथा के हर दृश्य में नहीं लिखेंगे कि यहाँ म्यूज़िक बजेगा और यहाँ बैकग्राउंड में क्या परदे होंगे या कैमरा एंगल क्या होगा। यानी आप एक मज़बूत आधार तो बनाएँगे, जिस पर एक अच्छी फ़िल्म बने लेकिन हर विभाग को माइक्रो-मैनेज आपको नहीं करना है।

साथ ही, आपको सिनेमा के कारोबार के बारे में पता होना चाहिए। आपके पास कहानी के दस आइडिया हैं, लेकिन आपको पता होना चाहिए कि किस आइडिया पर फ़िल्म काम कर सकती है। आपने फ़िल्म लिखी और वो बन ही न पाए तो क्या फ़ायदा?

सिनेमा या मोशन पिक्चर का समय के साथ भी विलक्षण रिश्ता है। यह सार्वकालिक यानी हमेशा रहने वाला है। क़िस्सागोई की किसी भी शैली का समय के साथ इस तरह का रिश्ता नहीं है। उपन्यास के पाठक के पास आज़ादी होती है कि वह उसे कैसे और कब पढ़ता है। हरेक पाठक की अपनी गति होती है कि वह उसे एक रात में पढ़ ले, दस दिन लगाए या एक महीने में पढ़े। एक बार फिर पीछे के दो पेज पलटकर पढ़ ले। नाटक को लीजिए। हर बार नाटक के समय में

थोड़ा-बहुत बदलाव हो ही जाता है। कलाकार उसमें अपना समय बदल सकता है। कभी एंट्री का तो कभी संवाद का। लाइटिंग बदल जाती है। हर शो में इम्प्रोवाइज़ेशन होता है। यानी नाटक के साथ यह आज़ादी जुड़ी है कि वह अपने हर शो में अलग टाइमलाइन पर चल पाए।

फ़िल्म लेखक की सबसे बड़ी पूँजी ही समय है। पटकथा में उसे बहुत सोच-समझकर निवेश करना होता है। दृश्यों में हर मिनट का ख़याल करना होता है। आपको फ़िल्म लिखते समय ध्यान रखना है कि पहले पाँच मिनट में क्या कहना है, अगले दस मिनट में क्या कहना है। लिखने में आपने भले ही पाँच साल लगा दिए हैं, लेकिन आपने जो लिखा है, उसे दो घंटे में ही कहा जाना है। सिनेमा रिकॉर्डेड संगीत की तरह है। जैसे मान लीजिए, ए.आर. रहमान ने 'तू ही तू सतरंगी रे' सात मिनट दस सेकंड का ट्रैक बनाया है तो पचास साल बाद भी हम उसे उतने ही समय में सुनेंगे। अल्फ्रेड हिचकॉक ने 'रोप' बनाई। 80 मिनट की फ़िल्म है। 1948 में बनी थी। आज भी हम उसे 80 मिनट में ही देखते हैं।

कई बार हम किसी कमज़ोर फ़िल्म के लिए कह देते हैं कि उसमें दस-बारह मिनट का घालमेल था। जो बात फ़िल्म में पन्द्रहवें मिनट पर आ जानी थी, वह बाईसवें मिनट पर आई। यह सात मिनट गिनने में लेखक ने ग़लती कर दी। आप लम्बे समय से किसी पटकथा पर काम कर रहे हैं, उसमें इतना सा हेर-फेर हो सकता है। मगर दर्शक यह क़बूल नहीं करता। गणित अजीब है लेकिन फ़िल्म के लेखक को इससे रूबरू होना पड़ता है। इसलिए यह समझिए कि पटकथा के हर पेज पर आपको कितना दिमाग़ लगाना है। फ़िल्म में हर पाँच से दस मिनट के अन्तराल पर क्या हो रहा है, यह आपको बहुत सावधानी से देखना है। यही वो बात है जो फ़िल्म लेखन को क़िस्सागोई का सबसे मुश्किल रूप बनाती है।

उपन्यास की साइज़ देखिए। आमतौर पर दो सौ-तीन सौ पेज का होता है लेकिन सात सौ-आठ सौ पेज का भी उपन्यास होता है। लेकिन पटकथा अगर 120 पेज की है तो कहा जाता है कि थोड़ी बड़ी है। अगर आपने 150 पेज की पटकथा लिख दी है तो ख़तरा यह है कि कोई उसे पढ़ेगा ही नहीं। आपके सामने यह चुनौती है कि आप कम-से-कम शब्दों में अपनी ज़्यादा-से-ज़्यादा बात कह पाएँ।

सिनेमा, थिएटर और उपन्यास की भौगोलिक अपील में अन्तर है। फ़िल्म कोई भी देख सकता है। आप पढ़े-लिखे नहीं हैं तो भी फ़िल्म का आनन्द ले सकते हैं, लेकिन उपन्यास पढ़ने के लिए आपको शिक्षित होना ज़रूरी है। उपन्यास ख़रीदने वाला पाठक किताब को लेकर बुक शेल्फ़ में रखता है। अपनी सुविधा से कोई समय तय कर उसे पढ़ता है। सिनेमा का दर्शक दोस्तों के साथ प्रोग्राम बनाता है। हर आदमी दो सौ रुपए ख़र्च करता है। दो-ढाई घंटे का कमिटमेंट भी करता है

कि अब फ़िल्म देखनी है। वह पन्द्रह मिनट में आपको जज भी करने लगता है कि मज़ा आ रहा है कि नहीं। अगर यह आपकी फ़िल्म का शुरुआती दर्शक है तो आपका दूत है। यह बाहर जाकर आपकी फ़िल्म के बारे में अच्छा या बुरा कहेगा। आजकल सोशल मीडिया ने दर्शकों का इतना लोकतंत्रीकरण कर दिया है कि बॉक्स ऑफ़िस पर बड़ी ओपनिंग लेने वाली फ़िल्में अचानक अगले दिन से बैठना शुरू हो जाती हैं। ऐसे ही कमज़ोर ओपनिंग के बावजूद अगले दिनों में फ़िल्मों ने कारोबार करना शुरू किया क्योंकि उनका लेखन और कंटेंट बेहतर था। 'क्वीन', 'पान सिंह तोमर', 'चक दे इंडिया' इसके उदाहरण हैं। फ़िल्म का 'वर्ड ऑव माउथ' कैसा रहता है, इस पर बहुत कुछ निर्भर करता है।

> फ़िल्म लेखक की सबसे बड़ी पूँजी समय है। पटकथा में उसे बहुत सोच-समझकर निवेश करना होता है। दृश्यों में हर मिनट का ख़याल करना होता है।

सिनेमा और दूसरी विधाओं की डेमोग्राफ़िक अपील में बहुत अन्तर है। लिखते समय आपको यह ध्यान रखना है कि आपकी आवाज़, आपकी पुकार में एक यूनिवर्सल अपील होनी चाहिए। ब्राजील में बैठे आपके चाचा और बोकारो में बैठी एक बारह साल की लड़की भी आपकी फ़िल्म देखकर हँसे और रोए। पचास साल बाद जापान का एक स्कूली बच्चा भी आपकी फ़िल्म से भावनात्मक तौर पर जुड़ जाए। यह सिनेमा की सार्वभौमिक भाषा (Universal Language) है। पटकथा में आपको वो इमोशन पकड़कर चलना होता है।

एक और महत्त्वपूर्ण बात। वह है ऑथरशिप। इसकी चर्चा ऊपर कर चुके हैं कि लेखक के तौर पर अगर आप अपने विचार, धारणाओं में रत्तीभर भी अन्तर नहीं सोचते, आप अपने रचनात्मक व्यवहार में दूसरों की बातों को अहमियत नहीं देते हैं तो फिर आपको फ़िल्म लेखक बनने में ज़्यादा चुनौतियों का सामना करना होगा। जिस यातना से गुज़रकर लेखक फ़िल्म लिखता है उसके बाद वह निर्देशक की हो जाती है। निर्माता उसे अपनी फ़िल्म कहता है। सम्पादक उसे अपनी फ़िल्म कहता है। अभिनेता उसे अपनी फ़िल्म कहते हैं।

इसके विपरीत एक उपन्यास के लेखक को देखिए। भले ही प्रकाशक ने उसे छापा है लेकिन उपन्यास पर मालिकाना हक़ हमेशा लेख़क का ही रहता है। इसलिए मानकर चलिए कि फ़िल्म लेखन कहीं अधिक कठिन और कीर्तिविहीन कार्य है। लिहाज़ा आप अपना काम करके अपनी ऑथरशिप निर्देशक को सौंप सकते हैं, उस पर भरोसा कर सकते हैं तो आप फ़िल्म लेखन में आइए। वरना आपकी हालत उस

आर्किटेक्ट की तरह होगी जिसके पास एक ख़ूबसूरत और ऐतिहासिक पुल बनाने का विचार, नक़्शा और क़ाबिलियत है, लेकिन वह उसको मूर्त रूप देने में दूसरे लोगों पर भरोसा नहीं कर सकता। वो पुल कभी बनेगा नहीं।

ये सब पढ़कर आपको ऐसा लग रहा होगा कि जिगर मुरादाबादी ने यह शेर शायद फ़िल्म लेखकों के लिए ही कहा हो—

यह इश्क नहीं आसां इतना ही समझ लीजै,
इक आग का दरिया है और डूब के जाना है

मुमकिन है, इस तरह की कड़वी बात हम किताब के अन्त में करते। एकदम शुरू में आपको यह बात बुरी लग सकती है। लेकिन इसे आप समझेंगे नहीं तो फ़िल्म लेखक के रूप में आपका जीवन मुश्किल हो जाएगा।

लेखन के सारे अनुशासन और यातना से गुज़रकर लेखक पटकथा किसी और को दे देता है। वह उसका मालिक नहीं होता। निर्देशक आ जाता है, दूसरे बहुत लोग आ जाते हैं। अपना अभिमत रखते हैं। लेखक की वहाँ ज़रूरत ही नहीं होती। तो सवाल आता है कि यह आप कैसे कर सकते हैं? कई महीने या साल लगाकर, ख़ून-पसीना देकर एक पटकथा तैयार करते हैं। अपनी कल्पना, इमोशन डालकर उसे पूरा करते हैं। फिर दूसरे हाथों में देकर उसे कैसे छोड़ दें?

> फ़िल्म लेखन एक रचनात्मक काम होने के साथ ही क्राफ़्ट भी है। इसलिए इसे सीखना ज़रूरी है।

इसके लिए हमें अपनी माँओं से सीखना चाहिए। उनके बड़प्पन, उनकी महानता, उनके त्याग को समझिए। माँ नौ महीने तक अपने गर्भ में बच्चे को पालती है। प्रजनन-काल की पूरी यातना वह अकेले बर्दाश्त करती है। बच्चे के प्रसव की यातना वह सहती है। उसे पाल-पोसकर बड़ा करती है। बच्चा अपने बाप के सरनेम से जाना जाता है। वह दादी का, बुआ का, सबका बच्चा हो जाता है। कभी कोई टीचर बच्चे को प्रभावित कर गया, बच्चे पर उसका भी असर होता है। यानी हमेशा बच्चा वैसा ही नहीं होता है जैसा माँ चाहती है। एक समय के बाद माँ भी अपने बच्चे को छोड़ती है कि बच्चे को अब अपनी ज़िन्दगी जीनी चाहिए। यह उम्मीद करती है कि वह अच्छी ही ज़िन्दगी जिएगा। माँ अगर यह ज़िद करके बैठ जाए कि बच्चा वैसे ही रहेगा जैसे मैं चाहती हूँ, क्योंकि इसको पैदा मैंने किया है तो यह कभी सम्भव हो नहीं पाएगा।

फ़िल्म लेखन एक रचनात्मक काम होने के साथ ही क्राफ़्ट भी है। इसलिए इसे सीखना ज़रूरी है। आप चाहे ख़ुद दुनियाभर का सिनेमा देखते हुए इसे सीखें, किसी फ़िल्म इंस्टिट्यूट में एडमिशन लेकर सीखें, या किताब पढ़कर सीखें। यह किताब एक ऐसी ही व्यावहारिक कोशिश है कि अगर आप किताब पढ़कर फ़िल्म लिखना सीखना चाहते हैं तो यह आपके लिए मददगार साबित हो।

इस किताब को आप कैसे पढ़ें?

हम बहुत ही त्वरित और तात्कालिक मानवीय अभिव्यक्ति को लेते हैं, जैसे संगीत, नृत्य या खेल है। खेल में क्रिकेट को लीजिए। बल्लेबाज मैदान में उतरता है, तो उस दिन पिच की हालत, गेंदबाज की गेंद को देखकर वह तय करता है कि उसे कैसा शॉट खेलना है। फ़ील्डर की जगह देखता है और अपना बल्ला घुमाता है।

संगीतकार पियानो पर बैठता है। कुछ रचने की कोशिश करता है। उसे कोई धुन सूझती है और वो उसे बनाता है। नर्तक मंच पर जाता है। नाचते हुए कुछ इम्प्रोवाइज़ करके अपनी प्रस्तुति देता है और लोग वाहवाही करते हैं। लेकिन खिलाड़ी कोई एक दिन में नहीं बनता। संगीतकार और नर्तक भी इसी तरह कठिन मेहनत और प्रशिक्षण से बनते हैं। इन तात्कालिक अभिव्यक्तियों के पीछे भी कितने सालों की मेहनत और प्रशिक्षण होता है। इसलिए फ़िल्म लेखन जैसी तकनीकी और सुनियोजित क्राफ़्ट वाली भाषा के लिए तो आपको प्रशिक्षण की ज़रूरत होगी ही। हम चाहते हैं कि फ़िल्म लेखन भी आप उसी मेहनत से सीखें।

लेकिन ये भी याद रखिए कि यदि एक खिलाड़ी को स्टेट ड्राइव मारना सिखाया गया है तो ज़रूरी नहीं उसने जैसा सीखा, वैसे ही मारेगा। युवराज की अपनी स्टाइल है और धोनी की अपनी। सहवाग अपनी आँखों और हाथों के समन्वय पर खेल लेगा।

फ़िल्म का लेखन भी ऐसा ही है। इसलिए इस किताब को आप नियम की तरह मत लीजिए। अगर आप नियमों में ज़्यादा फँस जाएँगे तो हो सकता है, आपको शुरू में ही किताब से अरुचि हो जाए। ज़रूरी ये भी नहीं कि इन रूल्स को मानते हुए आप महान फ़िल्म लिख देंगे। इसलिए इस किताब का रूल्स की तरह नहीं, टूल्स की तरह इस्तेमाल कीजिए। समझिए कि आपके पास एक टूल बॉक्स है। उसमें बहुत सारे औज़ार हैं। आपको यात्रा पर निकलना है। कोई भी टूल आप फेंक नहीं सकते।

इसलिए इस किताब का रूल्स की तरह नहीं, टूल्स की तरह इस्तेमाल कीजिए। समझिए कि आपके पास एक टूल बॉक्स है।

पता नहीं, कब कौन सा टूल काम आ जाए और कोई भी टूल इतना बड़ा नहीं है कि आपने उसे अगर इस्तेमाल नहीं किया तो आपकी पटकथा पूरी नहीं हो सकती।

पिछले क़रीब 120 सालों में दुनिया भर के महान फ़िल्मकारों ने सिनेमा के माध्यम को जैसे इस्तेमाल किया है, उससे हमने जो भी कुछ सीखा है, उसमें से जितना कुछ आप तक पहुँचा पाएँ, यह किताब उसी की एक कोशिश है। इस किताब को हमने एक वर्कबुक की तरह डिज़ाइन किया है। एक फ़िल्म को लिखते हुए लेखक जिन चरणों से गुज़रता है, उसी क्रम में इस किताब में चलने की कोशिश हम करेंगे। हमारी कोशिश है कि यह टूल बॉक्स लेकर आप फ़िल्म लेखक के रूप में अपनी यात्रा शुरू करें।

फ़िल्म लेखन का पहला चरण है आइडिएशन, यानी विचार—मोटे तौर पर जान लेना कि आप क्या या कैसी कहानी लिखना चाहते हैं। दूसरा चरण है रिसर्च यानी शोध। तीसरा, कैरेक्टर डेवलपमेंट यानी चरित्रों का विकास। चौथा स्टेज है स्टोरी बिल्डिंग यानी कथा-निर्माण। कई बार दूसरे, तीसरे और चौथे चरण एक साथ भी चलते हैं। पाँचवाँ चरण है, स्ट्रक्चर या ढाँचा, मतलब कितने सीन में आप कहानी कहेंगे। छठा चरण है पटकथा का पहला ड्राफ़्ट और सातवाँ है पटकथा का पुनर्लेखन। कोशिश की गई है कि आप हर चरण से गुज़रते हुए एक लेखक की यात्रा को महसूस कर सकें और उसी क्रम में अपनी पटकथा पर काम कर सकें।

आइए, शुरुआत करते हैं।

1

आइडिया
Idea

'Ideas are like rabbits. You get a couple and learn how to handle them, and pretty soon you have a dozen.'

—John Steinbeck

पिछले अध्याय को पढ़ने के बाद आप यहाँ आए हैं तो ऐसा लगता है कि आपमें फ़िल्म लेखक बनने की इच्छा है। उसके सामने आने वाली चुनौतियों के बारे में आप थोड़ा-बहुत जान गए हैं और इन चुनौतियों के साथ आगे बढ़ने को तैयार हैं।

सिनेमा एक ऐसा माध्यम है, जिसका आकर्षण बहुत लोगों में होता है। आप आसपास देखेंगे तो कई लोग कहते मिलेंगे कि उनके पास एक कहानी है, जिस पर फ़िल्म बन सकती है। बनेगी तो बहुत क़ामयाब होगी। लोग उसे हमेशा देखते रहेंगे। हर लेखक की इच्छा होती है कि वह ऐसी फ़िल्म लिखे, जिस पर उसे गर्व हो। ऐसी फ़िल्म कोई नहीं लिखना चाहता, जिसे लोग न देखना चाहें। केवल अपने दोस्तों या परिवार के लोगों को दिखाने के लिए कोई फ़िल्म नहीं लिखता।

तो वो कौन सी कहानियाँ हैं, जिन्हें लाखों लोग देखना पसन्द करते हैं? क्या कोई भी लेखक ऐसी यूनिवर्सल कहानी कहने की प्रतिभा हासिल कर सकता है, जो देश और काल की सीमाओं को लाँघकर लोकप्रिय हो जाए?

फ़िल्म से पर्सनल कनेक्शन होना और उसी फ़िल्म का यूनिवर्सल होना कई बार एक बात होती है। दुनिया में सांस्कृतिक परम्पराएँ अलग हो सकती हैं लेकिन मानवीय भावनाएँ तो वही होती हैं। इसलिए हमेशा उस विचार को चुनिए, जिसके बारे में आपको सबसे ज़्यादा आत्मविश्वास हो। कहानी की पृष्ठभूमि और भावभूमि से आप अच्छे से परिचित हों। आपकी कहानी पर कोई भी सवाल पूछे तो आपके पास तुरन्त जवाब होना चाहिए। यह सबूत है कि आप कहानी के साथ जी रहे हैं।

इस अध्याय में हम यह समझने की कोशिश करेंगे कि किस तरह की कहानी पर फ़िल्म बनने की सम्भावना ज़्यादा होती है। जो कहानी आपके पास है, उस पर कोई निर्माता, कोई एक्टर क्यों यक़ीन करेगा? क्यों लोग अपने करोड़ों रुपये, बहुत सारा समय और ऊर्जा लगाएँगे? कहानियाँ लेकर बहुत लोग पहुँचते हैं। वो आपकी कहानी क्यों चुनेंगे? आपकी कहानी को किस पैमाने पर परखा जाना चाहिए, हम यह जानने की कोशिश करेंगे।

शुरुआत आइडिया से होती है

आपके पास आइडिया है, लेकिन उसका विस्तार कैसे करें कि एक फ़िल्म की कहानी बन जाए? जैसे आपको एक साइंस फ़िक्शन लिखना है, तो आगे कैसे बढ़ें? माँ या बेटे के रिश्ते पर फ़िल्म लिखनी है। अगला क़दम क्या होगा? आपने सोचा, जैसलमेर फोर्ट पर कहानी होनी चाहिए। या देश के एजुकेशन सिस्टम पर आप एक फ़िल्म लिखना चाहते हैं तो इस विचार से आगे कैसे बढ़ेंगे? क्या यह मुमकिन है कि रोज़ाना आप एक विचार सोचें और तय करें कि उसको देर-सवेर फ़िल्म की कहानी के रूप में विस्तारित करना है।

आपके दिमाग़ में कोई कहानी है, तो कौन सा माध्यम उस कहानी के लिए सबसे अच्छा होगा? फ़िल्म लिखी जाए, उपन्यास लिखें या आपको नाटक लिखना चाहिए? आप बहुत सारी कहानियाँ पढ़ते हैं, उपन्यास भी पढ़ते हैं तो यह कैसे तय किया जाए कि उसमें फ़िल्म की सम्भावना कैसी है?

इस अध्याय में हम उन महान और लोकप्रिय फ़िल्मों के बारे में जानेंगे, जिनको बनाने वाले फ़िल्ममेकर उन पर गर्व करते हैं। हम उन फ़िल्मों के बारे नहीं पढ़ेंगे जो मूलत: ख़राब फ़िल्में हैं, लेकिन लोकप्रिय हो गई हैं। उन्होंने पैसा भी कमाया है। हम उन फ़िल्मों के ज़रिये फ़िल्म लेखन को समझने की कोशिश नहीं करेंगे। इसी तरह कुछ फ़िल्में अच्छी होती हैं, महान भी होती हैं, लेकिन लोकप्रिय नहीं हो पाती हैं। हम फ़िलहाल ऐसी फ़िल्मों की भी बात नहीं करेंगे।

शुरू में उन फ़िल्मों का ज़िक्र करेंगे जो महान हैं और बहुत लोकप्रिय भी हैं। स्थान, देश और समय की सीमाओं से परे पसन्द की जाती हैं। हम काफ़ी उदाहरण 'लगान' से देंगे। 'लगान' क्रिकेट पर बनी एक लम्बी फ़िल्म है। भारतीय फ़िल्म है, लेकिन वह स्विट्ज़रलैंड से लेकर अमेरिका तक में लोगों ने काफ़ी पसन्द की, जहाँ लोग आमतौर हमारी फ़िल्में देखते नहीं हैं। वहाँ क्रिकेट इतना लोकप्रिय नहीं है, फिर भी इस फ़िल्म को लोगों ने दिल से सराहा। इसका मतलब उस फ़िल्म में कुछ बात तो है, जो सांस्कृतिक सीमाओं को लाँघकर लोकप्रिय हुई।

हम 'क्वीन' की बात करेंगे जो 2014 में रिलीज हुई। हम बात करेंगे 'टाइटेनिक' और 'द मेट्रिक्स' की। ये दोनों ऐसी फ़िल्में हैं जो पूरी दुनिया में काफ़ी लोकप्रिय हुई थीं। हम 'कासाब्लांका' की बात ज़्यादा करेंगे, 'सिटीजन केन' की कम। हम 'द शॉशैंक रिडेम्पशन' की बात ज़्यादा करेंगे, 'पल्प फिक्शन' की कम। इसका मतलब यह नहीं कि ये फ़िल्में एक-दूसरे से कम या ज़्यादा हैं। बस शुरुआती तौर पर यह अध्याय समझने के लिए हम ऐसा करेंगे।

इस अध्याय में हम उन महान और लोकप्रिय फ़िल्मों के बारे में जानेंगे, जिनको बनाने वाले फ़िल्ममेकर उन पर गर्व करते हैं। हम उन फ़िल्मों के बारे नहीं पढ़ेंगे जो मूलत: ख़राब फ़िल्में हैं, लेकिन लोकप्रिय हो गई हैं।

फ़िल्म के किसी भी विचार में छह अवयव होने चाहिए। आगे के अध्याय इन्हीं छह ज़रूरी तत्त्वों का विस्तार होंगे। इसलिए एक बार यहाँ हम संक्षेप में इनकी बात करेंगे और आगे चलते हुए हम विस्तार में जाएँगे।

1. किरदार | Characters

हर क़ामयाब और अच्छी फ़िल्म में एक, दो या तीन यादगार किरदार होते हैं। ऐसे चरित्र होते हैं, जो हमारे दिल को भा जाते हैं, उनके साथ हमें हँसना-रोना पसन्द है। उनकी क़ामयाबी पर हम तालियाँ बजाते हैं। परदे पर जब वे दुखी दिखते हैं तो हम भी दुखी होकर आँसू बहाते हैं। यानी अगर सफल फ़िल्म का एक नियम है जिसको हमें मानना चाहिए तो वो ये कि आपकी फ़िल्म के किरदार का दर्शकों के साथ एक रिश्ता बन जाए। यह रिश्ता बनेगा, तभी आप दर्शक को अपनी कहानी के भीतर घुसाकर उनको वो सब महसूस कराने में क़ामयाब होंगे जो आप चाहते हैं। यादगार यानी मेमरेबल चरित्र बनाते कैसे हैं, यह हम आगे के अध्याय में देखेंगे, लेकिन यह गुण आपके चरित्र में होना चाहिए कि दर्शक उसके साथ अपना सम्बन्ध स्थापित कर सके। दर्शक इनकी प्रशंसा करे तो काफ़ी नहीं होगा, ग़ौर करिए कि हम प्रशंसा किन लोगों की करते हैं। पसन्द किए जाने वाले लोग कैसे होते हैं। उन किरदारों में कोई सकारात्मक बात होती है कुछ मानवीय गुण होते हैं, जिन्हें हम आमतौर पर पसन्द करते हैं। जैसे कोई इंसान बहुत साहसी और हिम्मत वाला है तो हम कहते हैं, देखो, यह बड़ा कमाल का लड़का है। या कोई ऐसा किरदार है जो बहुत ही बढ़िया गाना गाता है। किसी का सेंस ऑव ह्यूमर बहुत अच्छा है। जैसे हमारी माँ बहुत अच्छा खाना पकाती हैं, तो हम उनकी इस ख़ूबी पर बात करते हैं। उनके किसी भी गुण की वजह से हम उन्हें पसन्द करते हैं।

हम लोगों को पसन्द करते हैं, उनके गुणों से लेकिन उनसे हम उनके साथ जुड़ाव उन चीज़ों के लिए महसूस करते हैं जो उनके पास नहीं हैं। या तो वो उनसे छिन गई हैं, पीछे छूट गई हैं या फिर उनके मन में उन चीज़ों को पाने की अभिलाषा है।

मान लीजिए एक आदमी है। अमीर है। मेहनत करता है। ईमानदार है। उसका बहुत अच्छा परिवार है। अपने बच्चों को अच्छे से पालता है। समाज में उसकी इज़्ज़त है। इस आदमी की आप भी इज़्ज़त करते हैं। लेकिन जब आपको पता चलता है कि जब वह छोटा बच्चा था तो उसके सगे भाई की मौत हो गई थी, वह आज भी उस दुख से उबर नहीं पाया, तो यही क़ामयाब आदमी आपके लिए रिलेटेबल हो गया है। किसी प्रिय को खोने का दुख पूरी दुनिया में हर समाज की संवेदना को प्रभावित करता है। जो चीज़ें उस आदमी के पास हैं, उसके लिए वो आपकी पसन्द और तारीफ़ के लिए काफ़ी है, लेकिन जो उसके पास नहीं है, उस बात को लेकर वह आपके लिए रिलेटेबल हो गया है। आप उससे जुड़ जाते हैं। ऐसा भी हो सकता है कि इस आदमी में सब कुछ वैसा है, जैसा हमने कहा है लेकिन ख़ुद इसके घर में बच्चे उसको इज़्ज़त नहीं देते। वह तुरन्त हमसे रिलेटेबल हो जाएगा।

तीसरा उदाहरण लीजिए कि उस आदमी को कोई दुख नहीं है। इसका भाई भी बचपन में नहीं मरा। इसके बच्चे भी इसकी इज़्ज़त करते हैं। लेकिन उसके दिमाग़ में सवाल चलते रहते हैं कि मैं इस दुनिया में क्यों आया हूँ? जीवन का मतलब क्या है? क्या यही जीवन है? मृत्यु के बाद क्या होगा? जब मुझे अन्ततः मरना ही है तो मैं यह सब क्यों कर रहा हूँ? अगर उसके दिमाग़ में यह सब चल रहा है तो भी हम उससे रिलेट करते हैं, क्योंकि ऐसे सवाल हमारे दिमाग़ में भी आते हैं। हम उस आदमी से ख़ुद को इसलिए रिलेट कर पा रहे हैं कि उसके पास इन सारे सवालों के जवाब नहीं हैं। लेकिन यहाँ पर हम थोड़ा कम रिलेट करते हैं, जबकि किसी अपने के खो जाने वाली घटना में कुछ ज़्यादा रिलेट कर पाएँगे।

इसलिए यह बहुत ज़रूरी है कि आपके किरदार में कोई बहुत बड़ी ख़्वाहिश हो। उसके जीवन में कोई बड़ी कमी हो। इसके बारे में और ज़्यादा बात हम चरित्रों के विकास वाले अध्याय में करेंगे। यहाँ तक आपको यह समझना ज़रूरी है कि वे चरित्र जब हमारी पटकथा का हिस्सा बनकर सिनेमा में आएँगे तो वे यादगार चरित्र के तौर पर याद किए जाएँगे।

2. हर कहानी एक यात्रा है

फ़िल्म की कहानी एक यात्रा है। यात्रा से आशय यह है कि आपके किरदार की कहानी में एक शुरुआत होनी चाहिए। वहीं से चलते हुए वह पूरी होगी, अन्त तक

पहुँचेगी। यह यात्रा सशरीर हो सकती है। जैसे आपका किरदार पृथ्वी से अन्तरिक्ष में गया और लौटकर आया। वो कोई साहसिक यात्रा पर निकला और हिमालय की चोटी पर जाकर वापस आया। या आपके किरदार एक जहाज़ में बैठकर पूरा अटलांटिक सागर पार करते हुए इंग्लैंड से अमेरिका जा रहे हैं। या आपकी नायिका है दिल्ली की, जो अकेले हनीमून पर यूरोप जाकर वापस लौटकर आई है। 'दिलवाले दुल्हनिया ले जाएँगे' के राज और सिमरन हैं, जो लन्दन से निकलकर यूरोप घूमते हैं, वापस लन्दन आते हैं और फिर पंजाब आ जाते हैं। तो यह एक फ़िज़िकल यात्रा हो गई।

यात्रा सीधी-सपाट और आसान नहीं होनी चाहिए। इसमें बहुत सारी बाधाएँ और समस्याएँ होनी चाहिए। यात्रा में संघर्ष नहीं, तो ड्रामा नहीं है।

अब आप कहेंगे कि 'लगान' का भुवन तो पूरे समय चम्पानेर में ही रहा। तो ज़रूरी नहीं है हर किरदार की एक फ़िजिकल यात्रा हो। कुछ यात्राएँ मानसिक, भावात्मक भी होंगी। जैसे कोई किरदार है जो लेखक बनना चाहता है, लेकिन उसके पिता ही उस पर अंकुश लगाए हैं। एक दिन वो साहस बटोरकर पिता के घर से बाहर निकल पड़ता है। यह फ़िल्म 'उड़ान' की कहानी है। एक यात्रा है। लेकिन मन के अन्दर की है।

यात्रा ऐसी भी मुमकिन है, जिसकी सामाजिक अहमियत हो। जैसे भुवन एक क्रान्तिकारी किरदार है। अपने गाँव के लिए एक जंग लड़ता है। उसकी यात्रा का सामाजिक-राजनीतिक महत्त्व है। एक और बात याद रखने की है कि यात्रा सीधी-सपाट और आसान नहीं होनी चाहिए। इसमें बहुत सारी बाधाएँ और समस्याएँ होनी चाहिए। यात्रा में संघर्ष नहीं, तो ड्रामा नहीं है। सिनेमाई भाषा में इसे कॉन्फ्लिक्ट कहते हैं।

आप सुबह उठते हैं। नाश्ता क़रते हैं। काम पर जाते हैं। शाम को घर आते हैं। खाना खाकर सो जाते हैं। आपकी लाइफ़ में कोई भी कॉन्फ्लिक्ट नहीं है, तो आपकी ज़िन्दगी में किसी को भी दिलचस्पी नहीं होगी। लेकिन एक दिन आप सुबह उठते हैं तो देखते हैं कि गैस सिलेंडर ख़त्म हो गया है। नाश्ते का इन्तज़ाम नहीं हो सकता। आप बाहर दुकान से कुछ खाना चाहते हैं, लेकिन आज दुकान भी नहीं खुली। इस भागमभाग में आप ऑफ़िस में देर से पहुँचते हैं। सामने बॉस टकरा जाता है। बॉस आपको आख़िरी वॉर्निंग देता है कि अगर एक दिन फिर तुम लेट हुए तो तुम्हारा तबादला हो जाएगा। आप तय करते हैं कि आज बॉस के सामने ख़ुद को साबित करके दिखाऊँगा। जैसे-तैसे कैंटीन से सैंडविच ख़ाकर आप काम

जब तक आपको कहानी का अन्त पता नहीं है, आप नहीं कह सकते कि आपके पास एक फ़िल्म बनाने के लिए मुकम्मल कहानी है।

में जुटते हैं। शाम को बॉस को फ़ाइल दिखाते हैं तो बॉस के चेहरे पर हल्की सी मुस्कान आती है। वो कहता है, तुम्हारे बिना इस ऑफ़िस में कुछ नहीं हो सकता। आप ख़ुश होकर घर लौटते हैं तो याद आता है कि घर में गैस सिलेंडर में गैस तो है ही नहीं। अब खाना कैसे बनेगा? इस कहानी में किसी की भी दिलचस्पी सीधी-सपाट कहानी की तुलना में ज़्यादा होगी।

आपकी कहानी ड्रामेटिक नहीं लग रही है, तो उसका कारण है। उसमें कॉन्फ्लिक्ट नहीं है। आप 'लगान' को लीजिए। जब भुवन से कप्तान रसेल ने कहा कि हमको क्रिकेट में हराओ, तुम्हारा लगान माफ़ कर देंगे तो, भुवन के शर्त मंजूर करते ही गाँव वाले उसको सर पर उठा लेते, उसको गाँव में इज़्ज़त देते और कहते कि भुवन तू ही हमारा मसीहा है। सब खड़े हो जाते कि हम भी खेलेंगे। उनमें से भुवन 11 लोगों को चुनता। सारे ही बेहतरीन खिलाड़ी होते। टीम बनती। टीम के दलित खिलाड़ी पर किसी को भी कोई समस्या नहीं होती। टीम बनकर तैयार होती तो वे कहते, हम तीन महीने क्यों इन्तज़ार करें। अगले संडे मैच कर लेते हैं। खेल शुरू होता। एक ही दिन में ख़त्म हो जाता। तीन दिन चलता भी नहीं। बड़ी आसानी से गाँव वाले मैच जीत जाते। 'लगान' में यह हुआ होता तो हमें देखने में बिलकुल भी मज़ा नहीं आता। गाँव ख़ुशहाल रहता। भुवन को भी इतना कष्ट नहीं हुआ होता। लेकिन इस कहानी में ड्रामा नहीं होता। वजह एक ही है, कॉन्फ्लिक्ट नहीं है।

याद रखिए, कहानी एक यात्रा है। यात्रा जितनी बाधाओं से भरी हुई होगी, हीरो को इस बाधा को पार करने में जितनी तकलीफ़ें आएँगी, दर्शकों को उतना ही मज़ा आएगा।

3. कहानी का तार्किक अन्त सोचिए

फ़िल्म की कहानी का अन्त सही होना चाहिए। दर्शक को लगना चाहिए कि यही सबसे अच्छा अन्त है। उसको इसी तरह से हासिल किया जाना चाहिए। अन्त में आप अपनी फ़िल्म से दर्शक को सन्तुष्ट नहीं कर पाए, तो लोग आपकी फ़िल्म को बहुत ज़्यादा नहीं सराहेंगे। समय निकालकर दो-तीन घंटे तक दर्शक बैठा है। अगर उसको कहानी के अन्त में मज़ा नहीं आया तो ख़ुद को ठगा हुआ-सा महसूस करेगा। मतलब क़तई यह नहीं है कि हर कहानी की हैपी एंडिंग होनी चाहिए। हर

कहानी सुखान्त नहीं होती। दुखान्त भी हो सकती है लेकिन उसका एक मज़बूत आधार आपकी पटकथा में होना चाहिए। जिस वक़्त आप फ़िल्म का आइडिया सोच रहे हैं, उसी दिन आपको फ़िल्म का अन्त पता होना चाहिए। अगर आपको फ़िल्म का अन्त क्लियर नहीं है तो पहले उसे स्पष्ट करिए। तार्किक अन्त सोचिए। उस दिन अगर आपको कहानी का अन्त पता नहीं है तो अगले दिन सोचिए। उससे अगले दिन सोचिए। एक सप्ताह के भीतर सोचिए। लेकिन जब तक आपको कहानी का अन्त पता नहीं है, आप नहीं कह सकते कि आपके पास एक फ़िल्म बनाने के लिए मुकम्मल कहानी है। अन्त से ही पता चलेगा कि आपके विचार पर कैसी फ़िल्म बनेगी और उसका भावनात्मक प्रभाव क्या रहेगा। तभी समझ में आएगा कि आप क्या कहना चाहते हैं, आपका नज़रिया क्या है।

एक अच्छा अन्त यानी क्लाइमेक्स कैसे बनाया जा सकता है, यह हम आगे के अध्यायों में समझने की कोशिश करेंगे।

4. सेटिंग क्या है

फ़िल्म आइडिया की चौथी ज़रूरी बात है सेटिंग। मुम्बई में आप जब भी किसी कलाकार या निर्माता को सीधे कहानी सुनाने लगेंगे तो वो पाँच-सात मिनट बाद बीच में आपको रोककर पूछेगा, सेटिंग क्या है? इसका मतलब है, आपने कहानी कब और कहाँ सेट की है? कहानी किस परिवेश में है? यह जाने बिना कभी आप अपने विचार को लॉक न करें।

सेटिंग के चार ज़रूरी भाग होते हैं—पहला है स्थान। यानी भौगोलिक रूप से आपकी कहानी कहाँ की है। आपकी फ़िल्म एक लव स्टोरी है। कॉलेज में लड़का-लड़की के बीच प्यार हो जाता है। तो वो कॉलेज किस शहर में है? वो बड़े शहर का कॉलेज है या छोटे शहर का? दिल्ली, मुम्बई का कॉलेज है या बरेली का? वो जयपुर में है या गाँव का एक छोटा सा कॉलेज है? या वह भारत से बाहर है, जहाँ ये दोनों प्रेमी मिलते हैं? वो लड़का-लड़की इंडियन भी हैं कि नहीं? कहानी एक जहाज़ में सेट है या हवाई जहाज़ में? क्या आपकी कहानी किसी दूसरे ग्रह पर है? अन्तरिक्ष में है कि चाँद पर है? वो किसी गैलेक्सी पर है कि समन्दर के बीच एक आइलैंड पर? वो अंटार्कटिका में है या किसी स्पेस स्टेशन में है? किसी पहाड़ पर है या गुफा में है? वो एक कोर्ट रूम में है कि घर में? या एक ही कमरे में पूरी कहानी सेट है? वो ताबूत के अन्दर है या फ़ोन बूथ के अन्दर?

सेटिंग का दूसरा ज़रूरी हिस्सा है समय। वो आज की कहानी है या पिछले दशक की? वो आज़ादी से पहले की कहानी है कि आज़ादी के तुरन्त बाद की?

इतिहास के किसी कालखंड में स्थापित है, जैसे मुग़ल काल या वो कहानी अंग्रेज़ी राज के दौरान की है? वो कहानी गौतम बुद्ध के समय की है कि हड़प्पा या वैदिक काल की? वो आज से दस साल बाद की, पचास साल बाद की या दो सौ साल बाद की कहानी है?

अब अगर वो आज की कहानी है तो किस मौसम की कहानी है? वह गर्मियों की कहानी है कि सर्दी की? वह मानसून की कहानी है या बसन्त की? या फिर सारे ही मौसमों की कहानी है? यानी समय की सेटिंग बहुत ज़रूरी है। आमतौर पर लोग जब आइडिया सोचते हैं तो सेटिंग के बारे में नहीं सोचते। आप यह नहीं सोचते हैं तो आपकी फ़िल्म में मौलिकता लाने का एक आसान-सा तरीक़ा आपसे छूट जाता है।

अगर एक अमीर लड़की और ग़रीब लड़के की लव स्टोरी है तो आप कहेंगे यह तो वही पुरानी कहानी है। लेकिन जब यह बताएँगे कि यह भविष्य में एक अन्तरिक्ष स्टेशन में सेट है, तो तुरन्त यह आइडिया उतना पुराना नहीं लगेगा। इसलिए आप सेटिंग का इस्तेमाल विचार के स्तर पर ही करेंगे तो आपके पास कहानी को मज़ेदार बनाने का मौक़ा रहता है।

सेटिंग के लिए तीसरी ख़ास बात है समयावधि। कितने दिनों की कहानी है? क्या वो किसी के जन्म से लेकर मृत्यु तक की कहानी है? वो किसी की ज़िन्दगी के चार साल की ही कहानी है? कुछ ही महीनों की कहानी है कि कुछ हफ़्तों की? एक हफ़्ते की है कि वीकेंड की? वो बस एक रात की कहानी है, या केवल कुछ घंटों की?

कुछ फ़िल्में रियल टाइम कहानियाँ होती हैं। पिछले सालों में एक फ़िल्म आई 'विक्टोरिया' और अल्फ्रेड हिचकॉक की 'रोप'। इनकी रियल टाइम कहानियाँ हैं। यानी जितनी देर हम पर्दे पर फ़िल्म देख रहे हैं, उतनी ही देर की। इसलिए ध्यान रखिए कि आपकी कहानी के समय का दायरा क्या है? इसे आप जितना छोटा करेंगे कहानी उतनी ही मज़ेदार हो सकती है। जैसे दो दोस्तों की कहानी को पाँच साल में फैलाएँगे तो बहुत सी घटनाओं पर निर्भर रहना पड़ेगा, लेकिन आप कॉलेज लाइफ़ में लेकर उनकी कहानी वहीं ख़त्म करते हैं, तो वह कम चुनौतीपूर्ण होती है।

स्टीव जॉब्स पर आई फ़िल्म 'स्टीव जॉब्स' देखिए। ऐसी फ़िल्म में हम आमतौर पर उसके जन्म या कॉलेज से निकलने की घटना से फ़िल्म शुरू करते हैं। लेकिन इस फ़िल्म में उनके जीवन के तीन-चार महत्त्वपूर्ण दिनों के पीछे की कहानी कही गई है, जब उन्होंने स्टेज पर आकर कुछ घोषणाएँ कीं। फ़िल्म की सेटिंग इसको अलग मौलिक नज़रिये वाली फ़िल्म बना देती है।

सेटिंग के लिए चौथी महत्त्वपूर्ण बात है, कहानी का सामाजिक और सांस्कृतिक परिवेश। फ़िल्म 'क्वीन' की कहानी को आप 1950 के बिहार में नहीं स्थापित कर सकते। 1950 के बिहार में हनीमून की अवधारणा अटपटी लगेगी। न ही उस दौर में लड़की अकेले यात्रा पर जा सकती थी। न ही लड़का शादी से ठीक एक दिन पहले मना कर सकता था कि वो शादी नहीं करेगा। यह कहानी न्यूयॉर्क की लड़की की कहानी भी नहीं हो सकती, कि जिसने कभी अकेले यात्रा ही नहीं की हो। लेकिन दिल्ली की एक मिडिल क्लास लड़की अपने हनीमून पर अकेले निकलती है तो कुछ बात बनती है। इसलिए सामाजिक-सांस्कृतिक परिवेश किसी भी कहानी के लिए बहुत महत्त्वपूर्ण है।

आपको फ़िल्म की कहानी को दृश्यों में सोचना होता है। अगर वो दृश्यों से ज़्यादा बातचीत पर निर्भर है, तो नाटक है। अगर वो बातचीत से ज़्यादा एक आदमी अपने दिमाग़ में क्या सोच रहा है, इसका विस्तार है, तो वह उपन्यास है।

5. विजुअल एक्शन तलाशें

कहानी के पाँचवें ज़रूरी बिन्दु पर आते हैं। आप जान जाएँगे कि एक उपन्यास, फ़िल्म या नाटक में अन्तर क्या है। फ़िल्म की कहानी की जो यात्रा है, कॉन्फ्लिक्ट है, वो विजुअल एक्शन पर निर्भर होना चाहिए। आपको फ़िल्म की कहानी को दृश्यों में सोचना होता है। अगर वो दृश्यों से ज़्यादा बातचीत पर निर्भर है, तो नाटक है। अगर वो बातचीत से ज़्यादा एक आदमी अपने दिमाग़ में क्या सोच रहा है, इसका विस्तार है, तो वह उपन्यास है।

किसी ने कहा है कि 'in a novel, they think, in a play they talk, in a movie they do'. आप नाटक देखने जाते हैं। स्टेज पर एक एक्टर आता है और आधा घंटे तक सोचता ही रहता है तो आप परेशान हो जाएँगे। लेकिन वो इंसान क्या सोच रहा है, इस पर आप पूरा उपन्यास लिख सकते हैं।

ऐसे ही मान लीजिए किसी पर्वतारोही की कहानी है। इसको नाटक में दिखाने में आपको बहुत समस्या आएगी। रंगमंच पर आप पहाड़ कैसे बनाएँगे और कैसे दिखाएँगे कि वह गिरते-गिरते बचा। उस पर उपन्यास भी लिखा जा सकता है लेकिन सबसे अच्छे ढंग से उस पर फ़िल्म बनाई जा सकती है। फ़िल्म में आपको कम-सें-कम बोलना होगा। जो पर्दे पर होगा वो सब नज़र आएगा।

हम लेखक होने के नाते सोचते हैं कि एक आदमी के पास कहने को बहुत कुछ है। ज़रा सोचिए कि क्या उस कहानी को दृश्यों के ज़रिये बेहतर कहा जा सकता है या शब्दों के ज़रिये। हर उपन्यास पर हमेशा एक बेहतर फ़िल्म नहीं बनती है। जैसे एक दार्शनिक के जीवन पर फ़िल्म बनाएँगे तो ज़्यादा चुनौतियों का सामना करना पड़ेगा। जबकि एक नर्तक यानी डांसर के जीवन की कहानी कहेंगे तो ज़्यादा आसान होगी। आपकी कहानी विजुअल एक्शन वाली होगी तो वो सिनेमा के लिए ज़्यादा बेहतर होगी।

एक ईरानी फ़िल्म है—'Song of the Sparrows'। कहानी एक अधेड़ आदमी की है जो अपनी नौकरी में कुछ गड़बड़ कर देता है। उसको नौकरी से निकाल दिया जाता है। वो एक ग़रीब आदमी है। अपने परिवार को कैसे पाले? यह कहानी है। वो नौकरी में क्लर्क हो सकता था, कि उसने डॉक्यूमेंट में कोई ग़लती कर दी। वो ग़लती आप कैसे दिखाते? आप समझा सकते थे लेकिन दिखाते कैसे? उसको चपरासी भी बना सकते थे कि चाय दे रहा था और चाय फैलने से बॉस की शर्ट ख़राब हो गई और बॉस नाराज़ हो गया तो यह कम-से-कम दर्शकों को नज़र तो आया। लेकिन इस फ़िल्म में वह आदमी एक शुतुरमुर्ग फार्म में काम करता है। उन पक्षियों को खाना खिलाता है। उनकी देखभाल करता है। उनके बड़े-बड़े अंडों को हाथ में रखकर चलता है। वहाँ उसके काम की मुश्किलें आपको नज़र आ रही हैं। किसी को बताने की ज़रूरत नहीं है। एक दिन उनमें से एक शुतुरमुर्ग भाग निकलता है। अब वो उसके पीछे भागता है। अब वहाँ उसने जो ग़लती की है उसको न तो डायलॉग से बताने की ज़रूरत है और न यह बताने की कि उस नायक के दिमाग़ में क्या चल रहा है। सब कुछ विजुअल एक्शन के ज़रिये समझ में आ रहा है। आप यह भी कह सकते हैं कि बहुत सारी ऐसी भी फ़िल्में हैं, जिनमें दो किरदार तो सिर्फ़ बातचीत ही किए जा रहे हैं। यह सच है लेकिन ऐसी फ़िल्मों की संख्या सीमित है। ऐसी फ़िल्में लिख पाने वाले लेखक भी कम हैं।

अगर आप ऐसी फ़िल्म लिख सकते हैं तो बहुत अच्छी बात है लेकिन एक साधारण नियम के तौर पर हम मानते हैं कि विजुअल एक्शन पर ज़्यादा निर्भर रहें। अपनी कहानी को दृश्यों में सोचें।

6. कैथारसिस यानी विरेचन

सिनेमा की कहानी के लिए छठी सबसे ज़रूरी बात है, कैथारसिस। बहुत से लोग हॉरर फ़िल्म देखना पसन्द करते हैं। रियल लाइफ़ में तो हम ऐसा कुछ नहीं देखना

चाहते। हम एक्शन थ्रिलर फ़िल्में देखना क्यों पसन्द करते हैं, जिनमें हमेशा नायक की जान को ख़तरा होता है। कई बार रुलाने वाली फ़िल्में भी हमें पसन्द आती हैं। कुछ फ़िल्मों से हमारा ख़ून खौल उठता है। जो फ़िल्में हमको हँसाती हैं, वो तो समझ में आती हैं, लेकिन दूसरा सिनेमा भी तो दर्शकों को अच्छा लगता है। कारण यह है कि आदमी की मूलभूत ज़रूरतें होती हैं, जैसे—ऑक्सीजन, पानी, भोजन, सेक्स और घर। ये सारी चीज़ें हैं। उसे अपनों का साथ चाहिए। इन्हीं सब ज़रूरतों में एक बहुत बड़ी ज़रूरत है विरेचन। विरेचन वह अनुभव है, जिसमें आपको लगता है कि सारा तनाव एकदम से बाहर आ गया है। हल्का महसूस करने लगते हैं। चिकित्सा विज्ञान में पेट साफ़ करने के लिए दी जाने वाली दवाइयों को विरेचक कहते हैं। यह दवा ख़ाने के बाद पेट साफ़ होने पर आप बहुत राहत महसूस करते हैं। इसलिए विरेचन उस अवस्था का नाम है कि आप किसी मर्ज से पीड़ित हैं। उससे मुक्त होते हैं। यही अंग्रेज़ी में कैथारसिस है। संस्कृत साहित्य में इसे ब्रह्मानन्द सहोदर कहा गया है। यानी सुख की चरम अवस्था।

फ़िल्म इमोशन के स्तर पर बहुत ज़्यादा कुछ नहीं दे पा रही है तो समझिए कि हम अपनी कहानी में बहुत कुछ मिस कर रहे हैं।

जैसे आप मित्रों के साथ बैठे हैं। अचानक किसी बात पर बहुत ज़ोर-ज़ोर से हँसने लगे। इतना हँसे कि पेट में दर्द होने लगा। जब वो हँसी ख़त्म होती है तो लगता है कि यह तो और मिलना चाहिए। यह कैथारसिस ऑव जॉय यानी ख़ुशी का विरेचन है। ऐसे ही डर का विरेचन है कि आप किसी एडवेंचर ट्रिप पर जाते हैं। जंगल में आपके सामने शेर आ जाता है। आप उससे बचकर भाग निकलते हैं। उसके बाद आपको लगता है वाह, यह क्या अनुभव था!

क्रोध का विरेचन भी होता है। आप कई दिनों से किसी बात पर ग़ुस्सा दबाए बैठे हैं। एक दिन वो फट पड़ता है। हाथापाई तक आप कर डालते हैं। इसके बाद हल्का महसूस करते हैं।

Catharsis of sorrow तो एकदम विलक्षण अनुभव है। आप मन में कोई दुख दबाए बैठे हैं। किसी से कह नहीं पा रहे हैं। बर्दाश्त करने की कोशिश कर रहे हैं। एक दिन चुपके से कोई पूछता है कि प्रॉब्लम क्या है? आप रो पड़ते हैं। आधे घंटे तक आप रोते हैं। जब ख़त्म होता है तो आप अन्दर से काफ़ी बेहतर महसूस करते हैं। जैसे एक बोझ उतर गया। विरेचन यही एहसास है। खाने-पीने, ऑक्सीजन या सेक्स की तरह ज़रूरी है। लेकिन हम इसके बारे में जागरूक नहीं हैं। हमारा सामाजिक ढाँचा भी इन अनुभवों से हमें दूर ही रखने की कोशिश करता है। यह क्या तुम बच्चों की तरह रो रहे हो। ऐसे दाँत दिखाकर मत हँसो।

लोगों को इम्प्रेस करने की कोशिश मत कीजिए। उनके दिल को छूने की कोशिश कीजिए।

तुमकोक्या इन छोटी-छोटी चीज़ों से डर लगता है। पूरे समाज, माँ-बाप, घर-परिवार सबने ऐसा मानसिक-तंत्र विकसित कर रखा है कि हम विरेचन के अनुभव से दूर रहें।

दूसरी बात यह कि ख़ुशी के विरेचन के अलावा क्रोध, भय और दुख जैसे विरेचन हम जीवन में प्रत्यक्ष अनुभव नहीं करना चाहते लेकिन उनकी ज़रूरत तो है। इसीलिए कहानियाँ एक सरोगेट माध्यम बन जाती हैं, जो हमें अलग-अलग तरह के विरेचन का अनुभव कराती हैं। रंगमंच में विरेचन सिद्धान्त प्राचीन यूनानी नाटकों में अरस्तू के ज़माने से चलता आ रहा है।

कहानी में किरदार डर रहा है। हम उसको देखकर डर रहे हैं। वैसे एकदम सुरक्षित हैं। कहानी में किरदार के पिता की मौत हुई है। हमारे पिता घर में भले चंगे बैठे हैं लेकिन बिना अपनें पिता को खोए हमने पिता की मृत्यु को महसूस कर लिया। सिनेमा में यह ताक़त है कि वह चार-पाँच सौ लोगों को एक कमरे में बिठाकर सामूहिक विरेचन का अनुभव करवा सकता है। यह फ़िल्म की ताक़त तो है ही, दायित्व भी है। फ़िल्म इमोशन के स्तर पर बहुत ज़्यादा कुछ नहीं दे पा रही है तो समझिए कि हम अपनी कहानी में बहुत कुछ मिस कर रहे हैं।

दुनिया में लोगों को प्रभावित करने वाले, सोचने को मजबूर करने वाले बहुत लोग हैं। राजनेता कुछ बोल रहे हैं, धार्मिक नेता कुछ बोल रहे हैं। खिलाड़ी खेल रहे हैं। विद्वान और कलाकार अपनी बातें बोल रहे हैं, उनकी बातों से सहमत-असहमत होते हुए, सिर हिलाते हुए हम आगे बढ़ जाते हैं। लेकिन हँसाने, रुलाने, डराने वाले विरेचन के लिए बहुत पापड़ बेलने पड़ते हैं। विरेचन महत्त्वपूर्ण लेकिन मुश्किल काम है जो कलाओं के ज़रिये होता है। और सिनेमा तो सब कलाओं का मिश्रण और ताक़तवर माध्यम है।

अगर किसी ने कोई बहुत दिलचस्प बात कही है तो सोचने के लिए मजबूर करने वाली किसी भी घटना, वक्तव्य या मंशा पर आदमी कहेगा कि हाँ, यह बहुत ज़रूरी और विचारंणीय बात है। मैं इस पर ग़ौर करूँगा। लेकिन अगर किसी ने माहौल बना दिया कि आप हँसें या रोएँ या भावुक हो जाएँ या डर जाएँ तो यह नहीं कह सकते कि मैं इस बात पर थोड़ी देर बाद हँस लूँगा या रो लूँगा या थोड़ी देर बाद डर जाऊँगा। वो सब तुरन्त होता है।

हम लेखकों की ज़िम्मेदारी है कि निर्देशक की यहाँ तक मदद करें कि वह पटकथा पर इस तरह की फ़िल्म रच पाए जो एक ही थियेटर में बैठे सैकड़ों लोगों को एक साथ समभाव महसूस करने वाले अनुभव का हिस्सा बना सके।

फ़िल्म की कहानी के विचार का छठा ज़रूरी बिन्दु है कि लोगों को इम्प्रेस करने की कोशिश मत कीजिए। उनके दिल को छूने की कोशिश कीजिए। हमारी कहानी लोगों को एक मज़बूत भावपूर्ण अनुभव देने वाली होनी चाहिए।

अन्त में इस बात को समझने की कोशिश कीजिए कि आपने इस अध्याय में जो कुछ भी पढ़ा है, एक लेखक के रूप में आप उसका उपयोग कैसे कर सकते हैं।

सबसे पहले अपने-आप को गम्भीरता से लेना छोड़िए कि आप जो लिखेंगे वो महान ही होगा या तब तक नहीं लिखेंगे जब तक आप अपने दिमाग़ में महानता के क़रीब नहीं पहुँच जाएँगे। आपको रोज़ाना बैठकर लिखना चाहिए। उसी में किसी दिन कुछ ऐसा लिख जाएँगे जो आपको अच्छा लगेगा।

यह सपना देखना भी बन्द कर दीजिए कि अपनी कहानी से दुनिया बदल देंगे। हाँ, यह ज़रूर सोचते रहिए कि आपकी कहानी लोगों के दिल को छूने वाली होगी।

चलिए, कोशिश शुरू करिए

इस अध्याय को पढ़ने के बाद हम यह चाहेंगे कि आपके दिमाग़ में जो आइडिया है, वो ढाई सौ से तीन सौ शब्दों में लिख दें। आपने अब तक जो पढ़ा है, वो सब बातें इन तीन सौ शब्दों में नज़र आनी चाहिए। उसमें किरदार के बारे में, यात्रा के बारे में और कहानी के अन्त के बारे में स्पष्ट पता चलना चाहिए। उस कहानी की सेटिंग क्या है? यह दिखना चाहिए कि कहानी विज़ुअल एक्शन पर ज़्यादा निर्भर है और एक ज़बरदस्त इमोशनल अनुभव होगा। ये छह बातें एक तरह से आपके लिए छह खिड़कियाँ हैं। इन छह खिड़कियों को आप खोल लेंगे तो आपको अपना आइडिया थोड़ा ज़्यादा साफ़ आने लगेगा।

आप साइंस फ़िक्शन लिखना चाहते हैं, तो थोड़ा सेटिंग के बारे में सोचिए कि वो किस साल में फिट होगी। उसका सामाजिक-सांस्कृतिक परिवेश क्या होगा? सोचिए, किरदार कौन होंगे। फिर समयावधि के बारे में सोचिए कि वो कितने दिन की कहानी है। ये सब खिड़कियाँ एक-एक करके खोलिए।

रोज़ सुबह एक-दो घंटे नियम से बैठकर इन खिड़कियों से झाँकेंगे तो आप पाएँगे कि आप आइडिया और कहानी पर बहुत तेज़ी से काम किए जा रहे हैं। रोज़ मेहनत करेंगे तो आप पाएँगे कि तीस दिन में आपके पास तीस आइडियाज़ हो गए हैं। उनमें से एक आइडिया चुनेंगे तो उसमें ज़रूर कोई बात होगी। आपने एक विचार चुन लिया है तो नीचे कुछ सवाल दे रहे हैं जिनको एक-एक करके पढ़िए और मिलान करिए कि क्या आपके आइडिया में इन सवालों के जवाब हैं?

यह एक तरह से जाँच है। अगर आप यहाँ उत्तीर्ण होते हैं तो कह सकते हैं कि मेरे पास फ़िल्म की कहानी का एक आइडिया है, जिस पर मैं अगले कुछ महीने और साल देने के लिए तैयार हूँ। अगर शुरुआत में आपसे ग़लती हो गई तो कुछ दिनों बाद आपका मन नहीं लगेगा। उसे छोड़ देंगे या उसमें कुछ समय बाद अटक जाएँगे।

लिहाज़ा हम उम्मीद करते हैं कि इन सवालों का जवाब ढूँढ़ते हुए आप एक अच्छी फ़िल्म लिखने के लिए तैयार हो रहे हैं :

- जिस आइडिया पर आप काम शुरू कर रहे हैं, उसके अलावा क्या नौ और कहानियों के आइडिया आपके पास हैं? अच्छे आइडिया को ढूँढ़ने का सबसे सही रास्ता यही है कि आपके पास बहुत सारे आइडिया हों।
- क्या आप सचमुच यही कहानी कहना चाहते हैं? पटकथा तैयार करना सबसे जोख़िम वाला काम है। कोई नहीं कह सकता कि उस पर कभी फ़िल्म बनेगी या नहीं। क्या आप इसके लिए तैयार हैं कि अगर यह फ़िल्म नहीं बनी तो भी बाक़ी ज़िन्दगी उस पटकथा को पढ़ते हुए अपने ही दिमाग़ में वो फ़िल्म देखकर आप ख़ुश रहेंगे?
- क्या आपकी कहानी सचमुच मौलिक है? क्या आपने कभी इससे मिलती-जुलती फ़िल्म, सीरियल, नाटक या उपन्यास नहीं पढ़ा है? सावधान रहिए—कुछ चीज़ें आपके अवचेतन में कहीं से भी आ सकती हैं।
- क्या आपके दिमाग़ में कहानी का उचित अन्त स्पष्ट है? किसी भी कहानी पर काम शुरू करने से पहले उसका उपयुक्त अन्त पहले सोचना ज़रूरी है।
- क्या आपका आइडिया लोगों को इमोशनल ढंग से कहानी में शामिल करेगा? इमोशन पर काम करने वाली कहानियाँ यूनिवर्सल होती हैं और उनके बनने के हमेशा ज़्यादा अवसर होते हैं।
- क्या आप उस दुनिया को अच्छे से जानते हैं, जहाँ आपने अपनी कहानी सेट की है? अगर नहीं, तो क्या कहानी को उस दुनिया में सेट कर सकते हैं, जिस दुनिया को आप जानते हैं? या क्या उस नई दुनिया को अच्छे से समझने के लिए तैयार हैं? इसे एक नई दुनिया को जानने के अवसर की तरह लेना चाहिए।
- क्या आपका आइडिया फ़िल्म की अवधि के हिसाब से उपयुक्त

है? जैसे चालाक कौवे वाली कहानी, जिसमें वो बर्तन में कंकर डालकर पानी पीता है, दो मिनट की एनिमेशन फ़िल्म तो हो सकती है लेकिन दो घंटे की फ़ीचर फ़िल्म नहीं।

- क्या आपकी फ़िल्म में नायक की यात्रा टकरावों और चुनौतियों से भरी हुई है? क्या अन्त तक उसमें कोई महत्त्वपूर्ण बदलाव दिखता है? अगर ऐसा नहीं होता है तो ज़्यादातर कहानियाँ निष्प्रभावी साबित हो जाती हैं। कॉन्फ्लिक्ट और बदलाव आपके आइडिया के शरीर और आत्मा की तरह हैं।
- क्या इस आइडिया के साथ आपमें विफल रहने का साहस और क़ामयाब होने की प्रतिबद्धता है? अगर इस सवाल का जवाब 'हाँ' है तो आगे बढ़िए, भले ही बाक़ी कुछ चीज़ों का जवाब नकारात्मक मिल रहा हो। लेकिन इसका जवाब अगर 'नहीं' है तो भले ही बाक़ी सब सकारात्मक जवाब हों, वे आपकी मदद नहीं करेंगे।

तो आपके लेखकीय जुनून की जय हो। अब आगे बढ़िए।

2

शोध
Research

There are many people who don't like to use other films as research but I love it.

—Mark Bridges

अब आपके पास आपकी कहानी का आइडिया है। अगर वह आपके दिल के बहुत क़रीब है तो आपको उस कहानी को लेकर सौ तरह के विचार आते रहते हैं। ये विचार एक क्रम में नहीं आते। कभी किसी घटना को लेकर कुछ सूझता है, तो कभी किसी चरित्र के बारे में। कभी कहानी के बीच में आप कुछ जोड़ना चाहते हैं तो कभी क्लाइमैक्स को लेकर उत्साहित हो जाते हैं। शॉट, इमेज, गाना या संवाद के बारे में भी सोचते हैं। यहाँ आप परेशान हो सकते हैं कि इन विचारों के समन्दर का करें क्या। ख़तरा यह भी है कि आपको किसी कमज़ोर आइडिया से प्यार हो जाए और कहानी ख़राब हो जाए। ऐसा भी मुमकिन है कि बहुत सारे अच्छे आइडिया आएँ और वो कहानी में इस्तेमाल होने के पहले ही दिमाग़ से बाहर हो जाएँ। तो इस समस्या से कैसे निपटा जा सकता है?

सब कुछ की सूची | The Table of Everything

ऐसे दौर में लेखक को व्यवस्थित करने के लिए पटकथा लेखन में एक टूल है, टेबल ऑव एवरीथिंग यानी सब कुछ की सारणी।

बेहतर है अपने लैपटॉप में एक टेबल बना लें, जिसका नाम होगा टेबल ऑव एवरीथिंग। कहानी को लेकर आपके दिमाग़ में जो भी कुछ आता है, उसमें लिखते जाइए। उसके बारे में कोई राय मत बनाइए कि अच्छा है कि बुरा। बस लिखते

जाइए। सूची बड़ी होती जाएगी। पहली बात, आपके सारे विचार एक जगह दर्ज हो रहे हैं। आपको चिन्ता नहीं करनी कि आपकी सोची हुई कोई ज़रूरी चीज़ आप भूल जाएँगे।

दूसरी बात, अभी जब कहानी ठीक से बनी नहीं, तो आपको घंटों बैठकर काम करना है। यह एक तरीक़ा है कि आप कहानी के साथ बहुत समय बिताएँगे। यह कहानी और आपके लिए अच्छा है।

आगे कहीं भी कहानी में फँसेंगे तो पता नहीं इस सूची का कौन सा आइडिया कहाँ काम आ जाए। वो आपको किसी दृश्य, संवाद या किसी महत्त्वपूर्ण प्लॉट पॉइंट में आपकी मदद कर दे। इसलिए कहानी का विचार आने के बाद आपको सबसे पहले टेबल ऑव एवरीथिंग बना लेनी चाहिए।

यहाँ से आपके लेखन के तीन चरण एक साथ शुरू होते हैं—शोध, चरित्र-निर्माण और कथा-निर्माण। तीनों क्रम में एक के बाद एक नहीं होते हैं। साथ चलते हैं।

इस अध्याय में हम शोध पर बात करेंगे और आगे चरित्र यानी किरदार और कहानी पर।

आपने जिस सामाजिक-सांस्कृतिक, राजनीतिक, भौगोलिक पृष्ठभूमि में कहानी को रखा है, उसको जानना आपके लिए बेहद ज़रूरी है। अगर आप समय को जानेंगे नहीं तो आपके लेखन में कहीं-कहीं एक सच्चाई की कमी होगी। आप जो लिख रहे होंगे वो तथ्यात्मक रूप से ग़लत हो जाएगा।

आपको अपनी कहानी के देशकाल के बारे में ठीक-ठाक पता है तो आपका काम चल जाएगा लेकिन अगर आपको उस परिवेश के बारे में बहुत अच्छे से पता है, आपने अपना समय देकर शोध किया है तो आपकी कहानी में वो नज़र आने लगेगा।

जैसे आप किसी भी ऐतिहासिक कथानक वाली कहानी पर काम कर रहे होते हैं तो आपको यह देखना पड़ेगा कि उस समय घर कैसे होते थे। गलियाँ कैसी थीं? खाने-पीने के बर्तन कैसे थे? लोगों के आवागमन का ज़रिया क्या था, जानवर कौन-से थे, जो पाले जाते थे? सामाजिक ढाँचा क्या था? क्योंकि हर जानकारी आपको कहानी में काम आती है।

जब आप कैरेक्टर यानी किरदार बना रहे होते हैं तो बाहर की दुनिया से लाकर उस कहानी की सेटिंग में डालने की कोशिश कर सकते हैं मगर ज़्यादा मज़ेदार और विश्वसनीय चरित्र तब नज़र आएगा जब आप उस सेटिंग से अपने किरदार निकालें। इसलिए जब आप अपनी कहानी पर शोध करते हैं तो उसी सेटिंग में आपको कई किरदार ऐसे मिलते हैं जिनके बारे में आप आश्वस्त होते हैं कि इनका इस्तेमाल किया जा सकता है।

शोध का लाभ यह भी है कि आप अपने दिमाग़ से कोई चरित्र बनाते हैं तो वह कैरेक्टर का हल्का-फुल्का स्केच होता है और धीरे-धीरे आप उसे आदमी की तरह त्रिआयामी बनाने की कोशिश करते हैं। लेकिन उसी किरदार को आप अगर कहानी के परिवेश से उठाएँगे तो पाएँगे कि वह केवल एक स्केच नहीं, पूरा का पूरा इंसान है। वह ख़ुद-ब-ख़ुद त्रिआयामी है। इस तरह आपको किरदार बनाने में आसानी होती है।

रिसर्च की वजह से आपकी कहानी के ढाँचे यानी शुरुआत, मध्य और अन्त के बारे में बहुत सारे विचार मिल जाते हैं। रिसर्च से आप कहानी की दुनिया को जान लेते हैं तो ऐसी छवियाँ और ध्वनियाँ मिलती हैं जो उस दुनिया के लिए एकदम मौलिक हैं और जो कहानी में मेटाफर ला सकती हैं। वो कहानी को और अधिक अर्थपूर्ण बना देती हैं और सांस्कृतिक रूप से कहानी का हिस्सा होती हैं। इसलिए कहानी को सिनेमेटिक बनाने में भी शोध का बहुत बड़ा योगदान है।

आपकी कहानी एक लव स्टोरी है, लेकिन लव स्टोरी भी तो कई तरह की हो सकती है। बिलकुल सीरियस ड्रामे वाली लव स्टोरी हो सकती है। बिलकुल हल्की-फुल्की कॉमेडी होती है। रोमांटिक ड्रामेडी भी होती है, जो ड्रामा और कॉमेडी के बीच की हो। 'देवदास' भी एक लव स्टोरी है, जो काफ़ी सीरियस है और 'दिलवाले दुल्हनिया ले जाएँगे' भी, जो ड्रामा और कॉमेडी भी है। तो आपकी कहानी कैसी हो—इसकी समझ भी आपको शोध से मिलेगी।

फ़िल्म का लेखक शोध करता कैसे है

सबसे पहले आपकी कहानी के परिवेश, जोनर, भावभूमि से मिलती-जुलती जितनी भी फ़िल्में दुनिया भर में जहाँ भी बनी हैं, उनको तलाशें। इस तरह की फ़िल्में एक-एक करके देख लेनी चाहिए। यह मज़ेदार दौर है, जब आप बहुत सारी फ़िल्में देखते हैं। वो आपके काम का ही हिस्सा है। अपने विषय से जुड़ी हुई डॉक्यूमेंट्री फ़िल्में भी देखें। नॉन-फ़िक्शन फ़िल्मों में यथार्थ और तथ्य हूबहू होते हैं।

जब फ़िल्में देखेंगे तो बहुत से किरदार, प्लॉट पॉइंट और घटनाएँ उनमें मिलेंगी। आपको लगेगा कि आप उनमें से कुछ चीज़ें अपनी फ़िल्म में ला सकते हैं। एक नैतिक दुविधा भी आएगी कि कैसे इस्तेमाल करें? आपसे पहले कोई और भी उसे इस्तेमाल कर चुका है। इस नैतिकता में उलझने के बजाय जो भी ख़याल आ रहा है, उसे टेबल ऑव एवरीथिंग में जोड़ लीजिए। कहानी के अन्त में जो कुछ भी जाएगा, वो अपना एक अलग रूप लेकर जाएगा। इसलिए चोरी या प्रेरणा के डर से निकलकर उन इमोशन्स को पकड़िए। आप जहाँ सोच रहे हैं, वो ज़मीन कौन

सी है? वहाँ आपके किरदार किस तरह का बर्ताव करेंगे? ऐसा तो है नहीं कि आपने पहली बार में जो लिख दिया, वही अन्तिम हो जाएगा। जब आपकी पटकथा कई पड़ावों और प्रारूपों से गुज़रेगी तो एक दिन आपको ख़ुद पता नहीं चलेगा कि कौन सा विचार आपको कब और कहाँ से आया था।

रिसर्च की वजह से आपकी कहानी के ढाँचे यानी शुरुआत, मध्य और अन्त के बारे में बहुत सारे विचार मिल जाते हैं।

महान फ्रांसीसी फ़िल्मकार जॉन लुक गोडार्ड कहते हैं कि यह महत्त्वपूर्ण नहीं है कि आप कहाँ से क्या लेते हैं, महत्त्वपूर्ण यह है कि आप उस भाव को आगे कहाँ तक पहुँचा देते हैं। टैरंटिनो (अमरीकी फ़िल्मकार जिन्होंने 'पल्प फ़िक्शन', 'रेजर्वोयर डॉग्स' जैसी फ़िल्में लिखीं और निर्देशित कीं) स्वीकारते हैं कि वे बहुत सी फ़िल्मों से बहुत कुछ लेते हैं। इसलिए लेखक के रूप में आप टेबल ऑव एवरीथिंग को पुष्ट करते जाएँ। अपनी कहानी से मिलती-जुलती फ़िल्मों से आपकी पटकथा में कई नए आयाम खुल जाएँगे।

रिसर्च के लिए दूसरी ज़रूरी चीज़ है अध्ययन यानी किताबें पढ़ना। उपन्यास, कहानियाँ, कथेतर साहित्य जितना पढ़ सकते हैं, पढ़िए। इंटरनेट पर ब्लॉग्स पढ़ें। अख़बारी रिपोर्ट्स पढ़ें और नोट्स बनाते जाएँ। टेबल ऑव एवरीथिंग को और बढ़ाते जाएँ।

रिसर्च के लिए तीसरा ज़रूरी टूल है कि जिस दुनिया में आपकी फ़िल्म सेट है, वहाँ जाकर कुछ दिन रहें। कहानी आपके शहर की नहीं है तो जिस शहर की है, वहाँ जाएँ। हाँ, आपके पास समय कितना है और कितना पैसा वहन कर सकते हैं, यह इस पर भी निर्भर करेगा। आप वहाँ सात दिन, एक महीना या छह महीने रहें। मगर एक बार आपको उस दुनिया में जाकर रहने का अनुभव लेना बहुत ज़रूरी है। इससे अच्छा रिसर्च और क्या होगा कि आप वहाँ के लोगों के हावभाव, व्यवहार और लोकेशन्स के बारे में जानेंगे।

किरदारों की अन्दरूनी उथल-पुथल और मानसिक स्थिति को लेकर तो बहुत फ़िल्में होती हैं। आपके किरदार भी ऐसे हैं तो किसी मनोवैज्ञानिक या मनोचिकित्सक से मिलकर चर्चा करें। आपको लगे तो किसी रिलेशन थेरेपिस्ट से मिलिए।

आपके किरदार किसी क्षेत्र से जुड़े होंगे। मसलन, आप एक विमान दुर्घटना या विमान हाइजेक पर कहानी लिख रहे हैं तो विमान टेक्नोलॉजी और विमान संचालन के बारे में आपको जानना पड़ेगा। आपकी फ़िल्म किसी डॉक्टर, इंजीनियर या बैंक वाले की कहानी हो सकती है। कॉरपोरेट जॉब वाले किरदार की भी हो सकती है। आपकी कहानी में जिस क्षेत्र के किरदार हैं, उन लोगों

ऐसा न हो कि शोध में मज़ा आ रहा है तो शोध ही करते जाएँ। एक समय पर आपको तय करना है कि अब रिसर्च हो गया। अब कहानी और चरित्रों की ओर चलना चाहिए।

से मिलें, बातचीत करें। सब कहानी में मदद करेंगे।

माइकल क्राइटन याद आते हैं। एक से एक बढ़िया उपन्यास लिखे। 'जुरासिक पार्क' भी उनमें से एक है, जो क्लोनिंग और बायोलॉजी से जुड़ा विषय है। उन्होंने लीगल ड्रामा भी लिखे। उन्होंने विमान पर उपन्यास लिखा। नैनो टेक्नोलॉजी पर फ़िक्शन लिखा। बाद में उन सब पर फ़िल्में बनीं। अलग-अलग फ़ील्ड में जाकर उन्होंने काम किया। जब उनका लिखा पढ़ेंगे तो जानेंगे उस लेखक को अपनी कहानी की दुनिया के बारे में कितना पता है!

यह हम लेखकों का उपहार या विशेषाधिकार है, हम आजीवन विद्यार्थी बने रह सकते हैं। अगर शोध की प्रक्रिया को बोझ की तरह लेंगे तो आप एक लेखक होने का सुख नहीं ले पाएँगे जो उसके जीवन में बिना प्रयास ही आ जाता है। आपको हमेशा इसे उत्साह से लेना चाहिए। ख़ुश होना चाहिए कि आप इतनी अलग विधाओं के बारे में जानकारी लेने का आनन्द ले रहे हैं।

आप अपने शोध के दौरान आम लोगों से भी मिलिए। ऐसे लोग जो आपकी फ़िल्म के किरदार बनेंगे। जैसे अगर आपकी कहानी एक ओल्ड ऐज़ होम के बारे में है, तो आपको ओल्ड ऐज़ होम जाकर वहाँ रह रहे बुज़ुर्गों से मिलना चाहिए। अगर आप ऐसा नहीं कर पाते हैं तो अपने घर में आप अपनी दादी माँ से बात करिए कि वे कैसे बात करती हैं। अगर आप वो आवाज़ रिकॉर्ड कर लें तो और भी अच्छा होगा। इसका फ़ायदा आपको डायलॉग लिखते समय होगा। आम आदमी बहुत ही मज़ेदार भाषा में बात करता है, लेकिन हम लोग नहीं समझ पाते हैं। हमें लगता है आम लोगों की भाषा में रस नहीं है जबकि बहुत ज़्यादा रस है। आप अगर इन किरदारों को रिकॉर्ड करके देख-सुन रहे हैं तो आपको संवादों में एक फ्लेवर मिलेगा।

आप अगर बीस से पचास लोगों से बात कर रहे हैं तो हरेक से कुछ ऐसा मिलेगा जो आप अपने संवाद लेखन में काम ले सकते हैं।

ये कुछ बिन्दु हैं जिन पर लगातार काम करते हुए आप कहानी के साथ शोध को पूरा कर सकते हैं और अपनी टेबल ऑव एवरीथिंग को भरते हुए उसे मज़बूत बना सकते हैं। आपको अपने चरित्रों और कहानी पर भी लगातार काम करते रहना है।

एक और महत्त्वपूर्ण बात की ओर ध्यान देने की ज़रूरत है। शोध एक अनन्त और अथाह समन्दर की तरह है। उसका कोई अन्त नहीं है। आपको

उसके अन्दर घुसने के बाद मज़ा भी आने लगता है। लेकिन एक बात ध्यान में रखनी है कि कहानी भी लिखनी है। ऐसा न हो कि शोध में मज़ा आ रहा है तो शोध ही करते जाएँ। एक समय पर आपको तय करना है कि अब रिसर्च हो गया। अब कहानी और चरित्रों की ओर चलना चाहिए। अब आपके पास एक सूची है और इतना मसाला है कि अपनी कहानी में क्या इस्तेमाल करना है, यह आप तय कर सकते हैं।

3

किरदार

Characters

A good movie makes the audience feel like they have journeyed with the characters.

—Rich Moore

आपने टी.वी. पर समुद्र में तैरते हिमखंड तो देखे ही होंगे। बचपन में पढ़े जियोग्राफ़ी की पढ़ाई को याद करें तो आपको ये भी पता होगा की समुद्र की सतह के ऊपर जो हिस्सा हमें दिख रहा होता है, वो उस हिमखंड का महज़ दस प्रतिशत है। यानी जो हमें दिख रहा है, उससे नौ गुना ज़्यादा बड़ा हिस्सा समुद्र के अन्दर छिपा रहता है। मज़े की बात यह है कि इस गणित के बाद आप उस हिमखंड के पूरे साइज़ का आइडिया लगा भी लें, उसकी आकृति का अन्दाज़ा आप नहीं लगा सकते। ऊपर से वो जैसा दिख रहा है, सतह के नीचे वो बिलकुल अलग ही रूप लिए हो सकता है।

फ़िल्म या उपन्यास के लेखन में किरदार या चरित्र इसी हिमखंड की तरह होते हैं। एक अच्छा लेखक अपने किरदारों को बड़ी मेहनत से बनाता है। मगर कहानी उस किरदार का एक छोटा सा हिस्सा ही दिखा पाती है। किरदार के ऊपर किया गया ज़्यादातर काम कभी कहानी में न दिखता है, न दिखना चाहिए। ज़ाहिर सी बात है कि किरदार पर लेखक की मेहनत भी हमेशा छुपी रह जाती है। उस पर उसे कोई वाहवाही नहीं मिलती, कोई ताली नहीं बजाता। हिमखंड की ही तरह कोई कभी बता ही नहीं सकता कि आपने अपने किरदारों पर कितनी मेहनत की है। यही कारण है कि आलसी, साधारण या अनुभवहीन लेखक किरदार बनाने के काम को उतना महत्त्व नहीं दे पाते हैं। उन्हें लगता है कि इससे तो कुछ हासिल ही

नहीं होने वाला। बिना किसी फ़ायदे का हम काम क्यों करें? वो भी इतना मुश्किल काम—मनुष्य-प्रवृत्ति को समझना और उस समझ का इस्तेमाल करके किरदार को हाड़-मांस का इंसान बनाना। दिमाग़ में कहानी का आइडिया आया, थोड़ी रिसर्च कर ली, किरदारों के बारे में सतही तौर पर सोच लिया और हम फटाफट कहानी पर जाना चाहते हैं।

ऐसे में स्कॉट मायर्स के इस कथन पर एक पल के लिए ग़ौर करें। 'Begin with character, end with character, find the story in between.' यानी आप किरदार से शुरू कर किरदार पर ख़त्म करें और बीच में कहीं कहानी ढूँढ़ें। दूसरे शब्दों में कहें तो किरदार ही कहानी है, या कहानी वो ढाँचा है जिसके माध्यम से हम एक किरदार और उसके सफ़र को समझते हैं। कहानी का सारा लुत्फ़ किरदार में ही है।

एक उदाहरण लेते हैं। हम सब ने प्यासे कौवे की कहानी सुनी है। एक कौवा था। एक दिन उसे बड़े ज़ोरों की प्यास लगी थी मगर बहुत ढूँढ़ने पर भी उसे पानी नहीं मिल रहा था। जब उसकी हालत बिलकुल ही ख़राब हो गई तो कहीं उसे एक घड़ा दिखा जिसमें थोड़ा सा पानी था। पहले तो वो कौवा बहुत परेशान हुआ। पर फिर उसे एक आइडिया आया। घड़े के पास कुछ कंकड़ पड़े थे। वो कौवा एक-एक करके घड़े में वो कंकड़ डालने लगा। ये समझ उसमें कैसे आई, हमें नहीं पता। वो कौवा आर्किमिडीज़ के घर पला-बढ़ा था क्या? जो भी हो, जब कई कंकड़ घड़े के अन्दर चले गए तो पानी ऊपर आ चुका था। उस चालाक कौवे ने वो पानी पिया और उड़ गया।

हमें आज तक किसी ने नहीं बताया कि वो कौवा कैसा कौवा था। वो नर कौवा ही क्यों था, मादा कौवा क्यों नहीं? हो सकता है वो एक बूढ़ा कौवा रहा हो, जिसे समाज के दूसरे कौवों ने खदेड़कर भगा दिया था। मरता-मरता, भागता-भागता वो फिर रहा था जब उसके साथ ये घटना हुई। अब जो वो उड़ा है तो शायद वापस जाकर अपनी हैसियत साबित करने की मंशा और विश्वास से उड़ा है। एक बूढ़ा योद्धा फिर जाग उठा है। न्याय और हक़ की लड़ाई के लिए वो फिर तैयार है।

या फिर वो कौवा एक नादान बच्चा था जिसे कहा गया था कि अभी तुमने उड़ना सीखा ही है, ज़्यादा दूर मत जाया करो। मगर उसने अपने माँ-बाप की बात नहीं मानी। जब लगा कि अब तो मौत क़रीब है, तब उसे उनकी याद आई। पिता की मेहनत और माँ का हर मुसीबत में शान्त और सन्तुलित रहना याद आया। तब उसे ये कंकड़ वाला आइडिया आया। पानी पीकर वापस घर की ओर उड़ रहा वो कौवा अब बच्चा नहीं रहा, बड़ा हो गया है। अपने माँ-बाप से वो प्यार भी अब

> एक मज़बूत किरदार ही मज़बूत कहानी को बनाता है। बिना किरदार को समझे कहानी हमेशा मामूली ही रहेगी।

ज़्यादा करेगा, उन्हें महत्त्व भी देगा, और कभी नहीं भूलेगा उस घड़े को जिसने उसे न सिर्फ़ ज़िन्दा रखा बल्कि उसे जीवन की एक बहुमूल्य शिक्षा भी दी।

हम उम्मीद करते हैं कि इस छोटे से उदाहरण से आप किरदार या चरित्र-निर्माण का महत्त्व समझ गए होंगे। एक मज़बूत किरदार ही मज़बूत कहानी को बनाता है। बिना किरदार को समझे कहानी हमेशा मामूली ही रहेगी। वहीं किरदार को आप ठीक से समझ और सँभाल गए तो आपने बड़ा काम आसान कर लिया। आपके किरदार के साथ एक बार दर्शक जुड़ जाएँ, उन किरदारों के साथ हँसने, रोने, चलने को तैयार हो जाएँ तो बाक़ी की कहानी कहना और बुनना काफ़ी आसान हो जाता है। तो क्या कोई तरीक़ा है, कहानी के किरदारों के बारे में सोचने का? आपकी कहानी में किस-किस किरदार की ज़रूरत है, ये कैसे तय करें?

चरित्रों के प्रारूप

जोसेफ कैम्पबेल ने बीसवीं सदी के मध्य में एक किताब लिखी थी, 'द हीरो विद ए थाउज़ैंड फ़ेसेज़'। इस किताब के लेखन में उन्होंने दुनिया भर की संस्कृतियों, इतिहास, मिथकों, किंवदंतियों और लोक-कथाओं का अध्ययन किया। उन्होंने यह बताया कि हज़ारों साल से इंसान जो कहानियाँ कह रहा है उनमें विचित्र ढंग की समानता है। चाहे वो ग्रीक माइथोलॉजी से हों, चाहे अफ़्रीका की कहानियाँ हों, चाहे हमारे अपने हिन्दुस्तान की कहानियाँ, दुनिया भर में कहानी कहने का ढंग और चरित्रों की समानता उन्होंने पाई है। जैसे हम कहते हैं कि बात-बात में झगड़ा शुरू हुआ और भाई ने भाई को मार डाला। यह बाइबिल से शुरू हो गया है। एडम और ईव के एक बेटे ने दूसरे को मार डाला था। यही महाभारत के समय में भी हुआ। हमारे समय की कहानियों में भी हो रहा है। भाई से भाई के झगड़े की कहानी आर्किटाईपल कहानी है, जो हर संस्कृति, हर प्रजाति, हर देश में हमको मिलेगी। ऐसी कहानियाँ कालातीत होती हैं। दुनिया के किसी भी हिस्से का दर्शक इन्हें देखने में रुचि रखेगा। भारतीय वैदिक साहित्य से लेकर पुराण, उपनिषदों की कहानियाँ, रामायण या महाभारत और बाद की सब कहानियों में हमें भी कैम्पबेल की खोज आसानी से दिख जाएगी।

इसके बाद क्रिस्टोफर वॉग्लर ने कैम्पबेल के बताए बहुमूल्य ज्ञान को सिनेमा पर लागू करते हुए अपनी किताब 'द राइटर्स जर्नी' लिखी। इन दोनों किताबों ने हमें बताया कि कहानियों में चरित्रों का प्रारूप या पैटर्न होता है, जिसे आर्किटाइप कहते हैं, और जो पूरी दुनिया में हर संस्कृति में लगभग समान रूप से पाया जाता है। वॉग्लर इसे आठ चरित्रों में विभाजित करते हैं, जिसे हम भारतीय सन्दर्भों और सिनेमाई कहानियों के साथ समझ सकते हैं। यह बात समझ लीजिए हम आठ चरित्रों की बात नहीं कर रहे, कहानी में शामिल आठ पैटर्न्स की बात कर रहे हैं। आठ तरह की ऊर्जा या आठ तरह की उन ताक़तों की बात कर रहे हैं, जो किरदारों को प्रेरित और प्रभावित करती हैं।

1. नायक (प्रोटेगनिस्ट)

किसी भी कहानी के मुख्य किरदार को प्रोटेगनिस्ट (Protagonist) कहते हैं। ढूँढ़ना आसान है कि 'लगान' में भुवन प्रोटेगनिस्ट है। 'उड़ान' में वो रोहन है। 'द मेट्रिक्स' में नियो एंडरसन है। 'क्वीन' में रानी है। लेकिन 'टाइटेनिक' में कौन है प्रोटेगनिस्ट? जैक या रोज़? या 'दिलवाले दुल्हनिया ले जाएँगे' में राज या सिमरन? मणिरत्नम की फ़िल्म 'युवा' है। उसमें तीन लोगों की कहानी है जो अलग-अलग चलती है लेकिन एक हादसे से वो तीनों जुड़ जाते हैं। अनुराग बासु की फ़िल्म 'लाइफ़ इन ए मेट्रो' में कई किरदार हैं। उनमें कौन है प्रोटेगनिस्ट? 'रंग दे बसन्ती' और 'दिल चाहता है' में वो कौन सा किरदार है?

थोड़ा और कठिन बनाते हैं। 'शोले' में कौन है प्रोटेगनिस्ट? वीरू, जय या ठाकुर? 'शोले' का मुख्य मक़सद है गब्बर सिंह को पकड़ना। इस हिसाब से ठाकुर ही प्रोटेगनिस्ट होना चाहिए। गब्बर से तो ठाकुर की दुश्मनी है। वो ही उसे पकड़ना चाहता है। उसे पकड़ने का काम ठाकुर ही तो जय और वीरू को देता है। लेकिन फ़िल्म जय और वीरू के कन्धों पर टिकी है। तो प्रोटेगनिस्ट कौन हुआ?

Protagonist—ये शब्द दो शब्दों से मिलकर बना है : Prot और Agony. Prot का अर्थ है 'मुख्य' और Agony का अर्थ है 'कष्ट'। प्रोटेगनिस्ट का अर्थ हुआ, वो किरदार जिसका कष्ट दर्शकों के लिए सबसे प्रमुख है। यानी दर्शक का जिस किरदार के साथ सबसे ज़्यादा भावात्मक जुड़ाव हो जाए, जिसके हँसने पर दर्शक को सर्वाधिक ख़ुशी मिले, जिसके रोने पर उसको सबसे ज़्यादा रोना आए, वो है प्रोटेगनिस्ट।

रॉबर्ट मकी ने प्रोटेगनिस्ट को बहुत अच्छे से समझाया है। वे तीन तरह का श्रेणीकरण करते हैं :

- पहला है 'एकल नायक' (सिंगल प्रोटेगनिस्ट)। जैसे शुरू में हमने नाम लिए : भुवन, रोहन, रानी या नियो एंडरसन। हमें इनके प्रोटेगनिस्ट होने में सन्देह नहीं है।
- उसके बाद आते हैं 'बहु-नायक' (मल्टीपल प्रोटेगनिस्ट)। कुछ कहानियों में कई नायक होते हैं। हर नायक की अलग यात्रा और कहानी होती है। हरेक का अपना संघर्ष होता है। ऐसा भी मुमकिन है कि एक नायक दूसरे की कहानी को बाधित कर दे और तीसरे की कहानी में मदद कर दे। जैसे 'लाइफ़ इन ए मेट्रो' को देखिए। बहुत सारे किरदार हैं। फ़िल्म 'युवा' में तीन युवक हैं। तीनों की अलग कहानियाँ हैं। सब एक लक्ष्य का पीछा नहीं कर रहे। सबका सुख-दुख एक-दूसरे से बँधा हुआ नहीं है, उनकी अपनी यात्रा पर निर्भर करता है। 'गेम ऑव थ्रोन्स' बहुत ही लोकप्रिय सीरीज है, वह बहु-नायकीय कहानी है। कभी कोई बाधा बन जाते हैं तो कभी एक-दूसरे की मदद भी कर देते हैं। 'दिल चाहता है' में कम-से-कम तीन-चार लोग हैं जिनकी अपनी कहानी चल रही है।
- तीसरे को रॉबर्ट मकी 'प्लूरल-प्रोटेगनिस्ट' कहते हैं। इसे हम हिन्दी में 'बहुल नायक' कह सकते हैं। यह दिलचस्प है। इसमें नायक एक ही है, लेकिन वह बहुत सारे लोगों के एक साथ जुड़ने से बनता है। जैसे 'टाइटेनिक' के जैक और रोज़ या 'दिलवाले दुल्हनिया ले जाएँगे' के राज और सिमरन। वे अलग जगहों से आए लेकिन कहानी में आकर वे एक हो गए। उनकी एक ही यात्रा है। उनका सुख-दुख और उनकी बाधाएँ सब एक हैं। ये सब एक ही नायक हैं लेकिन वे एक से ज़्यादा पात्रों के ज़रिये अपना काम करते हैं, एक टीम की तरह। जैसे 'सेवन समुराई' के सातों समुराई एक साथ, एक लक्ष्य के लिए काम कर रहे हैं। 'रंग दे बसन्ती' में सारे लड़के, इंग्लैंड से आई लड़की सू, उसकी दोस्त (सोहा अली ख़ान का किरदार) और उसका पायलट बॉयफ्रेंड (माधवन का किरदार)—सब मिलकर एक ही नायकत्व का प्रतिनिधित्व करते हैं। चूँकि एक से ज़्यादा लोग मिलकर इस नायक को बना रहे हैं इसलिए इसे बहुल नायक कह सकते हैं। 'शोले' का हमको जवाब मिल गया है। उसमें जय, वीरू और ठाकुर तीनों मिलकर एक नायक को खड़ा करते हैं।

आप जान चुके हैं कि नायक वह होता है, जिसके संघर्ष या यात्रा पर फ़िल्म की कहानी टिकी होती है, जिससे दर्शक का रिश्ता सबसे गाढ़ा, सबसे अपना है। अन्त में नायक का सुख-दुख तय करता है कि कहानी सुखान्त होगी या दुखान्त। बहुत सारी फ़िल्में नायिका प्रधान होती हैं तो वहाँ हीरो या प्रोटेगनिस्ट वही होगी। आगे हम ये भी सीखेंगे कि नायक में कौन-कौन से गुण होने चाहिए। फ़िलहाल, बाक़ी किरदारों की तरफ़ बढ़ते हैं।

नायक वह होता है, जिसके संघर्ष या यात्रा पर फ़िल्म की कहानी टिकी होती है, जिससे दर्शक का रिश्ता सबसे गाढ़ा, सबसे अपना है।

2. उस्ताद/गुरु | Mentor

महाभारत में कृष्ण अर्जुन का उस्ताद है। वह सही समय पर सही सलाह दे रहा है, ताकि पांडव लड़ाई जीत पाएँ। गुरु द्रोण का भी उस कहानी में उस्ताद का ही चरित्र है। राम-कथा के क्लाइमैक्स में विभीषण राम का उस्ताद बनकर आता है और रावण को मारने का मंत्र बताता है। उस्ताद या गुरु का काम है, नायक को लक्ष्य की ओर ले जाना। वह नायक के सोचने की दिशा तय करता है, नायक को सलाह देता है, उसकी प्रेरणा बनता है। जैसे 'लगान' की एलिज़ाबेथ जो भुवन और उसकी टीम को क्रिकेट सिखाती है, जैसे 'जंगल बुक' में बल्लू और बघीरा, और 'ब्लैक' में अमिताभ बच्चन का किरदार। फ़िल्म 'लक्ष्य' में ओम पुरी का किरदार निर्णायक लड़ाई पर जाते हुए नायक को एक मंत्र देता है : "साब बस एक बात याद रखना, कि पाकिस्तानी लौटकर आते हैं और पीछे से वार करते हैं।" क्लाइमैक्स पर पता चलता है कि वो कितनी बड़ी सूचना थी, जिसने उस विजय को सम्भव बनाया। मुमकिन ये भी है कि उस्ताद एक पुराना नायक है, जो पहले नायक जैसा जीवन जी चुका है या लगभग उस जीवन के क़रीब जाकर लौट आया है। जैसे 'इकबाल' में नसीरुद्दीन शाह। वो क्रिकेटर रह चुका है।

बहुत जगह उस्ताद अपने नायक को रोमांटिक प्रेरणा देने का भी काम करता है। यदि हीरो लक्ष्य के प्रति स्पष्ट और इच्छुक नहीं है तो, उस्ताद उसे प्रेरित करता है कि उसे ऐसा करना चाहिए। कभी-कभी उस्ताद अनिच्छुक नायक को उसके काम की तरफ़ भेजने के लिए जानबूझकर धकेलता भी है और ज़रूरत पड़ने पर हीरो को प्रशिक्षण भी देता है। जैसे फ़िल्म 'छोटी सी बात' में अशोक कुमार नायक अमोल पालेकर के रोमांटिक उस्ताद हैं। वे टेबिल टेनिस से लेकर लड़की पटाने तक के गुर सिखाते हैं। 'दिलवाले दुल्हनिया ले जाएँगे' में राज के पिता यानी पॉप्स

उसे कहते हैं—"बेटे, मैंने तुझे ये तुंतुना बजाने के लिए पैदा नहीं किया है। जा, और जाकर मेरी बहू को लेकर आ।"

कई बार उस्ताद अपने हीरो को कोई तोहफ़ा देता है जो कालान्तर में लक्ष्य हासिल करने में हमारे नायक के काम आता है। जैसे एलिज़ाबेथ भुवन को क्रिकेट बॉल देती है। वह कहानी में एक महत्त्वपूर्ण क्षण होता है। आप अपनी कहानी में इस तरह का क्षण ढूँढ़िए। लेकिन यह तोहफ़ा यूँ ही नहीं मिल जाता। हीरो को अपनी क़ाबिलियत साबित करनी होती है, तब वह तोहफ़ा हासिल करने का अवसर पाता है। एलिज़ाबेथ पहले ही दिन बॉल लेकर नहीं आती है। जब वह देख लेती है कि भुवन और उसकी टीम पूरी तरह समर्पित है, तब वह उनको क्रिकेट बॉल देती है।

'थ्री इडियट्स' में वायरस (वीरू सहस्त्रबुद्धे) नायक को अपना पेन देता है। वायरस भी तो एक उस्ताद है, एक डार्क उस्ताद जो अपने ढंग से सलाह दे रहा है। उस्ताद अगर एक बुरा आदमी हो तो वो हीरो को ग़लत रास्ते पर ले जाना चाहेगा, जैसे 'हैरी पॉटर' या 'स्टार वॉर्स' में ऐसे कई डार्क उस्ताद हैं। ये भी हो सकता है कि उस्ताद हीरो की मदद करने का इच्छुक नहीं है। 'इकबाल' में नसीर का किरदार हीरो की कोई मदद ही नहीं करना चाहता। बहुत मनाने पर और हीरो की प्रतिभा देखने पर ही वो राजी होता है।

यहाँ पर ये बताना ज़रूरी है कि नायक की ही तरह उस्ताद का प्रारूप एक से ज़्यादा किरदार निभा सकता है। जैसे 'क्वीन' में दादी का किरदार और विजयलक्ष्मी दोनों ही नायिका की उस्ताद हैं। साथ ही एक से ज़्यादा प्रारूप एक ही चरित्र में आ सकते हैं। कभी-कभी हीरो ख़ुद अपना उस्ताद हो सकता है। कुछ कहानियाँ तो हीरो के दूसरों का उस्ताद होने पर होती हैं, जैसे 'चक दे इंडिया' में कबीर ख़ान। वो नायक तो है ही, मगर लड़कियों की टीम का कोच होते हुए उसे अपनी लड़ाई लड़नी है। आप कोई भी कहानी देखिए और उसमें ढूँढ़िए कि कौन सा किरदार उस्ताद के नज़दीक है। फिर ढूँढ़िए कि आपकी कहानी में कैसा उस्ताद हो सकता है और आपकी कहानी में वह कहाँ आ सकता है।

3. साथी/सहयोगी | Ally/ Sidekick

नायक का कोई साथी होता है, या कहानी में उसे कोई सहयोगी मिलता है जो उसकी यात्रा में उसके साथ रहता है। साइडकिक अमेरिकन स्लैंग है। यह किरदार एकदम स्पष्ट देखना है तो 'मुन्ना भाई' श्रृंखला की फ़िल्में देखिए। वहाँ अरशद वारसी है, यानी साइडकिक का किरदार वही है। सहयोगी का कहानी में काम होता है नायक की मदद करना, नायक को प्रभावी ढंग से आगे बढ़ने के लिए साथ देना।

कई बार नायक के मन की बातों या उलझनों को ऑडिएंस तक पहुँचाने में सहयोगी की भूमिका होती है। जब दंडक वन में किष्किंधा में सुग्रीव राम से किया वायदा भूल जाता है तो राम अपने मन की पीड़ा लक्ष्मण को कह रहे हैं। इस बहाने हम सबको पता चल जाता है कि नायक के मन में क्या चल रहा है। सहयोगी का किरदार एक तरह से दर्शकों का प्रतिनिधित्व भी करता है। वह नायक की यात्रा को वैसे ही देख रहा होता है जिस तरह से थियेटर में दर्शक देख रहा होता है। इसलिए सहयोगी किरदार में दर्शक अपनी प्रतिछाया देख सकते हैं और उस किरदार के बहाने वे नायक के एकदम क़रीबी होने की ख़ुशफ़हमी भी पाल सकते हैं।

सहयोगी किरदार में दर्शक अपनी प्रतिच्छाया देख सकते हैं और उस किरदार के बहाने वे नायक के एकदम क़रीबी होने की ख़ुशफ़हमी भी पाल सकते हैं।

सहयोगी किरदार नायक का अचेतन मन भी होता है। नायक जब अपनी नैतिकता की हद पार करने ही वाला होता है तो वह किरदार उसे चेतावनी देता है, या रोकता है। ज़ाहिर है, ऐसा करने से नायक का भीतरी संघर्ष बढ़ जाता है और कहानी में ड्रामा पैदा होता है। नायक में अगर कोई कमियाँ हैं तो सहयोगी उसकी क्षतिपूर्ति करता है। इससे दो काम होते हैं, एक तो हमारे नायक की कमियाँ दिखती हैं जिससे वह दैवीय किरदार नहीं लगता। उसके साथ एक और चरित्र नहीं रहेगा तो वो कमियाँ हम नहीं देख पाएँगे। दूसरा, आगे चलकर यह किरदार नायक को अपनी कमियाँ दूर करने का भी अवसर उपलब्ध कराता है।

कई बार सहयोगी एक से अधिक संख्या में भी होते हैं, जैसे 'लगान' के भुवन के साथ कई लोग हैं। राम-कथा में हनुमान, लक्ष्मण और सुग्रीव के अलावा पूरी वानर-सेना राम की सहयोगी के किरदार में है। हैरी पॉटर के भी कई सहयोगी हैं, जिनमें रॉन और हर्माइनी उसके सबसे क़रीबी हैं। ये भी ज़रूरी नहीं कि सहयोगी मानवीय किरदार ही हों। 'कोई मिल गया' का जादू तो दूसरे ग्रह से आया है। 'हम आपके हैं कौन' में टफी एक कुत्ता है, लेकिन कहानी में उसकी भूमिका हम कैसे भूल सकते हैं? 'स्टार वॉर्स' में सी-थ्रीपीओ और आरटू-डीटू भी सहयोगी ही तो हैं। यानी पालतू जानवर, मशीन, रोबोट या एलियन्स, सब सहयोगी किरदार हो सकते हैं।

आप अपनी कहानी में सहयोगी का किरदार गढ़ते समय ऐसा न करें कि वह आपके नायक पर कुछ ज़्यादा ही हावी हो जाए। उस्ताद का किरदार ही ऐसा है, जो उससे कई बार थोड़ा-बहुत बेहतर दिख सकता है। दर्शक यह मानकर चलता है कि उस्ताद तो नायक का भी गुरु है, लेकिन वह भी अन्तिम परिणाम तक हमारे

नायक से ऊपर नहीं होना चाहिए। 'दिलवाले दुल्हनिया ले जाएँगे' के क्लाइमैक्स में रेलवे स्टेशन पर राज के पिता, जो पूरी फ़िल्म में उसके उस्ताद और साथी बने रहे थे, अब राज से ही पूछते हैं कि बेटा अब क्या होगा। 'द मेट्रिक्स' के अन्त में गुरु मॉर्फिअस और सभी साथी-सहयोगी बस दर्शक बने देख रहे हैं कि कैसे नियो एंडरसन अपनी जंग जीतेगा। किरदारों के बीच ऐसा सन्तुलन फ़िल्म को रोचक बनाने में काफ़ी काम आता है।

4. दैत्य | Monster | खलनायक

किसी भी कहानी के लिए खलनायक उतना ही ज़रूरी है जितना नायक। अधिकांश कहानियों में आप इस किरदार को आसानी से देख लेते हैं, जैसे 'मिस्टर इंडिया' में मोगेम्बो, 'शोले' में गब्बर सिंह और 'लगान' में कैप्टन रसेल। 'टाइटेनिक' में प्रकृति ही खलनायक है। अगर जहाज़ हिमखंड से टकराकर नहीं टूटता तो जैक और रोज़ किसी के वश में आने वाले नहीं थे।

अब अगर कोई यह कहे कि आजकल बिना खलनायक वाली फ़िल्में भी बन रही हैं, उनमें कोई भी खलनायक या दैत्य किरदार नहीं होता तो यह मानने की ग़लती एक लेखक के रूप में आपको कभी नहीं करनी चाहिए। उदाहरण के लिए 'क्वीन' ले लीजिए। उसमें कौन खलनायक है? क्या रानी का मंगेतर विजय खलनायक है? नहीं, लगता तो नहीं है। तो फिर और कौन है? याद रखें कि खलनायक नायक के अन्दर भी छुपा होता है। इस फ़िल्म का खलनायक रानी के भीतर है। उसका ही भय। उसे लगता है कि किसी और के प्यार से ही उसका अपना वजूद बनेगा और यही ग़लतफ़हमी उसे ख़ुद में सम्पूर्ण होने से रोक रही है। यूरोप घूमते हुए रानी स्वच्छन्दता का अनुभव करती है, पहली बार स्वयं में प्रसन्नता ढूँढ़ती है। लेकिन क्लाइमैक्स तक पहुँचते ही फिर उसके अन्दर का डर सामने आ जाता है जब विजय वापस आकर कहता है कि वह रानी से शादी करना चाहता है। यहाँ से सम्पूर्ण विजयी होकर निकलने के लिए रानी को अपने मन के अन्दर बैठे दैत्य को हराना होगा। उसे ये समझना होगा कि ख़ुश रहने के लिए सबसे ज़्यादा ज़रूरी है कि वो ख़ुद को प्यार करे। किसी और से प्यार ढूँढ़ने के पहले।

> खलनायक का प्रारूप कहानी के लिए बेहद आवश्यक है।

यानी खलनायक नायक के भीतर भी होता है। बचपन की कोई ख़राब और डरावनी स्मृति। जैसे अल्फ्रेड हिचकॉक की फ़िल्म 'वर्टिगो' में नायक के दो अन्दरूनी खलनायक हैं। एक तो उसे ऊँचाई पर डर लगता है और दूसरा जो पीछे

घटित हुआ है उसकी बुरी याद। 'चक दे इंडिया' में बदनामी का दाग़ ही कबीर ख़ान के मन में बैठा दैत्य है। जिसने उस पर इल्ज़ाम लगाया, जिसने उसे बदनामी के अँधेरे में धकेल दिया, उसका कोई चेहरा नहीं है। एक पत्रकार ने इस बात की शुरुआत की, और फिर सबने ये बात मान ली। तो ये जान लें कि खलनायक का चेहरा हो न हो, रूप-रंग हो न हो, खलनायक का प्रारूप कहानी के लिए बेहद आवश्यक है।

नकारात्मक छवि वाले किरदार कहानी में और भी हो सकते हैं लेकिन उनमें सबसे मज़बूत होता है खलनायक। यह किरदार नायक की क्षमताओं को चुनौती देता है। कहानी के जितने सकारात्मक पहलू हैं, उनको चुनौती देता है, ताकि वे सकारात्मक पहलू हमें दिख सकें या अधिक निखरकर हमारे सामने आ पाएँ। आप इसको जितना अधिक मज़बूत किरदार बनाएँगे, आपके नायक का नायकत्व उतना ही उभरकर आएगा।

लेकिन ये याद रखें कि दैत्य या खलनायक किरदार ख़ुद को कभी भी खलनायक नहीं मानता है। वह अपने-आप को नायक ही मानकर चलता है। ख़ुद की नज़र में तो गब्बर सिंह हीरो ही है न? और ख़ुद की नज़र में तो शायद वो बुरा आदमी भी नहीं है। दूसरी बात, ऐसा नहीं है कि इस दैत्य किरदार में अच्छाई बिलकुल नहीं होती। वह हर मामले में बुरा नहीं होता। अच्छाई भी हो सकती है। इस किरदार में बुराई से अच्छाई की ओर बदलाव आ सकता है। कई बार वह प्रायश्चित्त कर सकता है। कई बार नहीं भी करता है और ख़त्म हो जाता है।

5. चौकीदार/द्वारपाल | Gatekeeper

अब तक हमने जिन किरदारों की बात की है, वे कहानी में आसानी से दिख जाते हैं। लेकिन कुछ किरदारों के बारे में आपको पता नहीं होता और वे कहानी की संरचना को प्रभावित कर जाते हैं। कथासूत्र को आगे बढ़ाने, उसे नाटकीय और दिलचस्प बनाने के लिए वे ज़रूरी होते हैं। ऐसा ही किरदार है चौकीदार या द्वारपाल का—वैसा किरदार जो हीरो के सफ़र में बाधा तो बनता है, मगर उसका काम हीरो के द्वारा परास्त होकर उसके रास्ते से हट जाना होता है, ताकि हीरो खलनायक से मिलने जा सके।

राम चाहते हैं कि सुग्रीव की सेना सीता की तलाश करे और रावण को हराने में उनकी मदद करे। इसके लिए राम को बाली को हराना होगा। तो यहाँ बाली द्वारपाल है, उस द्वार का रक्षक जिसके पार जाने से ही राम को सुग्रीव का साथ और समर्थन मिलेगा। भुवन को एक-एक करके गाँव वालों को हराना होगा, ताकि

आप लेखक बनना चाहते हैं। मगर आपके रास्ते पर बाधा बनके खड़ा आपका परिवार, आपके माँ-बाप, द्वारपाल हैं, खलनायक नहीं। आप उन्हें छोड़कर भी आगे बढ़ सकते हैं। लेकिन अगर आप उन्हें मना लें, उनका समर्थन प्राप्त कर लें, तो आपकी ताक़त और बढ़ जाएगी।

उसे दोष देने वाले उसके साथी बन जाएँ और आगे के सफ़र में उसका साथ दे सकें। तो 'लगान' में गाँव वाले द्वारपाल हैं। 'टाइटेनिक' में नायिका का मंगेतर ऐसा ही किरदार है। 'चक दे इंडिया' में बिन्दिया गोस्वामी ऐसा ही किरदार है। वह बार-बार नायक के धैर्य का इम्तहान लेती है। नायक उसको हराए बिना अन्तिम क़ामयाबी तक नहीं पहुँच सकता।

द्वारपाल सामान्यतया खलनायक नहीं होता। यह किरदार नायक की क्षमता की टोह लेने के लिए आता है। वह देखना चाहता है कि नायक जिस जुनून और जज्बे के साथ अपने लक्ष्य की तरफ़ बढ़ रहा है, वह सचमुच कितना गम्भीर और क्षमतावान है। एक स्तर पर जाकर जब दबाव अपने चरम पर होगा तो नायक के लिए परीक्षा की घड़ी होगी। उस समय वह मैदान छोड़ तो नहीं देगा? द्वारपाल कहानी में इसलिए होता है कि नायक उसे पराजित करे, या उसकी आशंकाओं को निर्मूल साबित करे। लंकिनी नाम की राक्षसी सचमुच लंका की द्वारपाल है, जिसे मुक्का मारकर हनुमान लंका में जाते हैं। यानी राम की सेना का कोई पहला आदमी वहाँ प्रवेश करता है। यहाँ से राम की शक्ति का अन्दाज़ा आप करते हैं।

नायक हमेशा उसको मारता भी नहीं है। हमारे रोज़मर्रा के जीवन में भी हमारा सामना इस किरदार से होता है। अगर हम उसका सामना कर लेते हैं, तो आगे की यात्रा थोड़ी विश्वास-भरी हो जाती है। आप लेखक बनना चाहते हैं। मगर आपके रास्ते पर बाधा बनके खड़ा आपका परिवार, आपके माँ-बाप, द्वारपाल हैं, खलनायक नहीं। आप उन्हें छोड़कर भी आगे बढ़ सकते हैं। लेकिन अगर आप उन्हें मना लें, उनका समर्थन प्राप्त कर लें, तो आपकी ताक़त और बढ़ जाएगी।

अब अपनी कहानी पर ग़ौर करें। नायक की यात्रा में कौन से ऐसे किरदार हो सकते हैं, जो उसके लिए बाधा बनें, जिन्हें हराना, या मनाना नायक के लिए उस क़दम पर सबसे ज़्यादा ज़रूरी हो। आप देखेंगे कि ऐसे द्वारपाल किरदार से जीत हासिल कर जब आपका नायक आगे बढ़ेगा तो दर्शकों का आपके नायक पर विश्वास और बढ़ चुका होगा।

6. रंगा सियार | Fraud

यह भी एक दिलचस्प किरदार है, ऐसा किरदार जो जैसा दिखता है, वैसा है नहीं। प्रयोग के तौर पर जीवन के उन सब लोगों को याद करिए जो कभी आपके क़रीबी रहे, लेकिन अब आपसे दूर हो गए हैं। कई बार हम ऐसे लोगों से मिलते हैं जो आगे चलकर रंग बदल लेते हैं। कोई बुरा दिखता है लेकिन अच्छा होता है, अच्छा दिखता है लेकिन बुरा होता है। प्रेम सम्बन्ध ही ले लीजिए। ब्रेकअप के बाद आपको लगता है कि यह तो वह नहीं है जिसे आपने चाहा था। परी-कथाओं में कई ऐसे किरदार होते हैं जो अपना रूप बदल लेते हैं। मेंढक राजकुमार बन जाता है। सुन्दर-सी दिख रही एक युवती राक्षसी होती है। रामकथा में विभीषण का किरदार भी इससे मेल खाता है। जो कहावत है कि घर का भेदी लंका ढाए, यह विभीषण के लिए ही तो है।

यह किरदार कहानी में रहस्य बनाकर रखता है। यदि दर्शक को भी नहीं पता तो नायक के साथ-साथ दर्शक भी अन्त में चकित रह जाएगा। हैरी पॉटर में प्रोफ़ेसर स्नेप ऐसा ही किरदार है। ऐसा भी हो सकता है कि इस किरदार की असलियत दर्शक जानता है, मगर नायक नहीं। जैसे 'लगान' का लाखा है। दर्शक जानता है कि एक दिन इसकी असलियत सामने आ जाएगी लेकिन तब तक यह कहानी में रोमांच बनाकर रखता है। जब गाँव वालों के सामने उसकी असलियत सामने आती है तो सभी उसे मारने दौड़ते हैं। मगर भुवन सबसे उसे बचाकर उसे एक और मौक़ा देता है, अपनी वफ़ादारी साबित करने का। इस पूरे प्रकरण में नायक का किरदार ऊँचाई पर पहुँच जाता है। यह घटना भुवन के नायकत्व में एक और जादुई गुण जोड़ देती है। अगली सुबह के मैच में लाखा का खेल देखकर गाँववाले उसके गुनाह को भूल जाते हैं, मगर कप्तान रसेल की नज़र से देखें तो लाखा ने अब उसे धोखा दिया है। इस कहानी में रंगा सियार ने दो बार किसी दूसरे किरदार को धोखा दिया है और कहानी को दिलचस्प बनाया है।

7. विदूषक | Clown

आप किसी भी कहानी में इसको तुरन्त पहचान लेंगे—सारे कॉमेडियन यानी हास्य-भूमिका वाले लोग। इस किरदार की भी कहानी में एक अहमियत होती है। सबसे महत्त्वपूर्ण काम तो यह है कि यह कॉमिक रिलीफ़ लेकर आता है। यह जिस तरह से कहानी में आता है तो हमेशा एक रोमांच रहता है कि पता नहीं इस बार यह पागल क्या करने वाला है। सामान्यतया इसका अपना एजेंडा होता है। यह नायक की

विदूषक का एक और काम है, यथास्थिति को चुनौती देता है। यह किरदार दूसरे किरदारों के अहम को धरातल पर रखता है।

तरफ़ भी हो सकता है और खलनायक की तरफ़ भी। विदूषक का एक और काम है, यथास्थिति को चुनौती देता है। यह किरदार दूसरे किरदारों के अहम को धरातल पर रखता है। वह ख़तरनाक से ख़तरनाक दिख रहे खलनायक के सामने भी ऐसी हरकतें करता है कि हमको तनाव से राहत रहती है। 'लगान' में गुरन ज्योतिषी विदूषक है। 'शोले' में सूरमा भोपाली और अंग्रेज़ों के ज़माने का जेलर दोनों ही ये किरदार हैं।

कुछ कहानियों में नायक ही इस भूमिका में होता है। चार्ली चैप्लिन, बस्टर कीटन और वुडी एलन की लगभग सभी फ़िल्मों में ऐसा मिलेगा। हमारे यहाँ 'भेजा फ्राई' ऐसी ही फ़िल्म थी। अपनी कुछ फ़िल्मों में राज कपूर इस भूमिका में हैं, जिनमें 'मेरा नाम जोकर' शायद सबसे पहले याद आती है। ये चरित्र कहानी में लगभग उत्प्रेरक की तरह होते हैं। इनकी ख़ुद की ज़िन्दगी में भले ही कोई बदलाव नहीं आया हो लेकिन दूसरे किरदारों की ज़िन्दगी बदलने में ये अहम भूमिका अदा करते हैं। इस किरदार के साथ सिनेमा में दर्शक एक साथ हँसते हैं जिससे आपस में उनका सम्बन्ध बनता है और फ़िल्म देखने के सामूहिक अनुभव को यह उदात्त बनाता है।

हमारे मिथक साहित्य में यह किरदार हमेशा एक ख़ास भूमिका के साथ रहा है। नब्बे के दशक के दौरान हमारे सिनेमा में इसे काफ़ी ख़राब ढंग से दिखाया गया, जब ज़बरदस्ती की कॉमेडी कहानियों में घुसाने की कोशिश की गई। वहीं अच्छे से लिखा गया विदूषक किरदार दर्शकों का प्यारा हो जाता है। हँसते-हँसाते वो बड़ी-बड़ी बातें कह जाता है और फ़िल्म ख़त्म हो जाने के बाद भी हम उसे याद रखते हैं।

8. हरकारा | Messenger

यह सन्देशवाहक कहानी को आगे बढ़ाने वाली कोई सूचना लेकर आता है। पौराणिक कहानियों में देवर्षि नारद इसका उम्दा उदाहरण हैं। जहाँ कोई पेच फँसता नज़र आता है, वहाँ नारद कोई ऐसी सूचना लेकर आते हैं कि बात आगे बढ़ जाती है। जैसे रामकथा में अंगद को ग़ौर से देखिए। वह लड़ाई से ठीक पहले एक आख़िरी कोशिश लड़ाई टालने के लिए करता है। वह कोई साधारण किरदार नहीं है। रावण के दरबार में अपना पैर रख देता है और यह चुनौती भी दे देता है कि अगर किसी

ने भी उसका पैर ज़रा सा भी हिला दिया तो श्रीराम बिना लड़े चले जाएँगे। हार मान लेंगे। आपको डर-सा लगता है। राम की सेना का एक साधारण बन्दर है। उसके बारे में पहले बहुत कुछ नहीं जानते। बस इतना कि वह बाली का बेटा है। लेकिन हनुमान की तरह ताक़तवर है या नहीं? जाते-जाते अंगद ये स्थापित कर जाते हैं कि राम की सेना कितनी ताक़तवर है।

याद रखें कि कहानी में कोई एक किरदार एक से ज़्यादा प्रारूप निभा सकता है। साथ ही यह भी ध्यान रहे कि एक से ज़्यादा किरदार किसी एक प्रारूप को निभा सकते हैं।

हनुमान भी यही किरदार निभाते हैं जब वो सीता के लिए राम का सन्देश लेकर आते हैं। महाभारत की कहानी में संजय का किरदार पूरी तरह से हरकारा किरदार है। वह पूरी लड़ाई के बारे में राजा धृतराष्ट्र को लगातार बताता है। युद्ध के पहले कृष्ण भी युद्ध टालने की आख़िरी कोशिश में कौरवों के पास जाते हैं। 'स्टार वॉर्स' में R2-D2 इस भूमिका में है। 'हम आपके हैं कौन' में टफी हरकारे की भूमिका में है और वही कहानी को समापन की ओर लेकर जाता है। यह भी सम्भव है कि यह किरदार ख़ुद का ही सन्देश लेकर आए। 'क्वीन' में रानी का मंगेतर विजय ही हरकारा किरदार है। वह ख़ुद के ही बारे में एक सन्देश लेकर आता है कि वह शादी नहीं कर पाएगा। 'लगान' में यह किरदार कौन है? राम सिंह। जो एलिज़ाबेथ की हर बात अनुवाद करके बताता है। इसके बाद क्रिकेट मैच चल रहा है तो वह उद्घोषणा करता है।

कभी नायक और खलनायक एक-दूसरे को चुनौती या चेतावनी देते हैं तो वे दर्शकों के लिए हरकारे का काम करते हैं। जैसे 'शोले' में गब्बर सिंह सिर्फ़ इतना पूछता है कि होली कब है, कब है होली? और पूरे गाने के दौरान आप इस रोमांच में रहते हैं कि अब क्या होने वाला है। कहानी को आगे बढ़ाने में, और कहानी में रोमांच डालने में इस आठवें प्रारूप का बड़ा योगदान होता है।

इस तरह हमने चरित्रों के आठ प्रारूप की चर्चा की। ध्यान रखने की बात यह है कि ये चरित्रों के सिर्फ़ ख़ाके हैं। अगर आपने इनको हूबहू उठा लिया तो आपकी कहानी घिसी-पिटी लगेगी। ये आठ प्रारूप आपकी कल्पना को दिशा दिखाने का एक औज़ार हैं। याद रखें कि कहानी में कोई एक किरदार एक से ज़्यादा प्रारूप निभा सकता है। साथ ही यह भी ध्यान रहे कि एक से ज़्यादा किरदार किसी एक प्रारूप को निभा सकते हैं। ऊपर हमने कई उदाहरण देखे हैं।

जब आप किरदारों को इस ढंग से सोचेंगे, तो आप अपनी कहानी की अनन्त सम्भावनाओं के बारे में विचार करेंगे। कहानी में आपको उपकथाएँ डालनी हैं। इन

किरदारों की भूमिका को समझने के बाद आपकी उपकथाओं का महत्त्व भी बढ़ जाएगा। हमने ऊपर जिन किरदारों का उदाहरण दिया है वे सब हमारे मस्तिष्क में अमिट हैं। इनके दीर्घजीवी होने की वजह यही है कि उनके लेखकों ने इन किरदारों का ख़ाका बहुत सोच-समझकर, मेहनत करके खींचा कि वे सिनेमा के अमर चरित्र हो गए। लेखक कैसे अपने किरदारों का निर्माण करता है, ये हम आगे पढ़ेंगे।

किरदार कैसे बनाए जाते हैं

'हैरी पॉटर' श्रृंखला दुनिया भर के बच्चों और बड़ों में लोकप्रिय है, जबकि वो एक जादुई संसार की फंतासी है। 'स्टार वॉर्स' भी ऐसी ही है, एक विचित्र लोक की कहानी, हमसे बहुत दूर किसी काल्पनिक आकाशगंगा की। 'लगान' में लगभग दो घंटे का क्रिकेट है। फिर भी वो पूरी दुनिया में देखी गई। ऑस्कर की अन्तिम दौड़ तक पहुँची और स्विट्ज़रलैंड के लोकार्नो फ़िल्म फेस्टिवल में उसे सर्वाधिक लोकप्रिय फ़िल्म का खिताब मिला—जबकि अमेरिका और स्विट्ज़रलैंड के लोग क्रिकेट समझते भी नहीं।

कहानी ऐसी होनी चाहिए कि वो केवल ख़ास देश या लोगों को प्रभावित न करे। दुनिया में कोई भी आपकी फ़िल्म देखे तो अपना जुड़ाव महसूस करे। कहानी की भावभूमि आपकी ही ज़मीन पर हो लेकिन वो मनुष्यों को धरती के हर हिस्से पर प्रभावित करने की क्षमता रखे। यह सुनने में थोड़ा मुश्किल-सा लग सकता है, मगर ये सम्भव है। इसे सम्भव बनाता है आपका चरित्र-निर्माण यानी आपकी कहानी के किरदार। कहानी का संसार लोगों को आकर्षित कर सकता है, मगर दर्शक कहानी में जुड़ते हैं कहानी के किरदारों से। आइए, देखें आप अपने किरदारों को कैसे बना सकते हैं।

1. किरदार ऐसा हो जिससे दर्शक स्वानुभूति महसूस करे

आइडिया वाले चैप्टर में हमने ये चर्चा की थी कि किरदार से दर्शक के जुड़ने के लिए ये ज़रूरी है कि दर्शक उस किरदार के पास क्या नहीं है—ये देख सकें। लेकिन यह याद रखें कि जुड़ना सहानुभूति से नहीं होता, स्वानुभूति से होता है। सड़क पर एक भिखारी आपकी ओर बढ़ता है तो आप या तो उस पर दया करके उसे दो रुपये दे देते हैं, या उससे नज़र फेर लेते हैं। वो भिखारी आपके लिए सहानुभूति का पात्र तो हो सकता है, मगर स्वानुभूति का नहीं। वहीं अगर वो भिखारी आपके पैसे वापस कर दे और आपसे बस इतना कहे कि कुछ देर से वो अपनी बेटी को

नहीं ढूँढ़ पा रहा है, वो उसके साथ ही थी पर भीड़ में न जाने कहाँ गुम हो गई है—तो आप इस आदमी के साथ तुरन्त अपने-आप को रिलेट कर लेंगे। क्योंकि इस वक़्त वो एक बाप है जो अपने बच्चे को ढूँढ़ रहा है। और नितान्त ग़रीबी का अनुभव दुनिया में हर किसी को नहीं भी हो, अपनों के बिछड़ जाने का दुख या डर तो सबको रहता है।

आपकी फ़िल्म की कहानी में एक हीरोइन है जिसके साथ अन्याय हुआ। पूरी फ़िल्म में वह घुटती रही और अन्त में उसने आत्महत्या कर ली। आपकी उसके साथ सहानुभूति है। लेकिन स्वानुभूति नहीं क्योंकि उसके साथ हुआ अन्याय शायद आपके और मेरे साथ न हुआ हो। लेकिन अगर वह बन्दूक़ उठाती है और लड़ती है तो हम उसके साथ जुड़ जाते हैं क्योंकि अन्याय के ख़िलाफ़ लड़ने का काम या तो हमने किया है या हम अपने को उस परिस्थिति में रखकर सोच सकते हैं।

सिनेमा में मृत्यु भी प्रेरक ढंग से, उत्सव की तरह आती है, तो वह फ़िल्म 'आनन्द' बन जाती है।

दया या सहानुभूति पर हम पूरी कहानी नहीं टिका सकते। मान लीजिए कि कैंसर का एक मरीज़ है। वह दुखी होते हुए मर गया। तो हमारी उसके प्रति सहानुभूति तो होगी लेकिन हम उससे जुड़ेंगे नहीं। वही मरीज़ यह तय करे कि मैं जितने दिन जिऊँगा उतने दिन मज़े से दिल खोलकर जिऊँगा, मरते-मरते भी लोगों को अपने जीने के ढंग से याद रह जाऊँगा—तो वह तुरन्त हमको पसन्द आता है। सिनेमा में मृत्यु भी प्रेरक ढंग से, उत्सव की तरह आती है, तो वह फ़िल्म 'आनन्द' बन जाती है।

कुछ और उदाहरण देखिए। हैरिसन फोर्ड की एक फ़िल्म है 'द फ़्यूज़िटिव', जिससे प्रेरित होकर हमारे यहाँ पर 'क्रिमिनल' नाम से एक फ़िल्म बनी थी। यह एक मिडिल एज़ सर्जन की कहानी है। सब कुछ है घर में—पैसा, अच्छा परिवार। फ़िल्म के शुरू में ही उसकी पत्नी की क्रूर हत्या हुई है। पुलिस कहती है कि हत्या उसी ने की है और उसे सज़ा हो जाती है। अपने प्रिय को खो देना एक सार्वभौमिक (universal) भाव है। पूरी दुनिया के लोग इससे प्रभावित होते हैं और रिलेट कर जाते हैं। बिना ग़लती के पकड़े जाना भी ऐसा ही भाव है। अपनी ही पत्नी की हत्या के आरोप में पकड़े जाना और भी बड़ी बात है। आप दर्शक हैं। आपके पास कोई सबूत नहीं है, लेकिन लगता है कि वह निर्दोष है। फ़िल्म अभी पूरी बाक़ी है। आप उस किरदार के साथ जुड़ गए हैं।

यही बात 'लगान' के भुवन और दूसरे किरदारों के साथ है। लोगों के पास अनाज नहीं है। बारिश भी नहीं हो रही और न ब्रिटिश सरकार लगान में कोई रियायत कर रही है। लेकिन फ़िल्म सिर्फ़ दयाभाव पर नहीं टिकी, क्योंकि वे लोग ज़िन्दा

रहने का संघर्ष कर रहे हैं और हम उनके संघर्ष में अपने-आप को देखते हैं, भले उनकी भुखमरी में हम ख़ुद को देखें या न देखें।

'टाइटेनिक' में रोज़ पैसे वाली है लेकिन उसके जीवन में आज़ादी नहीं है। वो अपनी मर्ज़ी से शादी नहीं कर पा रही है। उसे एक बंधन में फँसे होने का दुख है। 'क्वीन' की शुरुआत में घर में शादी-ब्याह का माहौल है। सब लोग तैयारी में लगे हैं। लेकिन रानी के किरदार से हम तब जुड़ते हैं, जब उसका मंगेतर शादी करने में अपनी असमर्थता जताता है। प्रेम में ठुकराया जाना एक सार्वभौमिक इमोशन है। हम सबने उसको कभी न कभी महसूस किया है।

2. किरदार ऐसा हो जिसे दर्शक बेहद पसन्द करें

आप किन लोगों को पसन्द करते हैं और क्यों? लिखना शुरू करेंगे तो आपके पास एक लम्बी सूची होगी। दुनिया में ऐसे लोगों की कमी नहीं जो हमें बहुत पसन्द आते हैं, और सबकी अलग-अलग ख़ूबियाँ होती हैं।

'दिलवाले दुल्हनिया ले जाएँगे' की सिमरन आपको क्यों पसन्द आती है? क्योंकि वो मम्मी-पापा की इज़्ज़त करती है। उसमें सेंस ऑव प्राइड है। वह मुश्किल हालात में भी सही-ग़लत में फ़र्क़ कर सकती है। उसका अपना एक सेंस ऑव मोरेलिटी है। लेकिन इस माहौल में भी वह सपने देखती है। अच्छी रोमांटिक पोएट्री करती है। कोई अनदेखा-सा अनजाना-सा है, जिसके इन्तज़ार में वो है। हमें इस फ़िल्म का राज क्यों पसन्द है? वो बिन्दास है। सब खेलों में अच्छा है। बार-बार फेल होता है, उसमें भी मज़े लेता है—जो हम नहीं कर सकते। हमको लगता है कि वाह, क्या किरदार है। वह एक संगीत वाद्य बजाता है। उसको देखकर हम यह महसूस करते हैं कि हाय, मैं ऐसा क्यों नहीं हूँ? साथ ही वो संवेदनशील भी है। बिना सिमरन के माँ-बाबूजी की अनुमति के वो उसे भगाकर ले जाना नहीं चाहता।

'नीरजा' को देखिए। प्यारी-सी लड़की है, साधारण-सी। लेकिन फ़िल्म ख़त्म होने तक वह हीरो बन जाती है। हम सबकी चहेती, क्योंकि उसने वो किया जो कोई साधारण आदमी नहीं करता। उसके लिए असाधारण होना पड़ता है।

'लगान' के भुवन का परिचय देखिए। किसी भी नायक को अगर आप इस तरह से पेश कर दें तो क्या बात है। फ़िल्म शुरू हुई है और सवाल है कि भुवन कहाँ है। आपमें भुवन के बारे में उत्सुकता बन गई है। और भुवन जंगल में है। वह पेड़ के पीछे छिपा हुआ है और तनाव में है। उसकी आँखें किसी को एकदम सजग होकर देख रही हैं। वह धीरे-धीरे काउंटिंग कर रहा है—एक, दो, तीन। उसके हाथ में एक पत्थर है। समझ में नहीं आता कि वह क्या कर रहा है। वह पत्थर फेंकता

है। गनशॉट की आवाज़ होती है। अचानक कैमरा खुलता है और हम देखते हैं कि कुछ ब्रिटिश हैं जो एक हिरण का शिकार करना चाहते हैं। वे भागते हैं, हिरण भागता है और भुवन भी भागता है। फ़िल्म के पार्श्व संगीत में ड्रम बजना शुरू होता है। हमको तुरन्त समझ में आ जाता है कि भुवन उस निरीह हिरण की रक्षा कर रहा है। हम उससे जुड़ जाते हैं।

फिर हिरण रुकता है। ब्रिटिश रुकते हैं और भुवन भी रुकता है। अब वह फिर पत्थर उठाता है। फिर से काउंट करता है—एक। पर उस वक़्त उसके सिर पर एक बन्दूक़ की नली है। वह देखता है। एक ब्रिटिश है। वह कहता है पत्थर फेंक दो। उस वक़्त गोली चलती है। हिरण मर जाता है। हम देखते हैं कि भुवन की आँखों में आँसू हैं। उसे कैप्टन रसेल के सामने पेश किया जाता है। रसेल कहता है—"समझा, हर बार मेरा निशाना क्यों चूक रहा था।" भुवन पर बन्दूक़ तनती है। हम जानते हैं कि फ़िल्म अभी शुरू हुई है और भुवन हीरो है तो अभी नहीं मरेगा लेकिन हम डरते हुए यह दुआ करते हैं कि गोली नहीं चलनी चाहिए। हम भुवन को पसन्द करने लगे हैं। यह चरित्र अन्याय के ख़िलाफ़ लड़ रहा है। इस चरित्र से प्यार करने के साथ हमें फ़िल्म का कथासूत्र भी पकड़ में आ जाता है।

> फ़िल्म, जो कि एक विजुअल माध्यम है, एक्टिव और मोटिवेटेड चरित्रों के बल पर ही बनती है।

अब हैरिसन फोर्ड के उस किरदार के पास चलते हैं, जो सर्जन है। पत्नी की हत्या के आरोप में जेल में बन्द है। अभी तक वह रिलेटेबल था क्योंकि उसकी वाइफ़ मर गई थी। उसको उम्र क़ैद हो गई। उसको दूसरी जेल में शिफ़्ट किया जा रहा है। किसी तरह से उसको मौक़ा मिल जाता है और वो पुलिस से बचकर भाग जाता है। पुलिस उसके पीछे है। एक झरने के पास में वह घिर जाता है। वह कोई सौ फीट गहरे झरने के मुहाने पर खड़ा है। आगे झरना है और पीछे पुलिस वाले। वह पुलिस वाले से कहता है, मैंने अपनी बीवी को नहीं मारा और झरने में छलाँग लगा देता है। आपको लगा, यह तो कूद गया। आप उसके साथ जुड़े हुए तो थे। अब आप उसे पसन्द भी कर रहे हैं, क्योंकि आपको इस किरदार का साहस और संकल्प दिखता है। यहाँ पर फ़िल्म के क़िस्सागो ने आपको मोहपाश में बाँध लिया है। अब वह जैसा चाहेगा, वैसे कहानी को कहेगा। नीचे जब वह ज़िन्दा दिखाई देता है, आप ख़ुश होते हैं। इस बात से परेशान नहीं होते कि इतनी ऊँचाई से गिरकर भी ये बच कैसे गया। आप चाहते हैं कि वो बचे और अपनी बेगुनाही साबित करे।

3. किरदार किसी मक़सद को पाने के लिए कार्यरत हो

अगर किसी चरित्र का कोई मोटिवेशन नहीं है, वह एकदम निष्क्रिय है, बस सुनता है, सहता है और कुछ नहीं करता, तो यह फ़िल्म के लिए सही चरित्र नहीं हो सकता। जीवन में ऐसे लोगों की कमी नहीं होती, जो बिना किसी मक़सद के जिए जा रहे हैं, या बिना आवाज़ उठाए बर्दाश्त किए जा रहे हैं। मगर आप मानेंगे कि हमें हमारी आम ज़िन्दगी में भी उन्हीं लोगों की कहानी जानने में रुचि होती है जो अपनी दशा बदलने के लिए कुछ करते हैं। उपन्यास और गद्य-कथाओं में ऐसे किरदार न भी हों तो काम चल सकता है, क्योंकि वहाँ लेखक किरदार के दिमाग़ में चल रहे विचारों के बारे में लिख सकता है। लेकिन फ़िल्म, जो कि एक विजुअल माध्यम है, एक्टिव और मोटिवेटेड चरित्रों के बल पर ही बनती है।

फ़िल्म 'द मेट्रिक्स' का उदाहरण लेते हैं। नियो एंडरसन की ज़िन्दगी में कोई प्रॉब्लम चल रही है। लोग उस पर अटैक करते हैं, उसे मारने की कोशिश करते हैं। कुछ समझ में नहीं आता, क्यों? एक दिन एक बाइक पर एक लड़की उसकी जान बचाने के लिए आ गई और उसको एक जादुई-सी जगह पर ले गई। वहाँ उसको कहा गया कि तुमको हर सवाल का जवाब मिल सकता है। तुम जिस दुनिया में रह रहे थे, वो एक भ्रम था। सच्चाई वह नहीं है। उसको विकल्प मिलता है लाल गोली और नीली गोली का। लाल गोली खाओ और अपनी लाइफ़ की सच्चाई को जानो। नीली गोली खाओ और वापस अपनी उस भ्रम की दुनिया में लौट जाओ जहाँ तुम अभी जी रहे हो।

हमको पता है कि इन लाल और नीली गोलियों के बिना भी उससे पूछते कि क्या तुम्हें अपने जीवन की असलियत जाननी है, तो भी कहानी का काम हो रहा था। लेकिन सिनेमा एक दृश्य माध्यम है। लाल और नीली गोलियों को सामने देख, जब नियो एंडरसन लाल गोली उठाता है तो उसके एक्शन के साथ ही वह एक मोटिवेटेड कैरेक्टर बन जाता है। कहानी में हमारी दिलचस्पी बढ़ जाती है।

'लक्ष्य' का नायक गा रहा है। मैं ऐसा क्यूँ हूँ? बाप से भाषण सुनता रहता है। गर्ल फ्रेंड ने भी छोड़ दिया है। लेकिन जब वह आर्मी में चला जाता है तो एक दिन कहता है कि अब मैं जानता हूँ कि मेरा लक्ष्य क्या है। मैं बिना लक्ष्य का आदमी नहीं हूँ। ग़ौर कीजिए कि ये फ़िल्म एक मक़सद पाने की कहानी है। यह हो सकता है कि किसी कहानी में आपका किरदार शुरू से ही मोटिवेटेड हो और किसी कहानी में वह यात्रा के दौरान अपना मोटिवेशन हासिल कर ले। लेकिन मक़सद के बिना फ़िल्म के परदे पर कहानी आगे नहीं बढ़ती।

4. किरदार में निर्णय लेने की क्षमता हो

ऊपर के तीन बिन्दुओं में चरित्र के लिए ज़रूरी यह शर्त भी पूरी होती है। लेकिन इसे बेहतर ढंग से समझने के लिए कुछ और बात करते हैं। नियो एंडरसन ने डिसीज़न लिया कि वह लाल या नीली गोली खाएगा। 'लगान' के भुवन ने निर्णय लिया कि शर्त मंजूर है। सब विरोध करते हैं, फिर भी वह बल्ला बनाता है। वह निर्णय लेता है और लोगों को उस निर्णय के पक्ष में मोड़ना चाहता है।

'दिलवाले दुल्हनिया ले जाएँगे' का राज अब प्रेम में है लेकिन सिमरन की तो शादी तय हो चुकी है। राज का पॉप्स जब बेटे को सिमरन के पास जाने को कहता है तो स्क्रीनराइटिंग के हिसाब से एक उस्ताद या गुरु किरदार नायक को मक़सद दे रहा है, उसे एक्टिव बना रहा है। बैठकर मैन्डोलिन बजाते रहने से फ़िल्म की कहानी आगे नहीं बढ़ेगी।

सिमरन भी परेशान है। वह पंजाब में है मगर हर वक़्त उसे राज का ध्यान लगा रहता है। एक दिन वह खिड़की पर बैठी होती है जब उसके कानों में राज के मैन्डोलिन की आवाज़ आती है। वह दौड़ती हुई सरसों के खेत में पहुँच जाती है। उस वक़्त राज मैन्डोलिन बजाता हुआ दिखता है। तब हिन्दुस्तानी सिनेमा के प्रेम गीतों में से एक महत्त्वपूर्ण प्रेम गीत बजना शुरू होता है, 'तुझे देखा तो यह जाना सनम, प्यार होता है दीवाना सनम, अब यहाँ से कहाँ जाएँ हम, तेरी बाँहों में मर जाएँ हम'। जब गाना ख़त्म होता है, सब कुछ वास्तविकता में आता है और लगता है कि अब यहाँ से कुछ करना होगा। तो सिमरन वो कहती है जो एक एक्टिव मोटिवेटेड कैरेक्टर कहेगा, 'तुम मुझे भगा के ले चलो राज, तुम मुझे भगाकर ले चलो।' वो बार-बार कह रही है। राज कहता है, नहीं, नहीं सिमरन (पिक्चर ख़त्म होने में अभी सवा घंटा बाक़ी है)। अब यहाँ राज को एक डिसीज़न लेना है। इसके बाद वह अचानक से एडमिरेबल हो जाएगा। वह पूछता है :

राज—प्यार करती हो मुझसे?
सिमरन—सबसे ज़्यादा।
राज—भरोसा है मुझपे?
सिमरन—ख़ुद से ज़्यादा।

तो राज कहता है कि जो मैं कहता हूँ वो करती जाओ। वापस घर जाओ। यह राज का निर्णय है। मैं तुम्हें लेकर तो जाऊँगा, लेकिन भगाकर या चुराकर नहीं। बाबूजी ख़ुद जब तुम्हारा हाथ मेरे हाथ में देंगे तब मैं तुम्हें लेकर जाऊँगा। यहाँ नायक निर्णय लेता है। दर्शक ऐसे नायक के साथ अपने-आप को तुरन्त जुड़ा हुआ महसूस करता है क्योंकि उसमें निर्णय लेने की क्षमता है, और वो भी इतना कठिन

> फ़िल्म में जहाँ भी निर्णय लेने का क्षण आता है, वह कहानी के लिहाज़ से बहुत महत्त्वपूर्ण होता है, क्योंकि नायक के निर्णय से कहानी आगे बढ़ती है।

निर्णय। वह पक्का हिन्दुस्तानी लगता है। वह आज तक इम्तहान में फेल होता आया है लेकिन यहाँ लगता है कि वह जीतेगा। जब सिमरन की माँ को भी पता चलता है तो कहती है, बेटा, ले जाओ इस लड़की को। लेकिन वह अपने निर्णय पर अटल है। ऐसा नायक दर्शक को क्यों नहीं पसन्द आएगा?

इसलिए याद रखिए कि फ़िल्म में जहाँ भी निर्णय लेने का क्षण आता है, वह कहानी के लिहाज़ से बहुत महत्त्वपूर्ण होता है, क्योंकि नायक के निर्णय से कहानी आगे बढ़ती है। और कहानी का आगे बढ़ना दर्शक को सुख देता है। वो इसीलिए तो आए हैं। अगर नायक निर्णय न ले और कहानी आगे ही न बढ़े तो दर्शक ऊब जाएगा। 'शोले' में जय और वीरू देखते हैं कि ठाकुर की तिज़ोरी में बहुत धन है। रात को तिजोरी तोड़ेंगे, पैसा निकालेंगे और निकल जाएँगे, जो उनका मूल काम है। ऐसे में ठाकुर की विधवा बहू आकर कहती है कि ये लो चाबी और पैसे लेकर भाग जाओ। यहाँ जय और वीरू को तय करना है कि वे क्या निर्णय करते हैं। कोई ज़ोर-ज़बरदस्ती या बल-प्रयोग नहीं है। फ़िल्म के दोनों नायकों को अपने-आप से निर्णय लेना है कि भाग लें या ठाकुर का काम करने के लिए यहीं रुकें। क्योंकि 'शोले' में यह कथानक बिन्दु ऐसी जगह पर है जहाँ से आगे बढ़ जाने पर जय और वीरू वापस नहीं लौट सकते। यहीं से फ़िल्म की कहानी अपनी सहज गति की ओर मुड़ती है।

5. किरदार में ऐब और कमज़ोरियाँ भी होनी चाहिए

हर इंसान में कोई न कोई कमज़ोरी होती है। मसलन, हम सबको किसी-न-किसी चीज़ से डर ज़रूर लगता है। हम सबके चरित्र, हमारी सोच या हमारे आचरण में कोई न कोई ऐसी बात अवश्य होती है जिसे हम दुनिया से छुपा के रखते हैं। वो हमारे अन्तर्मन का सबसे काला हिस्सा होती है। ऊपर बताए गए सारे गुण आपके किरदारों में होने चाहिए। उनसे दर्शकों को स्वानुभूति हो, वो उन्हें बेहद पसन्द आएँ, उनमें मक़सद हो जिसे पूरा करने के लिए वो कार्यरत हों, और मुश्किलों में भी उनमें निर्णय लेने की क्षमता हो। लेकिन ऐसे में कोई भी किरदार मनुष्य कहाँ रहा? तो आपको उसके अन्दर की कमज़ोरियाँ, डर, बुराइयाँ ढूँढ़नी होंगी, और यही कमियाँ आपके किरदार को आम इंसान बनाएँगी।

हॉलीवुड की फ़िल्मों के बड़े से बड़े सुपर हीरो में भी कोई कमी ज़रूर होती है। आयरन-मैन का अहंकारी और अभिमानी होना उसे अन्ततः इंसान बनाता है, आपके और हमारे जैसा, विलक्षण शक्तियों और आश्चर्यचकित करने वाली कमज़ोरियों और ऐब वाला। ऊपर हम यह भी पढ़ चुके हैं कि कुछ कहानियों में नायक की कमज़ोरी ही उसको रोकने वाला दैत्य बनती है। नियो एंडरसन यक़ीन ही नहीं कर पा रहा है कि उसमें कितनी शक्ति है। रानी बाहर की दुनिया से प्यार पाने की ज़िद में ख़ुद से प्यार नहीं कर पा रही है। रोहन हिम्मत ही नहीं कर पा रहा है कि अपने क्रूर और असंवेदनशील बाप को छोड़कर लेखक बनने की यात्रा के लिए पहली उड़ान भर सके। ऐसी कहानियों में नायक का अपने सबसे बड़े ऐब या कमज़ोरी पर विजय पाना ही फ़िल्म के अन्त को चरितार्थ करता है।

नायक का अपने सबसे बड़े ऐब या कमज़ोरी पर विजय पाना ही फ़िल्म के अन्त को चरितार्थ करता है।

बस इतना याद रखें कि हमने ये ऐब/कमज़ोरियों वाली बात अब बताई है, सबसे पहले नहीं। सबसे पहले आपका किरदार दर्शक को भा जाए, दर्शक उसे गले लगा लें और उसके सुख-दुख में भागीदार बनना स्वीकार लें। यह ज़रूरी है। अगर आपने ऐसी कहानी लिख दी जिसमें नायक की बुराइयाँ और कमज़ोरियाँ उसके अच्छे गुणों से ज़्यादा दिखती हैं, और वो कहानी कोई बनाना न चाहे, या बनने के बाद दर्शक पसन्द न करें, तो आपको अचरज नहीं होना चाहिए।

6. हर किरदार दूसरों से अलग हो

हर इंसान पूरी दुनिया में अपने जैसा अकेला होता है। शरीर, चेहरा, आवाज़, बोलचाल, मनोस्थिति, समाज में हमारा स्थान—किसी-न-किसी कारण से हम सबमें मौलिकता होती है, हम सब हर किसी से भिन्न होते हैं। इसके अलावा हम सब में कुछ विचित्र गुण या लक्षण होते हैं। कुछ लोग बात करते वक़्त सामने वाले की आँखों में नहीं देख पाते, वहीं कुछ लोग टकटकी लगाए घूरते ही जाते हैं। कोई कभी काले रंग के कपड़े नहीं पहनता तो कोई हमेशा सफ़ेद कुर्ते-पायजामे में ही नज़र आता है। किसी मोहतरमा नें अपने कानों में चार छेद करवाए होते हैं तो किसी ने अपनी गर्दन पर एक विचित्र टैटू बनवाया होता है। कोई सज्जन हमेशा एक ही तरह की टोपी पहनते हैं, तो कोई दिन में दो बार शेव करते हैं। बात-बात में कोई 'समझे कि नहीं' बोल जाता है, वहीं दूसरा एक-दो शब्दों में चाहता है कि आप उसकी मन की बात समझ लें।

'शोले' के किरदारों को देखिए। वीरू और जय दोस्त हैं, लेकिन एक-दूसरे से कितने अलग। राधा और बसन्ती भी। ठाकुर, गब्बर, सूरमा भोपाली, अंग्रेज़ों के ज़माने का जेलर—सारे मौलिक हैं। 'टाइटेनिक' के जैक और रोज़ में देखिए कितना अन्तर है, या हमारे राज और सिमरन में। भुवन की टीम के सारे खिलाड़ी, गौरी और एलिज़ाबेथ, राजाजी, कप्तान रसेल, राम सिंह—सभी अलग-अलग किरदार हैं। 'रंग दे बसन्ती' के लड़कों को ही देख लीजिए। आपकी कहानी का हर किरदार एक वाद्य-यंत्र की तरह है। जब सारे किरदार कहानी में हरकत करें तो कोई तानपूरा होना चाहिए, कोई तबला, कोई वायलिन तो कोई बाँसुरी। अगर हर किरदार तबला बन जाएगा, तो संगीत कैसे बनेगा? अगर आपकी कहानी में आपने किरदारों को एक-दूसरे से भिन्न नहीं बनाया, तो सब एक जैसे लगेंगे।

अनुभवहीन लेखक नायक और एक-दो सह-किरदारों को अच्छे से बनाने के बाद बाक़ी किरदारों पर ज़्यादा समय ख़र्च करना आवश्यक नहीं समझते हैं। ऐसी ग़लती आपकी पटकथा में पेपर पर तो छुप सकती है, मगर सिनेमा के परदे पर नहीं छुप सकेगी।

7. कहानी हरेक चरित्र की यात्रा है, छोटी भूमिका वाले चरित्र की भी

ऐसा नहीं होना चाहिए कि हम सिर्फ़ नायक के किरदार को ही यादगार बनाने में जुट जाएँ। दूसरे किरदारों पर भी उसी तरह काम करने की ज़रूरत है। ऋषिकेश मुखर्जी की सारी फ़िल्मों में हर चरित्र की कोई न कोई ख़ास बात आपको याद रहती है। उनकी 'अनुपमा' में नायिका और नायक के अलावा हर किरदार उतने ही बढ़िया बनाए गए हैं। चूँकि किरदार बनाना मेहनत का काम है, अनुभवहीन लेखक नायक और एक-दो सह-किरदारों को अच्छे से बनाने के बाद बाक़ी किरदारों पर ज़्यादा समय ख़र्च करना आवश्यक नहीं समझते हैं। ऐसी ग़लती आपकी पटकथा में पेपर पर तो छुप सकती है, मगर सिनेमा के परदे पर नहीं छुप सकेगी। फ़िल्म में साफ़ पता चल जाएगा कि आपने छोटी भूमिका वाले किरदारों पर काम नहीं किया है।

त्रिआयामी चरित्र

किसी भी मनुष्य को जानने-समझने के मोटे तौर पर तीन आयाम होते हैं :

फिजियोलॉजी, सोशियोलॉजी और सायकोलॉजी। तो आपके किरदारों को बनाने में भी यही आयाम उपयोग में आएँगे।

1. फिजियोलॉजी यानी शारीरिक बनावट

आपका किरदार जिस्मानी तौर पर कैसा दिखता है? उसका लिंग और उम्र क्या है? वह लम्बा है या बौना है? मोटा है कि दुबला? वह सक्षम है कि विकलांग है? वह गोरा है कि काला है? उसकी आँखों और उसके बालों का रंग क्या है? उसकी आवाज़ कैसी है और वो कैसे बात करता है? उसकी चाल-ढाल कैसी है, उसकी मुद्राएँ कैसी हैं? आनुवंशिकता या नस्लीय मूल से वो कैसा है। ख़ुशनुमा दिखता है या शान्त या बेचैन? वो कैसे कपड़े पहनता है? उसका सेंस ऑव फ़ैशन या स्टाइल क्या है? उसकी शारीरिक बनावट को लेकर कौन सी ऐसी बात है जो उसे औरों से भिन्न बनाती है? शरीर से जुड़ी हर ख़ासियत किरदार का व्यवहार और चाल-ढाल तय करती है। हर शारीरिक क्षमता या अक्षमता उसके व्यवहार को प्रभावित करती है। उसकी मनोस्थिति को भी दिखाती है। हमारा किरदार शारीरिक रूप से जैसा होगा, वो हमारी कहानी की दुनिया को वैसे ही प्रभावित करेगा।

> जिस लेखक को अपने और अपने आसपास के लोगों की मनोदशा जितने अच्छे से पता होगी, जो मानव-मस्तिष्क की जटिलताओं को जितनी बारीक़ी से समझता होगा, उस लेखक में अपने किरदारों को समझने की सम्भावना उतनी ज़्यादा अच्छी होगी।

2. सोशियोलॉजी यानी घर-समाज में उसका स्थान

आपका किरदार किस वर्ग (निम्न, मध्य और उच्च) से है? कैसे स्कूल/कॉलेज में उसकी शिक्षा हुई और उसने कहाँ तक पढ़ाई की या कर रहा है? व्यवसाय क्या है और आय कितनी? काम के प्रति उसकी रुचि कितनी है? किस धर्म, जाति, नस्ल, और राष्ट्रीयता का है? घर-परिवार में स्थिति कैसी रही है? माता-पिता हैं या नहीं, और हैं तो कैसे? माता-पिता का दाम्पत्य जीवन कैसा रहा है? कितने भाई-बहन हैं? किरदार के ख़ुद की वैवाहिक स्थिति कैसी है? बच्चे हैं या नहीं? रोमांटिक जीवन और सेक्स-लाइफ़ कैसी रही है? दोस्त-यार कैसे हैं और कितने हैं? समुदाय में,

परिवार में, दोस्तों के बीच आपके किरदार की हैसियत या प्रतिष्ठा क्या रही है? उसकी राजनीतिक सम्बद्धता किस तरफ़ है? किरदार की सोशियोलॉजी में आप इन सब बातों पर विचार करते हैं। आपका किरदार जिस समाज में रह रहा है, उसके आसपास का माहौल कैसा है, वो उसकी सोच को प्रभावित करेगा। अगर वो गाँव में पला-बढ़ा है तो वो अलग ढंग से सोचेगा और गलियों में पला-बढ़ा है तो अलग। वह अमीर घर में पैदा हुआ है तो उसकी सोच अलग तरह से होगी, संघर्ष करते हुए आगे आया है तो अलग। लोगों के साथ उसकी बातचीत उसे कैसे औरों से अलग बनाती है? अपने किरदार की सामाजिक स्थिति को समझने के लिए आप अपने-आप से सवाल पूछते रहिए।

3. साइकोलॉजी यानी मनोदशा

शारीरिक और सामाजिक रूप से किरदार को देखना ज़्यादा मुश्किल नहीं है। बस सवालों के जवाब ढूँढ़ने हैं—जिसमें मेहनत लगती है। मगर किरदार की मनोदशा समझना जटिल काम है। जिस लेखक को अपने और अपने आसपास के लोगों की मनोदशा जितने अच्छे से पता होगी, जो मानव-मस्तिष्क की जटिलताओं को जितनी बारीक़ी से समझता होगा, उस लेखक में अपने किरदारों को समझने की सम्भावना उतनी ज़्यादा अच्छी होगी।

आपका किरदार एक हादसे का शिकार होता है तो वह किस तरह से व्यवहार करेगा? उस किरदार ने अपने किसी प्रिय को खो दिया है तो उसका रवैया कैसा होगा? क्या उसके ख़ुद के जीवन में कोई हादसा हुआ है या उसने एक हादसे में अपने शरीर का कोई हिस्सा खो दिया है तो वह किस तरह की प्रतिक्रिया देगा? क्या किसी हादसे ने उसे अवसाद में डाल दिया है या वह जीवन को उसी उत्साह से आगे ले जाने की बात करता है? कहने का अर्थ है कि उसकी मनोस्थिति से ही आप उस किरदार की यात्रा को तैयार कर सकते हैं। यहाँ महज़ सवाल दुर्घटना का ही नहीं है। रिश्तों को लेकर भी उसका अपना मनोविज्ञान हो सकता है। वो अपने माँ-बाप के रिश्ते से प्रभावित हो सकता है या और किसी घटनाक्रम से भी। बचपन में माँ-बाप, बड़े-बुज़ुर्ग, शिक्षक वग़ैरह ने उसे कैसे सन्देश दिए हैं—क्या करो और क्या न करो, कैसा बनो और कैसा न बनो। ये सन्देश अवचेतन मन से भी भेजे और ग्रहण किए जाते हैं और इनका असर किसी भी तरह का हो सकता है। अगर किरदार ने बचपन में पिता को ख़ूब मेहनत करके भी साधारण जीवन जीते देखा तो ये हो सकता है कि बड़ा होने पर उसका ईमानदारी और मेहनत से विश्वास उठ जाए। मगर ऐसा भी हो सकता है कि वो अपने पिता से भी ज़्यादा ईमानदार और मेहनती बन जाए।

तो ढूँढ़िए और तय करिए कि आपके किरदार का नैतिक मापदंड कैसा है? उसकी महत्त्वाकांक्षाएँ, उसके अवसाद, उसकी उम्मीद, उसकी निराशाएँ कैसी हैं? जीवन के प्रति नज़रिया (संन्यासी, त्यागी, उग्र)? उसका स्वभाव (ग़ुस्सैल, सहज या निराशावादी) कैसा है और वो बहिर्मुखी है या अन्तर्मुखी? आस्तिक है या नास्तिक? बुद्धि-स्तर पर वो कैसा है? कितना मेधावी? उसकी प्रतिभाएँ और क्षमताएँ कैसी हैं? उसका भाषा-ज्ञान और वोकैबलरी कैसी है? क्या गुण हैं, क्या शौक़?

वो कौन सी कहानियाँ और मान्यताएँ हैं जो किरदार ने ख़ुद को सुना रखी हैं? 'मैं तो ऐसा ही हूँ' या 'मेरे साथ हमेशा ऐसा ही होता है' की तर्ज पर वो ख़ुद को क्या बोलता है? दूसरों से आपका किरदार कैसे लड़ता है—तर्कशक्ति से, ग़ुस्से में या आसानी से हार मानकर? समस्या से उसका संघर्ष कैसा होता है? वो अपनी परिस्थिति को मानने से इनकार करता है, नसीब पर ग़ुस्सा करता है, दुखी होकर घुटता रहता है या उस सत्य को स्वीकार कर आगे बढ़ जाता है? वो प्रेम की अभिव्यक्ति कैसे करता है—दुलार-पुचकार से, मीठी-मीठी बातों से, उपहार देकर या प्रियजनों की सेवा करके? कौन सी स्मृतियाँ, हादसे, डर और बन्दिशें हैं जिनसे आपका किरदार आज भी प्रभावित है? उसके अन्धविश्वास क्या हैं? कोई लत है तो क्या है और वह उसे कितना प्रभावित करती है? सफ़ाई को लेकर असामान्य रूप से परेशान रहता है, या अपने शरीर को लेकर? कौन से ऐसे राज उसके सीने में दफ़न हैं जो वो किसी को नहीं बताता, अपने सबसे क़रीबी लोगों को भी नहीं? कौन सी दो बातें, एक-दूसरे से बिलकुल विरोधाभास लिये हुए, एक साथ आपके किरदार में बसती हैं? राष्ट्रपिता महात्मा गांधी का सम्बन्ध अपने ही बेटे से कैसा था—हम जानते हैं। ये विरोधाभास ही तो है कि जिन्हें पूरा देश बापू कहता था, उनका अपना ही बेटा उन्हें वो इज़्ज़त और महत्त्व नहीं दे सका। अपने किरदार में भी ऐसे एक-दो गुण आप ढूँढ़िए।

मनोविज्ञान के कई सिद्धान्त लेखन में हमारी मदद कर सकते हैं। उदाहरण के लिए ये देखिए। हमारे अन्तर्मन के सबसे बड़े डर के आधार पर मनुष्यों को अलग-अलग श्रेणियों में बाँटा गया है। ख़ुद से पूछिए। आपके लिए क्या सबसे बड़ा डर ये है कि आर्थिक-सामाजिक दृष्टि से असफल रह गए? या ये कि आप अपने क्षेत्र में निपुणता नहीं हासिल कर सके? दोनों में बड़ा फ़र्क़ है। क्या आपको इस बात का ज़्यादा डर है कि दूसरों का साथ और समर्थन कहीं आपसे छीन न लिया जाए? या इस बात का कि आपको अपनी ज़िन्दगी जीने की आज़ादी नहीं मिली? आपके प्यार के बदले लोग आपसे प्यार न करें—ये डर आपको ज़्यादा सताता है? या ज़िन्दगी में अपना मक़सद ढूँढ़े बिना आप चल बसे—ये डर? या आपको ये डर है कि कुछ अनुभव करना छूट न जाए—और इसलिए आप सही-ग़लत हर

अनुभव के पीछे दौड़ पड़ते हैं? ये भी हो सकता है कि आप हर हाल में सही रहना चाहते हैं और आपका सबसे बड़ा डर ये है कि अपनी और दुनिया की नज़र में आप ग़लत साबित न हो जाएँ। वहीं ये भी हो सकता है कि आप टकराव से डरते हैं और हर अवस्था में, चाहे ख़ुद की आवाज़ और इच्छाएँ दबाकर ही सही, आप किसी से मनमुटाव नहीं चाहते।

आपके दिमाग़ की सारी रचनात्मकता भी आपके किरदार को सतही और अविश्वसनीय बनाने से नहीं बचा पाएँगे, अगर आपने अपने किरदारों को वैसे नहीं जाना जैसे आप अपने-आप को या अपने क़रीबी परिजनों और दोस्तों को जानते हैं।

इन सवालों का अन्त नहीं है। और कितने भी सवाल किसी मनुष्य को जानने के लिए काफ़ी नहीं हैं। आपके किरदार भी मनुष्य हैं। उन्हें भी उतना ही सच्चा और सम्पूर्ण होना चाहिए, जितना किसी मनुष्य को। उनके भीतर भी उतनी ही गहराई होनी चाहिए।

चरित्र-निर्माण पर ये चैप्टर इस किताब का सबसे लम्बा चैप्टर है। ऊपर हम बार-बार ये ज़िक्र कर चुके हैं कि यह लेखन के लिए कितना महत्त्वपूर्ण है। ऊपर लिखी हर बात, कहीं और से सीखा हर नुस्खा, और आपके दिमाग़ की सारी रचनात्मकता भी आपके किरदार को सतही और अविश्वसनीय बनाने से नहीं बचा पाएँगे, अगर आपने अपने किरदारों को वैसे नहीं जाना जैसे आप अपने —आपको या अपने क़रीबी परिजनों और दोस्तों को जानते हैं। किरदारों पर काम करने के बाद जब आप आगे बढ़ें, कहानी का निर्माण करें या अपनी पटकथा लिखें तो आपको ऐसा लगना चाहिए जैसे इन किरदारों के साथ आप एक-दो महीने की छुट्टी बिताकर आए हैं। हर परिस्थिति में हर किरदार की प्रतिक्रिया का आप अनुमान लगा सकें, उनका एक-दूसरे के साथ सम्बन्ध, उनके झगड़े, उनका प्रेम, उनकी आशा-निराशा, सुख-दुख—आपको सब पता हो। भले ही उसका इस्तेमाल आप अपनी पटकथा में ज़रूरत के हिसाब से कर रहे हों। अगर आपने अच्छे किरदार बनाने की कला में महारत हासिल कर ली, तो न सिर्फ़ आपकी एक पटकथा अच्छी बन पड़ेगी, आपको पटकथा लेखन का काम भी दूसरों से ज़्यादा मिलेगा।

4

कहानी

Story

Sometimes reality is too complex. Stories give it form.

—Jean Luc Godard

हर साल अमेरिका में ऑस्कर अवार्ड समारोह के दौरान सिनेमा से जुड़े उन लोगों को श्रद्धांजलि दी जाती है जो बीते साल में गुज़र गए हों। उनकी तस्वीरें, उनकी फ़िल्मों के दृश्य या उनके इंटरव्यू के कुछ हिस्से दिखाए जाते हैं। 2013 के ऑस्कर में फ़िल्म निर्माता रिचर्ड जानुक को याद किया गया, उन्हीं के द्वारा कही गई इस बात से : 'फ़िल्म में सबसे महत्त्वपूर्ण चीज़ है कहानी। स्क्रिप्ट नहीं, कहानी।'

आमतौर पर हमें लगता है कि स्क्रिप्ट दमदार हो तो फ़िल्म आगे निकल जाती है, लेकिन रिचर्ड जानुक का बयान कहानी को सबसे ऊपर रखता है। पूरे भरोसे के साथ वे दो बार कहते हैं, कहानी सबसे महत्त्वपूर्ण है, स्क्रिप्ट नहीं।

हम किसी आइडिया को विकसित करते हुए किरदार बनाते हैं और दृश्य-संवाद लिखकर पटकथा पूरी करते हैं तो हमें बहुत सी चीज़ों से प्यार हो जाता है। जैसे कोई दृश्य बहुत अच्छा हो गया। कुछ संवाद बढ़िया हो गए। कभी फ़िल्म के स्ट्रक्चर में उलटफेर करके हमने कुछ दिलचस्प कर दिया। उसके बाद ग़ौर से देखें तो पाएँगे कि कहानी वास्तव में उतनी अच्छी है नहीं, जितना उस पटकथा की साज-सज्जा करके हमने बना दिया है। कई बार ख़ुद लेखक को यह नज़र नहीं आता। लेखक से पूछेंगे कि आप कहना छोड़िए कि फ़िल्म कैसे शुरू होगी, कैसे ख़त्म होगी या उसका ट्रीटमेंट क्या होगा। सबसे पहले यह बताइए कि कहानी क्या है। ऐसे में कई लेखक ख़ुद ही नहीं समझ पाते हैं कि कहानी को दृश्य और संवाद के बिना कैसे सुनाएँ। अगर कोशिश की तो दिखेगा कि कहानी में कुछ बड़ी समस्याएँ हैं जिनको पटकथा, दृश्यों या संवाद के ज़रिये छुपाने की कोशिश की गई है।

जब तक आपकी कहानी परिपूर्णता के स्तर तक नहीं आएगी, तब तक कोई पटकथा, संवाद और दृश्य या ढाँचा आपकी फ़िल्म को बड़ा नहीं बना पाएगा। कहानी अच्छी हो गई तो उस पर उपन्यास या नाटक लिखा जा सकता है। कॉमिक बुक्स बन सकती हैं। दादी-नानी अपने बच्चों को सुना सकती हैं। वो मौखिक परम्परा का हिस्सा हो सकती हैं। वो क़िस्सागोई के हर रूप में समान रूप से महत्त्वपूर्ण होगी। हमारी सारी लोककथाएँ अपने मज़बूत कथा-तत्त्व के कारण ही सैकड़ों बरसों तक अमर होती हैं। कहानी में दम नहीं है और आप उसे रंग-रोगन करके अच्छा बनाने की कोशिश कर लें, तो वह फ़िल्म के बाहर नहीं बचेगी। और वो फ़िल्म भी साधारण ही रह जाएगी।

रिचर्ड जानुक के पटकथा से ऊपर कहानी को रखने के बयान से हमारी सहमति या असहमति हो सकती है, लेकिन एक बात तय है कि आपकी कहानी में कुछ ख़ामियाँ दिख रही हैं तो पहले उन्हें दूर करें। सीधे पटकथा और संवाद लिखने की शुरुआत नहीं करनी चाहिए।

कहानी का दायरा

एक बेहतरीन कहानी को ढूँढ़ पाना और उसे लिख लेना फ़िल्म लेखक का सबसे बड़ा स्ट्रगल है। इस अध्याय में हम यह समझने की कोशिश करेंगे कि एक फ़िल्म के लिए अच्छी कहानी लिखते कैसे हैं? हमारे पास आइडिया है तो उसे कैसे विकसित करें कि एक पूरी कहानी दिखने लग जाए? इस प्रक्रिया को हम व्यावहारिक ढंग से समझने का प्रयास करेंगे। सबसे पहले हमको कहानी का दायरा समझना होगा। शुरुआत क्या होगी और उसका अन्त क्या होगा। कहानी की शुरुआत और अन्त को समझना एक अभ्यास है जिससे हमको शुरू करना चाहिए। आइए, कुछ सवालों के जवाब ढूँढ़कर आपकी कहानी पर काम शुरू करें।

1. सबसे पहला सवाल ख़ुद से पूछिए कि हमारा प्रोटेगनिस्ट या नायक कौन है? इसका मतलब है वो किरदार जिसके साथ ऑडिएंस का दिल सबसे ज़्यादा जुड़ा होता है। जिसके हँसने पर दर्शक मुस्कुराएँ, रोने पर दर्शक को भी रोना आए। वो किरदार कौन है? हम पूर्ववर्ती अध्यायों में ज़िक्र कर चुके हैं कि कई बार एक से ज़्यादा नायक भी होते हैं।
2. हमारे नायक के अचेतन की सबसे बड़ी ज़रूरत (Need) क्या है? ऐसा क्या है जो उस किरदार को चाहिए? अच्छा यह होगा कि ख़ुद किरदार को पता नहीं हो कि उसकी ज़रूरत क्या है। उदाहरण के तौर पर, जब 'क्वीन' शुरू होती है तो रानी नहीं जानती कि उसे क्या चाहिए। उसको

लगता है कि उसकी विजय से शादी होने वाली है और यही उसकी ज़रूरत है। उसको नहीं पता कि अगर विजय से उसकी शादी हो भी जाएगी तो उसके जीवन में दुख ही दुख हैं। क्योंकि वो ख़ुद से प्यार नहीं करती। उसने ख़ुद की खोज नहीं की है। उसके अचेतन में उसकी सबसे बड़ी ज़रूरत है कि अपनी ख़ुशी के लिए वो ख़ुद से प्यार करे, दूसरे पर निर्भर न रहे। यह मज़ेदार हो जाता है कि किरदार अपने ही अन्दर की ज़रूरत को नहीं पकड़ पा रहा है।

हमारी सारी लोककथाएँ अपने मज़बूत कथा-तत्त्व के कारण ही सैकड़ों बरसों तक अमर होती हैं। कहानी में दम नहीं है और आप उसे रंग-रोगन करके अच्छा बनाने की कोशिश कर लें, तो वह फ़िल्म के बाहर नहीं बचेगी।

3. कहानी की यात्रा के दौरान आपके नायक का लक्ष्य (Want, Desire या Goal) क्या है? मक़सद क्या है? कहानी उस लक्ष्य की प्राप्ति के मोटिवेशन से ही आगे बढ़ती है। कुछ फ़िल्में ऐसी भी हो सकती हैं, जिसमें नायक को लक्ष्य नहीं पता। 'वेक अप सिड' ऐसी ही फ़िल्म थी। इन फ़िल्मों में लक्ष्य को ढूँढ़ना ही लक्ष्य बन जाता है।
4. कहानी शुरू होते समय कौन सी ऐसी घटना है, जो आपके नायक के जीवन का सन्तुलन बिगाड़ देती है? आइए, इसको थोड़ा विस्तार में समझें।

जब कहानी शुरू होती है तो नायक का सामान्य जीवन चल रहा होता है। हर दिन और रात रोज़ाना की तरह ही है। कोई बड़ा उतार-चढ़ाव नहीं है। इसका अर्थ यह नहीं कि सब कुछ ठीक है। 'लगान' में भुवन का सामान्य जीवन यही है कि सूखा पड़ा हुआ है। लगान भरना है और वह जंगल में अंग्रेज़ों के शिकार से हिरण की जान बचाने की कोशिश कर रहा है। 'द मेट्रिक्स' में नियो एंडरसन कम्प्यूटर हैकर है, जॉब करता है। परेशान है। उसको पता नहीं है कि उसके जीवन में क्या समस्या चल रही है। 'उड़ान' के रोहन का जीवन यही है कि वह छुट्टियों में घर नहीं जाता। उसकी मम्मी नहीं है। पापा को उससे कोई मतलब नहीं है। दोस्त ही सब कुछ हैं। होस्टल में रहता है। रात को भाग के बी ग्रेड फ़िल्में देखता है। 'दिलवाले दुल्हनिया ले जाएँगे' की सिमरन की शादी तय कर दी गई है। फिर भी वो उसे ढूँढ़ रही है, जो ख्वाबों में आता है और उसे छेड़

जाता है, लेकिन सामने नहीं आता। 'क्वीन' की शुरुआत में रानी की शादी होने वाली है और वो बेहद उत्साहित है।

इन सारे किरदारों के साथ शुरुआत में कोई एक ऐसी घटना होती है कि सामान्य रूप से चल रहे जीवन का सन्तुलन बिगड़ जाता है। जैसे कि रोहन को स्कूल से निकाल दिया जाता है। अब उसको अपने पापा से मिलना पड़ेगा। नियो एंडरसन पर जानलेवा हमला होता है। सिमरन को घर से अनुमति मिल जाती है कि वो यूरोप ट्रिप पर जा सकती है। यह उसके साथ पहले कभी नहीं हुआ। जब ट्रेन में राज मिल गया तो यह सन्तुलन और बिगड़ जाता है क्योंकि ये लड़का कितना भी चार्मिंग हो, वो उसे पसन्द नहीं कर पाएगी, उसकी शादी जो तय है। वहीं 'क्वीन' में रानी का मंगेतर शादी के एक दिन पहले उसे कह देता है कि वह यह शादी नहीं कर सकता।

फ़िल्म की शुरुआत के तीन से पाँच मिनट में आप अपने चरित्र की दुनिया को स्थापित करने की कोशिश करते हैं। लेकिन जब तक आपके नायक के जीवन का सन्तुलन बिगड़ने वाली घटना नहीं आती है, सही अर्थों में कहानी शुरू नहीं होती। उस घटना को फ़िल्म की भाषा में कहते हैं 'इनसाइटिंग इन्सीडेंट'। पूरी फ़िल्म उस सन्तुलन को वापस ठीक करने की कोशिश होगी।

अब बढ़ते हैं पाँचवें सवाल पर—

5. कहानी की शुरुआत में आपका नायक जो चाहता था, वो लक्ष्य अन्त में उसको मिलता है कि नहीं? नायक के अचेतन में एक ज़रूरत थी, वो कहानी के अन्त में पूरी होती है कि नहीं? इस चाहत और ज़रूरत के अलावा नायक को कुछ और भी मिला क्या? फिर यह जानिए कि इस मिलने या नहीं मिलने की वो क्या कीमत चुकाता है। यह हासिल करने के लिए उसे क्या खोना पड़ा?

जैसे गब्बर सिंह को वीरू पकड़ लेता है, जो कहानी की मुख्य ज़रूरत है, लेकिन उसको बसन्ती भी मिलती है। मतलब, कुछ एक्स्ट्रा मिला, मगर वह जय को खो देता है। यह क़ीमत हो गई। बाक़ी जीवन में उसका सबसे ख़ास दोस्त उसके साथ नहीं है।

इस तरह से देखेने लगेंगे तो आपको समझ में आएगा कि किसी भी फ़िल्म का अन्त चार ही तरीक़े से हो सकता है—

- पहला है, चाहत और ज़रूरत दोनों पूरी हो जाएँ। हैपी एंडिंग यानी सुखान्त फ़िल्म हो गई। जैसे 'लगान' है। क्रिकेट का मैच जीतकर लक्ष्य की प्राप्ति हो गई और लगान से मुक्त होकर सबसे बड़ी ज़रूरत भी पूरी हो गई।

- दूसरा है कि चाहत पूरी हो गई लेकिन ज़रूरत अधूरी रह गई। जैसे 'मक़बूल'। विलियम शेक्सपियर के 'मैकबेथ' पर आधारित इस कहानी के नायक का लक्ष्य था कि उसे तख़्त या गद्दी मिल जाए। मगर वहाँ तक पहुँचने में उसने जो यात्रा की, जो ग़लत फ़ैसले लिये, वो उसे अन्दर ही अन्दर कुरेदने लगे, उसे कमज़ोर करने लगे। उसकी ज़रूरत थी ताक़त, जो उसे उसका लक्ष्य मिल जाने पर भी नहीं मिली।
- तीसरा यह है कि नायक जो चाहता था वो उसे नहीं मिला। लेकिन असल में उसको जो मिलना चाहिए था, वो उसको मिल गया। इसका उदाहरण है 'क्वीन'। वह शादी करना चाहती थी, चाहती थी कोई उसे प्यार करे। अन्त में उसने ख़ुद ही विजय के प्रस्ताव को ठुकरा दिया। क्योंकि तब तक उसे जो चाहिए था, वो उसे मिल गया—ख़ुश रहने का मंत्र कि 'ख़ुद ही तो हैं हम किनारे'।
- चौथा, अन्त एकदम दुखान्त होता है, जहाँ न उसकी ज़रूरत पूरी हुई, न चाहत पूरी हुई। नायक कहीं का नहीं रहा। जैसे इतालियन फ़िल्म 'बाइसिकल थीव्स' का अन्त है (जिससे प्रेरणा लेकर बिमल रॉय ने 'दो बीघा ज़मीन' बनाई थी)। गुरुदत्त की महान फ़िल्म 'प्यासा' का भी ऐसा ही अन्त है।

तो इन्हीं चार में से कोई एक अन्त आपकी कहानी का हो सकता है। उसको चुनना ज़्यादा मुश्किल नहीं है। लेकिन चुनना बहुत ज़रूरी है। आप कहानी का नैरेशन किसी को देंगे तो आपकी कहानी के दौरान ही सामने वाला आपसे तुरन्त पूछेगा कि कहानी तो अच्छी लग रही है, इसका रेजोल्यूशन क्या है? आप ये चार अन्त देखिए। जिसके साथ आपका दिल ज़्यादा जुड़ा है या थीम के स्तर पर आप जिसके साथ ज़्यादा सहज हो पाते हैं, वो चुनिए।

इन पाँच सवालों के जवाब के साथ आपने कहानी का दायरा तय कर लिया है कि यह कहानी है, जिसका नायक है, नायक की ज़रूरत और चाहत है और उसका अन्त इस तरह से होगा। यहाँ तक आपको यह तय करना है।

कहानी का मध्य : नायक की नई दुनिया

शुरू में हमने देखा कि हमारे नायक का जीवन एकदम साधारण है। लेकिन तभी एक इनसाइटिंग इन्सीडेंट होता है। उसके सामान्य जीवन का सन्तुलन बिगड़ गया

है। वो उस सन्तुलन को वापस पाने की कोशिश करेगा। लेकिन नायक एकदम से नहीं बोलेगा कि मैं इसको ठीक कर दूँगा। पहली बार तो धक्का ही लगेगा कि यह क्या हो गया? फिर वह सँभलेगा। ख़ुद या किसी और की मदद से तय करेगा कि जो हुआ सो हुआ लेकिन अब इसको ठीक करना है।

हीरो जब निर्णय लेता है कि वो सन्तुलन ठीक करेगा, तो वो अपनी यात्रा पर निकल जाता है। यह यात्रा सामान्यतया नायक के लिए पूरी नई दुनिया होती है। ऐसी दुनिया, जिसके बारे में उसको पता नहीं है। 'टाइटेनिक' की रोज़ ने अपने जीवन में बहुत कुछ देखा होगा, लेकिन उसने कभी यह नहीं देखा था कि एक ग़रीब लड़के से प्यार करके जहाज़ के थर्ड क्लास में जाकर डांस करने का सुख क्या होता है। भाग-दौड़ करना और जहाज़ की सिक्योरिटी से बचना। यह सब उसके जीवन में जैक लेकर आया है। उसी तरह जैक ने भी अपने ज़ीवन में बहुत कुछ देखा होगा लेकिन अमीरों के बीच जाना और महँगी विलासिता भरी दुनिया और उसके अपने अलग नियम-क़ायदे को देखना उसका पहला अनुभव है।

'लगान' के भुवन की क्रिकेट की यात्रा है। इसके पहले वह क्रिकेट के बारे में कुछ नहीं जानता। 'उड़ान' में रोहन की यात्रा तब शुरू होती है, जब वो घर आ गया है। यह उसके लिए एक नई दुनिया है कि हॉस्टल में रहने वाला बच्चा पिता के साथ रहेगा। उसको तो यह भी नहीं पता कि उसका एक सौतेला भाई है, जिसके साथ उसको रहना पड़ेगा। 'क्वीन' में रानी अकेले हनीमून के लिए निकल गई। उसको नहीं पता कि अकेले यात्रा करना क्या होता है, वह भी ऐसे देश में जहाँ वह पहले नहीं गई। 'मेट्रिक्स' में नियो एंडरसन जो ट्रेनिंग कर रहा है, उसके लिए वह नई दुनिया है। 'चक दे इंडिया' में कबीर ख़ान लड़कियों की टीम का कोच बनकर जो सिखाने की कोशिश करता है, वो उसके लिए नई दुनिया है। उसने हॉकी खेली है, लेकिन लड़कियों की कोचिंग करने का उसका अनुभव एकदम नया है।

> कहानी तो अच्छी लग रही है, इसका रेजोल्यूशन क्या है?

आप अपनी कहानी को एक ख़ास दुनिया की तरह देखिए। उस विशेष दुनिया में कुछ विशेषताएँ होती हैं। इस दुनिया के अपने क़ानून और नियम-क़ायदे होते हैं। क्रिकेट के नियम 'लगान' के भुवन पर लागू होंगे। यूरोप में घूमने के नियम 'क्वीन' की रानी पर लागू होंगे। 'मेट्रिक्स' में प्रशिक्षण के अपने क़ायदे हैं और उनका पालन नियो एंडरसन को करना है।

दूसरी बात, इस नई दुनिया में नायक के दोस्त भी बनेंगे और दुश्मन भी। आपको देखना है कि किन लोगों से नायक दोस्ती करेगा और कौन लोग इस दुनिया में उसके

दुश्मन हो जाएँगे। तो इस दुनिया के किरदारों से नायक का सामना होना ज़रूरी है।

तीसरी बात, यात्रा में नायक जिन पड़ावों से गुज़रेगा, उसमें से कुछ उसे एक ख़तरनाक दिशा में लेकर जाएँगे। कुछ उसको अपने ही अन्दर की सबसे बड़ी कमज़ोरी से अवगत कराएँगे। कोई पड़ाव तो ऐसा भी आएगा कि नायक का सामना एकदम मौत से हो जाएगा। यूँ लगेगा जैसे नायक एकदम हार गया है और एकदम ख़त्म हो गया है। कहानी में ऐसे ही पड़ाव बनाने हैं।

हीरो कुछ लड़ाइयाँ लड़ेगा। जिसमें कभी वो पीछे हटेगा। कमज़ोर पड़ेगा, फिर जीतेगा। कभी हारेगा। मुख्य लड़ाई तो अन्त में है जिसे वो जीतेगा या हारेगा आपकी कहानी पर निर्भर करता है, लेकिन बीच में यह उतार-चढ़ाव उसके जीवन में आएगा। कौन सी लड़ाई वो जीतेगा और कौन सी हारेगा, यह आपको सोचना है।

यह भी कर सकते हैं कि हर पड़ाव से पहले नायक के सामने एक ऐसा माहौल बनाएँ कि मैं यह करूँ या न करूँ? उसके मन में हिचकिचाहट डालिए। फिर उसको दूर कीजिए। उसके बाद वो निर्णय लेगा और अगले पड़ाव में प्रवेश करेगा। पूरी प्रक्रिया में एक ड्रामा होता है जो दर्शक को आपकी कहानी से जोड़कर रखता है।

नायक जो भी कर रहा है, उसका कोई कारण होना चाहिए और कोई परिणाम भी आना चाहिए। हर घटना पिछली किसी घटना की वजह से है और हर घटना आगे जो घटित होगा उसका कारण बनती है। इस तरह कारण और परिणाम से हम घटनाओं को जोड़ते जाएँ। दर्शक को लगे, यही होना चाहिए। इसके अलावा और कुछ नहीं हो सकता था। हीरो की यह यात्रा दिलचस्प लगती है। वह छोटी लड़ाइयाँ जीतता है तो उत्सव मनाता है और हारता है तो दुखी और उदास भी होता है। वह अपने-आप को प्रशिक्षित भी करता रहता है। जब तक हम कहानी के अन्त तक नहीं पहुँच जाते, यह चलता रहता है।

कहानी के बीच का हिस्सा बनाते वक़्त यह ध्यान रखना है कि जो पहली निर्णायक घटना हुई है, जिसके कारण नायक के जीवन का सन्तुलन बिगड़ गया है, उसको और बुरी स्थिति में लेकर जाएँ। जैसा कि हम अपने पिछले अध्यायों में यह बता चुके हैं कि नायक की यात्रा में अगर संघर्ष या टकराव नहीं है तो इस यात्रा का कोई मज़ा नहीं है।

राबर्ट मकी की एक ज़बरदस्त अवधारणा है 'द प्रिंसिपल ऑव एंटागोनिज़्म' या 'प्रतिरोध का सिद्धान्त'। इसके अनुसार कोई भी कहानी दर्शक को बौद्धिक और भावनात्मक स्तर पर उतना ज़्यादा सन्तुष्ट करेगी, जितने ज़्यादा उसमें एंटागोनिज़्म यानी चुनौतियों या टकराव के तत्त्व होंगे। आपकी कहानी में नायक के सामने जितनी बड़ी चुनौतियाँ और संघर्ष होंगे, वो उतनी ही मज़ेदार होती जाएगी। मकी कहते हैं

कि नायक का स्ट्रगल जटिल तो होना ही चाहिए, बहुस्तरीय भी होना चाहिए। ऐसा नहीं कि आप एक ही संघर्ष को लेकर चल रहे हैं। यह जितना बहुस्तरीय होगा, उतना ही दर्शक के उसमें शामिल होने का मौक़ा रहेगा। मकी यह मानते हैं कि बहुत से लेखक इस अवधारणा को पूरी तरह से समझने में ग़लती कर जाते हैं और यही कहानियों के विफल होने का सबसे बड़ा कारण बन जाता है।

कहानी में टकराव या कॉन्फ्लिक्ट कैसे पैदा किया जाए? सोचिए कि आपके जो सहयोगी किरदार हैं, उनसे क्या प्रतिरोध या एंटागोनिज़्म हम कहानी में ला सकते हैं। हमने चरित्रों वाले अध्याय में पढ़ा कि आठ आर्किटाइप होते हैं जिनमें से चार हीरो के लिए बाधा बन सकते हैं। उनमें एक मुख्य ख़लनायक होता है। दूसरा द्वारपाल और तीसरा है फ्रॉड, जो धोखा देने के लिए बैठा है। चौथा है, नायक के ख़ुद के अन्दर की कुछ कमियाँ। इनके अलावा जितने सहयोगी हैं, प्रेरक किरदार हैं, उनको अपनी तरफ़ करने में भी नायक को समय लगता है। वे शुरुआती तौर पर नायक की हर बात से सहमत नहीं होते, लेकिन धीरे-धीरे नायक अपना संघर्ष करते हुए उनको अपने पक्ष में करता है।

एक तरीक़ा और भी है। जितने टकराव हैं, उनका श्रेणीकरण कर दें। एक है अन्दरूनी टकराव यानी इनर कॉन्फ्लिक्ट जो नायक का ख़ुद का द्वन्द्व होता है। उसके अन्दर से आता है। दूसरा है, निजी टकराव, यानी पर्सनल कॉन्फ्लिक्ट, जो रिश्तों से आता है। माँ, बाप, घर-परिवार और दोस्त सब इसमें शामिल हैं। वह जहाँ काम करता है, वहाँ बॉस के साथ टकराव हो सकता है। अपने गुरु के साथ या सहयोगियों के साथ कोई टकराव हो सकता है। एक और होता है, एक्स्ट्रा-पर्सनल कॉन्फ्लिक्ट यानी इतर-निजी तनाव। यह तनाव रिश्तों के बाहर होता है, जैसे कि 'टाइटेनिक' में आइसबर्ग है, जिससे टकराकर जहाज़ डूब रहा है।

अन्दरूनी टकराव में सबसे शक्तिशाली होता है—ट्रू डिलेमा यानी असली दुविधा। पूरी कहानी में हमको वो क्षण ढूँढ़ना चाहिए जहाँ नायक एक सच्ची दुविधा का सामना करता है। जैसे नियो एंडरसन को पता भी नहीं है कि वह सचमुच क़ाबिल हो गया है। उसे नहीं पता कि वह मानवता को बचा सकता है कि नहीं। लेकिन उसका गुरु मॉर्फिअस पकड़ा गया है और एंडरसन को चाहिए कि वह जाकर उसको बचाए। वो बचाना चाहता भी है लेकिन वो तो अपने-आप पर यक़ीन नहीं कर पा रहा है कि वो कैसे करेगा।

'लगान' के भुवन को देखें। दो गुना लगान दो या क्रिकेट मैच जीत लो और तीन साल का लगान माफ़ करवा लो। लेकिन हार गए तो तीन गुना लगान के लिए तैयार रहो। भुवन को क्रिकेट खेलना भी नहीं आता। जिसको आता भी हो, वो क्या इस बात की गारंटी ले सकता है कि मैच जीत ही जाएगा। भुवन की दुविधा है कि

उसके निर्णय से कहीं पूरे गाँव पर मुसीबत का पहाड़ तो नहीं टूटने वाला। यह दुविधा उस वक़्त सबसे भीषण है, जब दो विकल्प हैं। आप तय नहीं कर पा रहे कि इसमें सही क्या है?

कहानी में टकराव या कॉन्फ्लिक्ट कैसे पैदा किया जाए? सोचिए कि आपके जो सहयोगी किरदार हैं, उनसे क्या प्रतिरोध या एंटागोनिज़्म हम कहानी में ला सकते हैं।

जब सिमरन कहती है कि राज तुम मुझे भगाकर ले चलो, राज कहता है कि मैं तुम्हें भगाने या चुराने नहीं आया हूँ। जब बाबूजी ख़ुद तुम्हें मेरे साथ भेजेंगे, मैं तब तुम्हें लेकर जाऊँगा। राज ने सीधे यह बात तो कह दी लेकिन इस निर्णय के ठीक एक क़दम पीछे जाकर सोचें। राज ने यह दुविधा झेली ही होगी कि वो पंजाब जा रहा है। वह सिमरन को उठाकर ले जाए या पहले उसके माँ-बाप का भरोसा जीते और उनसे आशीर्वाद ले?

ट्रू डिलेमा यानी असली दुविधा का सामना करते हुए नायक एक निर्णय लेता है। वो निर्णय ही नायक के असली किरदार को सामने लेकर आता है। भुवन कहता है कि 'शर्त मंजूर है' तो हमको उसके निर्णय पर यक़ीन होता है। वो कुछ भी करके अपने गाँव को लगान देने से बचा लेगा—हमें ऐसा भरोसा होता है। नियो एंडरसन कहता है, 'प्लग मी इन' कि मैं जाता हूँ मॉर्फिअस को बचाने तो हमको लगता है यह आदमी मानवता को बचा सकता है। जब राज कहता है 'सिमरन, मैं तुम्हें तब ले जाऊँगा जब बाबूजी तुम्हारा हाथ मेरे हाथ में देंगे' तो हमको लगता है कि अन्त में यह दिलवाला दुल्हनिया ज़रूर ले जाएगा।

रॉबर्ट मकी एक और तरीक़ा बताते हैं, कहानी में टकराव या संघर्ष पैदा करने का। आपकी कहानी में कुछ सकारात्मक मूल्य होते हैं। सफलता, जीवन, अमीरी, समृद्धि, न्याय, प्रेम या फिर बुद्धिमानी—ये सब सकारात्मक मूल्य हैं। कहानी में या तो हमारा नायक इन मूल्यों की रक्षा करता है या वो इनको हासिल करना चाहता है। अब यह देखना है कि हमारे हीरो को ये मूल्य हासिल करने के लिए कौन से नकारात्मक मूल्यों और ताक़तों से टकराना होगा।

मानिए हमारी कहानी एक जानलेवा आपदा से बचने की है। तो यहाँ सकारात्मक मूल्य होगा ज़िन्दगी। इसका विलोम मूल्य है मृत्यु। जैसे फ़िल्म 'कास्ट अवे' का नायक एक आइलैंड पर फँसा है। नितान्त अकेला है। हमें उसको वापस लाना है लेकिन तब तक उसको जीवित रहना होगा। 'लाइफ़ ऑव पाई' में पाई मरेगा नहीं लेकिन कई मौक़े आएँगे जब वो मौत से मुक़ाबला करेगा। आपकी कहानी में सकारात्मक मूल्य है वैभव। हमारे लिए तलाश करना आसान

हो जाएगा कि अमीरी या वैभव का नकारात्मक पक्ष ग़रीबी है। न्याय के ख़िलाफ़ है, अन्याय। प्रेम का नकारात्मक मूल्य है नफ़रत। सफलता का विलोम होगा विफलता। इन सब नकारात्मक मूल्यों से हमारा नायक अपनी यात्रा में कहीं न कहीं ज़रूर मुक़ाबिल होगा। एंटागोनिज़्म के सिद्धान्त के अनुसार नायक ने यदि प्रतिरोध वाले मूल्य या हालात का सामना नहीं किया तो मज़ा नहीं आएगा। जीवन की कहानी में मौत और प्रेम की कहानी में नफ़रत नहीं आई तो बात बनेगी नहीं। नियो एंडरसन मौत का सामना तो करता ही है, मरते-मरते बचता है। वीरू भी मौत का मुक़ाबला करता है। जय की मौत का अनुभव तो उसके लिए ख़ुद की मौत जैसा ही अनुभव है।

दो मूल्यों के बीच की यात्रा को अब और जटिल बनाने की कोशिश करिए। कुछ और प्रतिकूल और नकारात्मक चीज़ें देखने की कोशिश करिए। जीवन और मौत के बीच में कोई बीमारी हो सकती है। या कोमा जैसी हालत हो सकती है। सफलता और विफलता के बीच में कोई सौदबाज़ी हो सकती है, समझौते जैसे हालात हो सकते हैं। अमीरी और ग़रीबी के बीच में मिडिल क्लास हो सकता है। न्याय और अन्याय के बीच कोई पक्षपात हो सकता है। आपके किरदार को लग सकता है कि जो हो रहा है, वो ग़लत नहीं है लेकिन ऐसा नहीं होना चाहिए। इस तरह कहानी में प्रतिकूल मूल्य बढ़ते जाते हैं। वो मज़ेदार लगने लगती है। आपका किरदार प्रतिरोधात्मक मूल्यों का सामना तो कर रहा था, अब प्रतिकूल मूल्य भी उसमें जुड़ गए।

एक और बात है, जो प्रतिकूल और नकारात्मक ताक़तों से भी ज़्यादा बुरी है। हीरो उसका भी सामना करे तो एंटागोनिज़्म का सिद्धान्त पूरा खिलकर आएगा। जैसे जीवन, बीमारी और मृत्यु की हमने बात की। जीवन सकारात्मक मूल्य है, बीमारी प्रतिकूल मूल्य है और मृत्यु एक नकारात्मक मूल्य है। तो देखिए मौत से भी बुरा क्या हो सकता है? ऐसी हालत जिसमें मौत है न ज़िन्दगी। जैसे आप भूत-पिशाच या जॉम्बी हैं। ऐसी ज़िन्दगी मौत से बदतर है।

न्याय और अन्याय में अन्याय से भी बुरा क्या हो सकता है? उससे बुरी है तानाशाही। मान लीजिए कोर्ट ने तो न्याय और अन्याय का फ़र्क़ किया। एक सही आदमी को सज़ा दे दी कि उसे जेल होनी चाहिए। उस आदमी ने न्यायालय या सरकार को चुनौती दी तो सरकार ने उसकी हत्या करवा दी। यह अन्याय से भी बुरी बात हो गई। अमीरी और ग़रीबी में ग़रीबी से भी बुरा क्या होगा? शायद यह कि आप बहुत अमीर हैं लेकिन आपके पास कोई सुख नहीं है। इस तरह आपको कहानी में कुछ घटनाक्रम ढूँढ़ते रहना पड़ेगा कि जो सबसे नकारात्मक और विरोधी मूल्य से भी बुरा हो सकता है। आपने यह ढूँढ़ लिया तो समझो काम

हो गया। इन्हीं टकरावों से कहानी में मज़ा आ जाएगा। पूरी फ़िल्म में आपको यह कोशिश करनी है।

कहानी का अन्त:क्लाइमैक्स

किसी कहानी का अन्त कैसे बनाया जाए? उसमें क्या होना चाहिए कि दर्शक को आनन्द आए, विरेचन की अनुभूति हो? अन्त में क्या होना है, नायक की चाहत और ज़रूरत को पहचानकर आपने तय कर लिया। हम आइडिया वाले अध्याय में पढ़ चुके हैं कि जो अन्त होगा वो आपकी कहानी की थीम भी होगा। थीम और नैरेटिव का समापन फ़िल्म के अन्त में होगा। याद रखिए कि दर्शक को यह शुरू से ही आभास है कि आपकी कहानी के अन्त में क्या होगा। इसलिए मज़ा इस बात में है ही नहीं कि अन्त में क्या होगा? भुवन ने कहा, शर्त मंजूर है, उसी वक़्त दर्शक जान गया कि भुवन जीतेगा। लेकिन कैसे जीतेगा, पूरा मज़ा इस बात का है। इसलिए फ़िल्म के अन्त के बारे में दर्शक को पता है तो कोई बात नहीं है। फ़िल्म में वो अन्त कैसे दिखाया जाएगा, इसी पर आपको ज़्यादा ध्यान देना है।

> जीवन सकारात्मक मूल्य है, बीमारी प्रतिकूल मूल्य है और मृत्यु एक नकारात्मक मूल्य है। तो देखिए मौत से भी बुरा क्या हो सकता है?

अपनी कहानी का अन्त ऐसा बनाइए कि दर्शक अन्त में सिर्फ़ एक ही शब्द कहे, वो है 'वाह'। अगर आपने अन्त में एकदम ही सरप्राइज़ कर दिया और दर्शक ने उस बारे में अनुमान ही नहीं किया तो वो 'वाह' नहीं कहेगा। अचानक आपका दर्शक सदमे में जा सकता है। इसलिए शॉक एंडिंग या ट्विस्ट एंडिंग हमेशा अच्छी नहीं होती। बहुत कम फ़िल्में हैं, जहाँ इस तरह की फ़िल्में अच्छा काम करती हैं। सामान्यतया अच्छा अन्त वही होता है, जिसका अनुमान दर्शक के अचेतन में कहीं न कहीं होता ज़रूर है। मगर कहानी उस अन्त तक कैसे पहुँचेगी—ये दर्शक को पता नहीं होता।

फ़िल्म की कहानी के अन्त से ठीक पहले जो सीक्वेंस होता है, वो है क्लाइमैक्स, फ़िल्म के अन्तिम 15 मिनट में होने वाला ख़ास घटनाक्रम। यहाँ पर कहानी भावनात्मक, नाटकीय और सिनेमाई स्तर पर अपने चरम पर पहुँचती है। अगर आपकी फ़िल्म हॉरर है, तो ऐसा हो कि डरते हुए लोगों की हालत ख़राब हो जाए। कॉमेडी लिख रहे हैं तो अन्त में हँसते-हँसते लोग एकदम पेट पकड़ लें। ड्रामा है, तो लोग अन्त में भावुक होकर रोने लगें। अगर थ्रिलर है तो अन्त में चेज

अच्छा अन्त वही होता है, जिसका अनुमान दर्शक के अचेतन में कहीं न कहीं होता ज़रूर है। मगर कहानी उस अन्त तक कैसे पहुँचेगी—ये दर्शक को पता नहीं होता।

सीक्वेंस है, गोलियाँ चल रही हैं और नाटकीय घटनाक्रम एकदम चरम पर हो। भावनात्मक स्तर पर भी चरम पर होना चाहिए कि आप अन्दर से एकदम भर चुके हों। यहाँ पर कहानी में टकराव और संघर्ष—सारी ताक़तें उफान पर होती हैं।

'दिलवाले दुल्हनिया ले जाएँगे' में शादी से ठीक पहले एक फ़ोटो के ज़रिये जब राज और सिमरन का भेद खुल जाता है तो आपको लगता है अब क्या? अब सिमरन कहे कि पिताजी जो हुआ सो हुआ, बैठकर मामला सैटल करते हैं, तो कहानी का नैरेटिव चरम तो आ गया है लेकिन ड्रामेटिक चरम बाक़ी है। क्लाइमैक्स पर जाने के लिए आपको तनाव को एकदम ऊपरी सिरे तक ले जाना होता है। लगने लगे कि अब आर या पार का फ़ैसला होकर रहेगा। अगल-बग़ल से निकलने के सारे रास्ते बन्द हो चुके होते हैं। फ़िल्म में यहाँ राज कहता है कि बाबूजी ठीक कहते हैं सिमरन। वह चला जाता है। स्टेशन पर राज को अब भी भरोसा है कि सिमरन आएगी। आपको लगता है, ट्रेन पहले आ गई तो? फिर सिमरन के मंगेतर के लोग राज की पिटाई करते हैं। मारपीट होती है। तभी सिमरन आती है, पूरे परिवार के साथ। वह तुरन्त भी राज की तरफ़ भाग सकती थी लेकिन नहीं। राज ट्रेन में चढ़ता है। ट्रेन स्टेशन छोड़ने लगती है। दर्शक की साँसें ऊपर-नीचे हैं। फिर बाबूजी सिमरन का हाथ छोड़ते हैं और सिमरन भाग रही है। वह सबसे क़रीबी दरवाज़े से ट्रेन में चढ़कर राज तक पहुँच सकती थी लेकिन वह प्लेटफार्म पर दौड़ती है क्योंकि राज अपना एक हाथ सिमरन की तरफ़ बढ़ा के रखता है। आप तनाव में हैं कि ट्रेन निकलनी नहीं चाहिए। सिमरन नहीं चढ़ पाई तो? जब तनाव अपने चरम पर होता है, उस समय सिमरन राज का हाथ पकड़ लेती है। वह ऊपर खींच लेता है। दो प्रेमियों का मिलन है। आपकी आँखें नम होती हैं और दर्शक के नाते आप राहत में आते हैं। यह ड्रामा है। यह सिनेमा का क्लाइमैक्स है।

'लगान' में गाँव को लगान से मुक्ति के लिए आप साँस थामे एक रोमांचक क्रिकेट मैच देख रहे हैं। भुवन की टीम लगभग हार चुकी है। गाँव वाले उम्मीद छोड़ चुके हैं। राजा जी भी गर्दन नीची कर चुके हैं। लेकिन भुवन हीरो है। वह उम्मीद नहीं छोड़ता। वो कचरा के पास जाता है और कहता है, हमारी ज़िन्दगी अब तुम्हारे हाथ है। कचरा उसको समझाता भी है, जैसे वह सबको बचा लेगा लेकिन ऐसा है नहीं। बॉल होती है और भुवन की टीम मैच हार गई है। अंग्रेज़ जश्न मनाने लगे हैं लेकिन तभी अम्पायर नो बॉल का इशारा करता है। जो दर्शक अब भी नहीं समझे

कि क्या हुआ, उसके लिए कमेंटेटर रामसिंह ऐलान करता है कि फिरंगी बॉलर की ग़लती की वजह से हमको एक मौक़ा और मिला। अंग्रेज़ टीम का कप्तान अम्पायर से झगड़ा भी करता है, लेकिन सब बेकार है। अब भुवन स्ट्राइक पर है। ड्रामा को और खींचने के लिए बॉलर स्लो मोशन में है। भुवन की आँखें बन्द हैं और पुरानी स्मृतियाँ कौंध रही हैं। उसी समय बॉल आती है और वह बल्ला घुमाता है। आपकी साँसें थमी हैं। यह कैच है। कैप्टन रसेल यह कैच ले रहा है। कोई और फ़ील्डर नहीं, फ़िल्म का मुख्य खलनायक। दर्शकों को लगता है, अब तो हार ही गए हैं। तभी उसका पैर बाउंड्री लाइन के बाहर है। अविश्वसनीय ढंग से भुवन की टीम मैच जीत गई है। ड्रामेटिक चरम यही तो है।

अब सिनेमेटिक चरम पर आते हैं। हाँ, ड्रामा और नैरेटिव का चरम भी सिनेमा का हिस्सा है लेकिन यहाँ सिनेमेटिक मतलब है ऑडियो-विज़ुअल। तो सिनेमेटिक चरम यानी जहाँ ध्वनि और चित्र अपने उत्कर्ष पर होते हैं। महान जापानी फ़िल्म निर्देशक अकीरा कुरोसावा की फ़िल्म 'सेवन समुराई' देखिए, जिसने हमारे यहाँ की 'शोले' को प्रेरित किया था। पूरी फ़िल्म में गाँव के लोग हैं, डाकू हैं, और सात समुराई हैं जो गाँव की इन डाकुओं से रक्षा कर रहे हैं। इस फ़िल्म के क्लाइमैक्स में आख़िरी लड़ाई होती है समुराई और डाकुओं के बीच। इस क्लाइमैक्स में निर्देशक ने बारिश करवा दी है। चारों तरफ़ पानी है, कीचड़ है, घोड़े हैं, तलवार हैं और मार-काट है।

'द मेट्रिक्स' की अन्तिम निर्णायक लड़ाई को देखिए। नियो मॉर्फिअस को बचाने के बाद, ख़ुद मरते-मरते बचने के बाद जब खड़ा होता है तो वो जान चुका है कि वही मानवता का रक्षक है। उस पर जब गोलियों की बौछार होती है तो वो अपना हाथ उठाता है और सारी गोलियाँ हवा में रुक जाती हैं। उसने एक गोली उठाई और उसे फेंका तो सारी गोलियाँ गिर गईं। फिर वह फ़ाइट करता है। एक हाथ से भी। वह एक अलग शिखर पर है। अन्त में वह बाहर आता है और फ़ोन पर कहता है, मैंने कुछ बदलाव तय किए हैं। हवा में उड़कर चला जाता है। तो यह दृश्य श्रव्य प्रभाव के उत्कर्ष का क्षण है।

जिस तरह संगीतकार के लिए सुर और ताल होता है, पेंटर के लिए रंग, कूँची और कैनवस होता है, उसी तरह सिनेमा की भाषा के तीन आयाम होते हैं। एक जो हमें नज़र आ रहा है, इमेज या चित्र। चलता हुआ चित्र। इसमें रंग, लाइट्स, कंट्रास्ट, कैमरे का एंगल, उसकी हाइट, उसका मूवमेंट—ये सब चीज़ें शामिल हैं। सिनेमा का दूसरा आयाम है साउंड या ध्वनि। संवाद, बैकग्राउंड स्कोर, लोकेशन ध्वनियाँ, संगीत। ये सब मिलकर बनता है साउंड। तीसरा आयाम है समयावधि यानी टाइम। सिनेमा एकमात्र ऐसा मीडियम है जो समय से बँधा हुआ है। आपकी

जिस तरह संगीतकार के लिए सुर और ताल होता है, पेंटर के लिए रंग, कूँची और कैनवस होता है, उसी तरह सिनेमा की भाषा के तीन आयाम होते हैं।

फ़िल्म आज अगर एक घंटा 45 मिनट की है तो दस साल बाद भी इसी अवधि की रहेगी। सिनेमेटिक चरम का मतलब यह है कि इमेज, साउंड और टाइम का जो इस्तेमाल किया जाए, वो विलक्षण और ज़बरदस्त होना चाहिए। कई फ़िल्मों में क्लाइमैक्स में बारिश क्यों होती है? जैसे ऊपर हमने 'सेवन समुराई' का उदाहरण लिया है। क्योंकि बारिश बहुत ही सिनेमेटिक है। उसकी ध्वनि सिनेमाई है।

लेखक ने क्लाइमैक्स को ऐसा लिखा ही नहीं है तो निर्देशक, कैमरामैन या साउंड और म्यूज़िक टीम के लोग उसको जादुई कैसे बनाएँगे? आप सोचेंगे और लिखेंगे नहीं तो वे आपकी फ़िल्म में सिनेमेटिक चरम कैसे ला सकते हैं? इमोशनल, ड्रामेटिक और सिनेमेटिक तीनों का समन्वय साधारण नहीं है। दर्शक को पता था कि आपकी कहानी का अन्त क्या होगा लेकिन आपने उसको वहाँ तक ले जाने में जो आनन्द दिया है, वही लेखक के रूप में आपका हासिल है।

इस चैप्टर की मदद से आप अपने विचार, अपने आइडिया को कहानी में बदलने की कोशिश करें। सबसे बड़ी समस्या तब आएगी जब आप अपनी कहानी को समय के हिसाब से कहने की कोशिश करेंगे। कहानी बनाने में आपको महीनों या साल लगते हैं लेकिन कहना तो उसे दो या तीन घंटे में ही होता है। फ़िलहाल आप कहानी सोचिए और फिर स्ट्रक्चर पर बात करेंगे। याद रखें कि कहानी अच्छी बना ली तो स्क्रिप्ट बुरी नहीं होगी और स्क्रिप्ट बुरी नहीं होगी तो फ़िल्म भी ख़राब नहीं होगी।

5

ढाँचा

Structure

Drama is based on the Mistake. I think someone is my friend when he really is my enemy, that I am free to marry a woman when in fact she is my mother, that this person is a chambermaid when it is a young nobleman in disguise, that this well-dressed young man is rich when he is really a penniless adventurer, or that if I do this such and such a result will follow when in fact it results in something very different. All good drama has two movements, first the making of the mistake, then the discovery that it was a mistake.

—W.H. Auden

घर से सिनेमा हॉल तक आकर, पैसों से टिकट ख़रीदकर जब आपका दर्शक अपनी सीट पर बैठता है तो वो आपसे उम्मीद करता है कि आप उसे कुछ बढ़िया दिखाने वाले हैं। हम लेखकों को दर्शकों के इस विश्वास की क़द्र करनी चाहिए। एक अच्छा आइडिया, अच्छे बने हुए किरदार और मज़ेदार कहानी हमारा काम आसान तो करते हैं, पर हमें कुछ और बातों को लेकर सावधान रहने की ज़रूरत है। इसमें एक है, कहानी का फ़ोकस जिसे एकदम सधा हुआ होना चाहिए। फ़ोकस थोड़ा-बहुत भी इधर-उधर होगा तो कहानी अपनी पकड़ खो देगी और दर्शक बोर होने लगेगा।

साथ ही कहानी में स्पष्टता और सादगी ज़रूरी है। दर्शक को पता चलना चाहिए कि हो क्या रहा है। अगर उसे समझ ही नहीं आ रहा है तो भी कहानी से उसका विश्वास कम हो जाएगा। सादगी का अर्थ हर वर्ग और क्षेत्र के दर्शक के लिए अलग हो सकता है। कोई फ़िल्म बच्चों को कम समझ आ सकती है लेकिन वयस्क दर्शकों के लिए बहुत ही सरल हो सकती है। लेकिन जहाँ तक सम्भव

कहानी की लय को आपको डिज़ाइन करना पड़ता है। यही वो गुण है जो आपको एक लेखक के रूप में दूसरों से अलग कर सकता है।

हो, कहानी सबको समझ में आने वाली होनी चाहिए और ज़्यादातर कहानियों में यह सम्भव है।

कहानी में दर्शक की रुचि बनी रहने के लिए कहानी में गति होनी चाहिए। ऐसा नहीं हो कि कहानी थमी हुई-सी लगे। हर पाँच मिनट में कहानी में कुछ ऐसा हो कि लगे कि वो आगे बढ़ रही है। लेकिन कहानी एकदम तेज़ी से आगे जा रही है, यह भी ठीक नहीं है। आपको थोड़ा ठहरना पड़ेगा, फिर थोड़ा आगे बढ़ेगी, फिर तेज़ होगी और फिर थोड़ा रुकेगी। यह रिद्म यानी लय हासिल करना और समझना भी चुनौती से कम नहीं है। कहानी की लय को आपको डिज़ाइन करना पड़ता है। यही वो गुण है जो आपको एक लेखक के रूप में दूसरों से अलग कर सकता है। इसका कोई मंत्र आप एक दिन में पढ़कर नहीं सीख सकते। क्लासिक फ़िल्मों की पटकथाएँ पढ़कर और दूसरों की फ़िल्में देखते हुए यह लय आप समझने की कोशिश कर सकते हैं। लेकिन लेखक के तौर पर सालों की मेहनत और अनुभव से ही आप सही मायने में इसे सीख सकेंगे।

पिछले अध्यायों में हमने ज़िक्र किया है कि सिनेमा की कहानी में समय एक बहुत ज़रूरी अवयव है। यानी सिनेमा में समय आपकी पूँजी है। यह पूँजी आप हर मिनट किस तरह कहानी कहते हुए ख़र्च कर रहे हैं, यह ध्यान में रखना ज़रूरी है। हमारी कहानी एक लय में समय के साथ आगे बढ़ती रहे, इसीलिए फ़िल्म लेखन में स्ट्रक्चर यानी ढाँचा या बुनावट की बहुत अहमियत है।

कहानी की बुनावट को लेकर लेखक आमतौर पर एक समस्या से जूझता है। आपके दिमाग़ में एक आइडिया है। उसे एक कहानी के रूप में विकसित भी नहीं किया और आपने पहला सीन लिखना शुरू कर दिया। मुमकिन है, वो सीन भी बहुत अच्छा बन पड़ा। फिर दूसरा और तीसरा सीन भी अच्छा बन पड़ा। हर सीन अच्छा बना रहे हैं लेकिन कहानी का फ़ोकस और घटनाक्रम ठीक है कि नहीं, यह कैसे पता करेंगे? कौन सी घटना पर कितना समय देना है—अगर यह हम दृश्य में जाकर ठीक करने की कोशिश करेंगे तो वहीं फँसे रह जाएँगे। पटकथा लिखना एक लम्बी और थकाने वाली प्रक्रिया है। आप सौ पेज लिखते भी जा रहे हैं और आश्वस्त भी नहीं हैं। ऐसे में होता यह है कि एक समय के बाद आपका मन उचट जाता है। आपका आत्मविश्वास भी हिल जाता है। आपको लगता है, यह कहानी काम करेगी ही नहीं।

फ़िल्म में दृश्य और संवाद के ज़रिये अपनी कहानी कहना असल में एक

जंगल बनाने जैसा है। ऐसा जंगल, जो हमने बनाया, और उसी में भटक गए। फ़िल्म का लेखन है ही ऐसा कि उसमें घुसने और भटकने से आपको कोई नहीं बचा सकता। आपने पूरी कहानी बनाई नहीं। फिर आपको कुछ दृश्य या संवादों में कुछ छोटी-छोटी बातों से प्यार हो गया। इसके बाद आप थोड़े और ज़िद्दी हो गए। फिर से लिखना पड़े या कोई बाहर निकलने का रास्ता दिख रहा हो तो भी आप उसी रास्ते पर अटके रहेंगे। सोच लेंगे कि मुझे तो यही ठीक लग रहा है। अब चीज़ें बदली नहीं जा सकतीं। अगर ऐसा हो गया तो जो कहानी आपने ही बनाई, उसमें उलझने के बाद उससे बाहर आने का रास्ता कभी नहीं ढूँढ़ पाएँगे।

इसे कुछ ऐसे समझिए कि अगर आप जंगल में भटक गए हैं तो वो क्या उपाय है, जो आप करेंगे। आमतौर पर सूझता है कि किसी ऊँचाई वाले स्थान पर जाकर देखें कि जंगल का विस्तार क्या है। आप देखेंगे कि जंगल में कौन सी चीज़ कहाँ है और एक-आध जगह को पहचानकर आपमें वापस आत्मविश्वास आएगा कि उधर से आप गुज़रे थे। उसी जगह वापस पहुँचकर आप बाहर जा सकते हैं। इसे ही हम चॉपर सिद्धान्त कहते हैं। आप एक हेलीकॉप्टर मँगाइए। उसमें बैठकर इतना ऊपर जाइए कि जंगल में जिन छोटी-मोटी चीज़ों से आपको लगाव हो गया था, वो आपको दिखना बन्द हो जाएँ। अब बस आपको एक जंगल ही मोटे तौर पर दिखाई दे।

चॉपर सिद्धान्त का आशय यह है कि कहानी बनाते समय किसी भी समय आपको लगे कि किन्हीं ख़ास चीज़ों से आप चिपक गए हैं तो कहानी को वहीं छोड़ दें। सब कुछ भूलकर ऊपर उठ जाएँ, इतना दूर हो जाएँ कि सिर्फ़ मूल कहानी ही आपको दिखाई दे। वे छोटी चीज़ें सब ग़ायब हो जाएँ, जिनसे आपका मोह हो गया था और नए सिरे से सोचने लगें। जो कहानी नज़र आए अब वापस उसके क़रीब आएँ। तब शायद आपको कहानी का उचित स्ट्रक्चर नज़र आए। यह एक अभ्यास है, जो आपको करना चाहिए।

इस सिद्धान्त को व्यवहार में लाने के लिए पहला बिन्दु है—लॉग लाइन। अपनी कहानी को चालीस से पचास शब्दों वाले एक वाक्य में कहने की कोशिश करिए। जैसे क्वीन की कहानी की लॉग लाइन देखते हैं। 'शादी से ठीक एक दिन पहले अपने मंगेतर से ठुकराई गई लड़की अकेले हनीमून पर निकलती है और यूरोप में नए दोस्त बनाते हुए और नए अनुभवों से गुज़रती हुई सीखती है कि ख़ुशी का रहस्य है ख़ुद से प्यार करना।'

या फिर 'लगान' की लॉग लाइन देखिए। 'ब्रिटिश राज में उत्साही युवा भुवन अपने दमनकारी प्रशासक के साथ एक अनजाने खेल क्रिकेट में जीतने की चुनौती स्वीकार करता है और गाँव और टीम की समस्याओं से जूझते हुए अन्ततः जीतकर

> लेखक के रूप में आपको अपना ही लेखन पढ़ते हुए उसके फ़ोकस, उसकी सादगी और स्पष्टता पर काम करना चाहिए।

अपने गाँव को लगान से बचाता है।'

आप समझ गए होंगे कि लॉग लाइन में सिर्फ़ आपका मुख्य किरदार आएगा और कहानी की यात्रा का संकेत मिलेगा। मोटे तौर पर संघर्ष भी दिख जाएगा। हम इस लॉग लाइन में कहानी की शुरुआत और अन्त लिखते हुए मध्य हिस्से का एक हल्का सा संकेत दे सकते हैं। यह लिखने में आपको समय लग जाएगा। पहली बार में 60 से 70 शब्द हो जाएँगे। आपको लगेगा आप इसके अलावा भी कुछ कहना चाहते हैं। कई बार एक ही वाक्य में कहने में परेशानी होगी। ये सब करके भी आप देखेंगे कि आपकी बात अब भी स्पष्ट नहीं है। हमेशा ध्यान रखिए, लेखक के रूप में आपको अपना ही लेखन पढ़ते हुए उसके फ़ोकस, उसकी सादगी और स्पष्टता पर काम करना चाहिए। आप कई बार लिखकर अपनी लॉग लाइन को ठीक कर सकते हैं।

लॉग लाइन सूचनापरक और प्रभावी तरीक़ा है, अपनी कहानी को स्पष्ट करने का। यानी कहानी आगे बढ़ाते हुए कहीं पर भी सन्देह होता है तो वापस लॉग लाइन पर जाकर देख सकते हैं कि आप क्या कहना चाहते हैं। यह दिखने और समझने में साधारण लग रहा है लेकिन यक़ीन मानिए यह काफ़ी प्रभावशाली उपाय है। लॉग लाइन नहीं लिखेंगे तो आपको अपनी कहानी में हर चीज़ महत्त्वपूर्ण लगेगी। लॉग लाइन का अनुसरण करेंगे तो आपको यह समझ में आता रहेगा कि क्या छोड़ा जा सकता है।

अब हमको इन पचास शब्दों को बढ़ाकर सौ, दो सौ या तीन सौ शब्दों में लिखना है। आप विकीपीडिया पर जाइए। वहाँ आप पढ़कर समझ सकते हैं कि किसी फ़िल्म का प्लॉट कैसे लिखते हैं? किसी डीवीडी को उठाइए या किसी उपन्यास को उठाइए। पीछे कहानी का संक्षेप में विवरण होता है। उस तरह आपको अपनी कहानी को लिखना है। सीन या संवाद नहीं लिखना है। बस कहानी की आउटलाइन लिखनी है। आप तीन सौ शब्दों में लिखेंगे तो कहानी थोड़ी और स्पष्ट हो जाएगी। हर बार घटनाक्रम को लेकर कुछ बातें साफ़ होंगी। इस तरह धीरे-धीरे हम आगे बढ़ेंगे। हम काफ़ी समय यहाँ बिताएँगे। कहानी को समझने की कोशिश करेंगे।

तीन अंक का फ़ॉर्मूला | The Three Act Structure

समय के लिहाज़ से कहानी की बुनावट करने के लिए जिस औज़ार का इस्तेमाल आमतौर पर फ़िल्म के लेखक करते हैं, वो है तीन अंक का फ़ॉर्मूला यानी थ्री एक्ट

स्ट्रक्चर। तीन अंकीय फ़ॉर्मूला किसी भी कहानी को कहने का एक वैज्ञानिक और अध्ययन किया हुआ नुस्खा है जिसने सिनेमा की कहानी को तीन हिस्सों में बाँटने की कोशिश की है : शुरुआत, मध्य और अन्त।

पहला अंक—शुरुआत यानी Set-up

शुरुआत का अर्थ यह है कि आप कहानी का आधार तय कर देते हैं। सबसे पहले आप दर्शकों से अपने पात्रों का परिचय कराते हैं, कहानी की पृष्ठभूमि तैयार करते हैं और कहानी को उस मोड़ पर लाकर खड़ा कर देते हैं, जहाँ दर्शक को यह समझ में आ जाता है कि फ़िल्म किस बारे में है। इतना आप दस-बारह मिनट में नहीं कर पाएँगे। और अगर आप तीस-चालीस मिनट तक का समय ले लेंगे तो वह कुछ ज़्यादा हो जाएगा। तो कोई बीच का रास्ता पकड़कर चलिए। ध्यान रखिए यह प्रक्रिया मज़ेदार होनी चाहिए। आपने लम्बा समय इसी में ख़र्च कर दिया तो आप शुरू में ही दर्शक पर पकड़ खो देंगे। अगर आपकी फ़िल्म कुल सौ मिनट की है तो यह हिस्सा लगभग बीस मिनट होगा।

जैसे 'टाइटेनिक' को देखते हैं। एक डूबे हुए जहाज़ के कुछ पुर्जे तलाशे जा रहे हैं और इंटरकट्स में एक बुज़ुर्ग महिला अपनी जहाज़-यात्रा का संस्मरण सुना रही है। पहली बार ख़ुद को खोलते हुए वह कहती है कि एक औरत का हृदय रहस्यों का गहरा समन्दर होता है। वहीं हम देखते हैं कि एक जहाज़ चलने की तैयारी कर रहा है। सब लोग अपनों को विदाई दे रहे हैं। जैक भी जुए में टिकट जीतकर टाइटेनिक पर चढ़ता है। इसी घटनाक्रम में जैक कुछ ही देर बाद रोज़ को आत्महत्या करने से बचाता है। दर्शक को समझ में आ जाता है कि यह कहानी रोज़ और जैक की प्रेम-कहानी होने वाली है जो उस जहाज़ पर घटी थी। यहाँ पहला अंक पूरा होता है।

'क्वीन' की कहानी पर ग़ौर करिए। घर में शादी का माहौल है। सब लोग ख़ुश हैं। रानी अपनी शादी को लेकर ज़्यादा ही उत्साहित है। रानी अपने प्रेमी से मिलने जाती है। वह शादी से इनकार कर देता है। पूरे घर में सन्नाटा है। दादी समेत सब लोग रानी को सांत्वना देते हैं। रानी तय करती है कि वह अकेली ही हनीमून पर जाएगी और उड़ जाती है। तब जाकर दर्शक को यह पता चल जाता है कि यह कहानी रानी की यात्रा की है। यहाँ पहला अंक पूरा होता है।

'लगान' को देखिए। हिरण का शिकार, क्रिकेट के खेल पर भुवन की टिप्पणी, अकाल के बाद घिर आए बादलों को देखकर गाँव वालों का उल्लास और फिर दोगुना लगान के अंग्रेज़ी हुकूमत के ऐलान के बाद छाई मायूसी। लेकिन अभी

तक यह स्पष्ट नहीं है कि फ़िल्म किस बारे में है। फिर भुवन को कैप्टन रसेल चुनौती देता है कि क्रिकेट खेल में हमारी टीम से अगर तुम जीतोगे तो लगान माफ़ हो जाएगा और हार गए तो तीन गुना लगान देना पड़ेगा। भुवन ज्यों ही शर्त मंजूर करता है यह साफ़ हो जाता है कि यह फ़िल्म अब क्रिकेट मैच के ज़रिये लगान माफ़ कराने की कहानी है।

जैसे 'चक दे इंडिया' में कबीर ख़ान लड़कियों का कोच बनना क़बूल करता है तो हमको समझ में आता है कि यह फ़िल्म महिलाओं की हॉकी पर है और कबीर ख़ान अपने सिर पर लगा दाग़ इस टीम के साथ काम करते हुए मिटाने वाला है। जय और वीरू यह तय करते हैं कि वे ठाकुर की मदद करेंगे तो समझ में आता है कि 'शोले' गब्बर सिंह को पकड़ने के बारे में है। इसलिए फ़िल्म किस बारे में है, यह हमको तब पता चलता है, जब नायक उस यात्रा के लिए अपने-आप को तैयार कर लेता है।

पहला अंक कहानी और किरदार के साथ-साथ आपकी पूरी फ़िल्म को सेटअप करता है।

पहले अंक के अन्त तक आपको यह भी करना है कि दर्शक आपके किरदारों से प्यार करने लगें और उनकी कहानी जानने को उत्सुक हों। चरित्र-निर्माण में जितनी मेहनत आपने की है, उसका इस्तेमाल करके फ़िल्म के पहले 15 से 20 मिनट में आपको दर्शकों को बाँध देना है। आपकी फ़िल्म का टोन भी पहले अंक में स्थापित हो जाना चाहिए। कहानी कॉमेडी है या हॉरर, एक्शन या ड्रामा—ये दर्शकों को स्पष्ट हो जाना चाहिए। यानी पहला अंक कहानी और किरदार के साथ-साथ आपकी पूरी फ़िल्म को सेटअप करता है।

दूसरा अंक—मध्य भाग यानी | Confrontation

पहले अंक में कहानी का सूत्र स्थापित हो चुका है। उसके बाद कहानी कभी ऊपर जाएगी तो कभी नीचे जाएगी। इसमें नायक नई दुनिया के नए नियम समझने की कोशिश करता है। उसकी मुश्किलें बढ़ने लगती हैं। समस्याओं का आँकड़ा ऊपर चढ़ता जाता है। बात अधिक उलझती है। नायक कहानी की सारी नकारात्मक और सकारात्मक ताक़तों से सामना करता है। फ़िल्म में दोनों पक्षों में मुठभेड़ होती है, मतभेद होते हैं, संघर्ष होते हैं। कहानी के दूसरे चरित्र और कुछ उपकथाएँ हमको साफ़ दिखने लगती हैं। यानी पहले अंक तक जो कहानी हमें सधी हुई-सी दिखती है, वह सेट अप पूरा होने के बाद थोड़ी सी बिखरती है। ऐसे में कहानी थोड़ी सी फैल जाती है। तो ये दूसरा अंक विस्तार का है। लेकिन विस्तार का मतलब बेतरतीब

विस्तार नहीं है। यूँ समझिए की एक तना आपने खड़ा किया। उस पर शाखाएँ अब लगानी हैं ताकि वह एक ख़ूबसूरत पेड़ दिखे।

जैसे 'टाइटेनिक' में जैक और रोज़ को साथ होना था, लेकिन बहुत समस्याएँ हैं। अब एक-एक कर समस्याएँ आती हैं और इस चरम पर पहुँचती हैं कि ज़िन्दगी और मौत का खेल हो जाता है। 'लगान' में क्रिकेट मैच जीतना है लेकिन समस्याएँ बहुत हैं। किसी को क्रिकेट खेलना आता नहीं। गाँव के लोग साथ नहीं। टीम बनाने में समस्या है। टीम में समन्वय की समस्या है। ऐसी कौन सी समस्या नहीं है जो साबित नहीं करती है कि मैच जीतना बहुत मुश्किल है। 'उड़ान' में रोहन को राइटर बनना है लेकिन बहुत समस्याएँ हैं। 'खोसला का घोंसला' में खोसला परिवार को प्लॉट वापस हासिल करना है लेकिन इस रास्ते में बाधाएँ बहुत हैं। 'दिलवाले दुल्हनिया ले जाएँगे' में राज और सिमरन को साथ होना है लेकिन बहुत समस्याएँ हैं। पहले ठीक से प्यार तो करें। प्यार हो गया है तो बता नहीं पा रहे हैं। और फिर कहानी पंजाब जा पहुँचेगी जहाँ से सिमरन को जीत पाना राज के लिए और भी मुश्किल होगा।

फ़िल्म की अवधि के लिहाज़ से यह वाला हिस्सा सबसे लम्बा होता है। 100 मिनट की फ़िल्म में लगभग 65 मिनट आपको इस दूसरे अंक पर देने चाहिए। फ़िल्म या कहानी का शरीर दूसरा अंक ही बनाता है। सबसे ज़्यादा मज़ा हमें इसी में आता है क्योंकि ये जटिलता और उतार-चढ़ाव से भरा होता है। दूसरा अंक लिखना भी लेखक के लिए सबसे ज़्यादा मुश्किल होता है। सबसे पहले तो कहानी में इतना वजन होना चाहिए कि एक घंटे से ज़्यादा के इस अंक में बिना कमज़ोर पड़े वो दर्शकों को पसन्द आती रहे। कई बार तो कहानी में इतना कुछ होता ही नहीं और ये अंक जबरन खींचा हुआ लगता है। वहीं दूसरी ओर, सभी किरदारों और उपकथाओं में भटकना यहाँ आसान है। बहुत कुछ कहने की चाहत रखने वाला लेखक ख़ुद अपनी बनाई कहानी में फँस सकता है। अन्ततः कहानी के इस हिस्से में संघर्ष को यानी कथा-प्रवाह को ऊपर-नीचे करते हुए उस चरम तक पहुँचाना हमारा लक्ष्य होना चाहिए, जहाँ से लगता है कि अब समाधान ही एकमात्र रास्ता है। हमको लगने लगता है कि सारी उपकहानियाँ एक जगह जाकर अब मिल रही हैं और अन्त अब ज़्यादा दूर नहीं।

> बहुत कुछ कहने की चाहत रखने वाला लेखक ख़ुद अपनी बनाई कहानी में फँस सकता है।

तमाम उतार-चढ़ाव से गुज़रकर 'टाइटेनिक' के जैक और रोज़ तय करते हैं कि अब चाहे जो कुछ भी हो, साथ ही रहना है। जहाज़ डूबने लगा है। दोनों साथ समुद्र में कूद जाते हैं। अब आर या पार। 'उड़ान' में रोहन तय करता है कि अब बस, बहुत हो गया पिता का अत्याचार। सीधे भिड़ जाने की भावना के साथ उसने पापा की गाड़ी तोड़ दी है। 'द मेट्रिक्स' में नियो एंडरसन जानता है कि गुरु मार्फिअस को बचाने के लिए उसे ही जाना होगा। अभी उसकी ट्रेनिंग पूरी नहीं हुई है, अभी उसे ख़ुद पर यक़ीन भी नहीं आया है कि वो ये कर सकेगा या नहीं, लेकिन वो कहता है 'प्लग मी इन'। अब आर या पार। 'लगान' में खेल का आख़िरी दिन है। सारे बल्लेबाज आउट हो चुके हैं। भुवन बचा है। कमज़ोर बल्लेबाज बचे हैं और रन बहुत सारे बनाने हैं। 'क्वीन' की रानी का प्रेमी उससे मिलने आता है और कहता है, सॉरी रानी, ग़लती हो गई। अब शादी कर लेते हैं। रानी को तय करना होता है कि अब वह क्या करेगी। 'दिलवाले दुल्हनिया ले जाएँगे' में राज और सिमरन की तसवीर पकड़ी जाती है। राज को थप्पड़ पड़ता है और घर से निकाल दिया जाता है। 'शोले' में जय मर जाता है और वीरू कहता है, गब्बर मैं आ रहा हूँ। उस वक़्त हमको पता है कि कहानी ख़त्म होने वाली है।

तीसरे अंक में कहानी अपने सारे बिखराव को वापस समेटने लगती है। अचानक दर्शक को लगता है कि अब फ़िल्म ख़त्म होने वाली है। तीसरा अंक बहुत छोटा होता है। 100 मिनट की फ़िल्म में लगभग 15 मिनट का। यह अंक एकदम गुँथा हुआ होना चाहिए, काफ़ी रोमांचक। इस अंक की जो मुख्य घटना होती है, उसको हम क्लाइमैक्स कहते हैं। जिसके बारे में हमने पिछले अध्याय में पढ़ा कि किस तरह क्लाइमैक्स बनाया जाता है। पहले अंक की ही तरह तीसरा अंक सरल, सधा हुआ और तेज़ी से आगे बढ़ने वाला होना चाहिए। अगर आपने फ़िल्म का अन्त शुरू में निर्धारित कर लिया है, और पहले और दूसरे अंक को लिखते हुए तीसरा अंक आपके दिमाग़ में स्पष्ट है तो इसे लिखने में अपेक्षाकृत आसानी होनी चाहिए। सरल और रोमांचक होने के कारण, तीसरा अंक कहानी को उचित अन्त प्रदान करता है और दर्शक एक अच्छी कहानी देखने का सुख महसूस करते हैं।

पहले अंक के ख़त्म होने पर जो निर्णायक घटना है, सिड फ़ील्ड उसे 'प्लॉट पॉइंट 1' कहते हैं। वो आपने ढूँढ़ ली है तो आपको दूसरे अंक के समापन की घटना भी देखनी है। सिड फ़ील्ड उसे 'प्लॉट पॉइंट 2' कहते हैं। इन दोनों घटनाओं से कहानी वापस न मुड़ने वाले क़दम लेती है। इतना करते ही मोटे तौर पर आपको पता चल जाएगा कि आपकी कहानी में कब क्या होने वाला है। बस, यह याद रखिए कि आप

अपनी कहानी का तीन अंक वाला ढाँचा बनाएँगे। उस पर काम शुरू करेंगे। कुछ दिन बाद आपको पता चलेगा कि आपके ढाँचे में कुछ समस्या है तो नया बनाइए। इसमें 20, 65 और 15 मिनट वाला आँकड़ा महज़ सूचनापरक है। ऐसा नहीं है कि आप उसी पर अटक जाएँ। थोड़ा-बहुत ऊपर-नीचे कर सकते हैं। यह फ़िल्म की अवधि और कहानी के टोन की अपनी माँग होती है। जैसे 'कासाब्लांका' का पहला अंक काफ़ी लम्बा है। इसलिए तीन अंक वाले ढाँचे को पटकथा के सबसे ताक़तवर औज़ार की तरह समझिए। अब यह आप पर निर्भर है कि कितना उपयोगी ढंग से आप इस औज़ार को इस्तेमाल कर सकते हैं। इसे एक सफल कहानी का फ़ॉर्मूला न समझें, लेकिन कहानी को समझने में और उसका स्ट्रक्चर तय करने में ये आपकी काफ़ी मदद कर सकता है।

आप तीन अंक के ढाँचे में ही अपनी फ़िल्म को सोचें। सेटअप, कनफ्रंटेशन और रेज़ोल्यूशन।

तीन अंक का यह गणित काफ़ी वैज्ञानिक और विश्वसनीय है लेकिन हमारे यहाँ बॉलीवुड की फ़िल्मों में इंटरवल एक मजबूरी है। कई बार इंटरवल तक फ़िल्म का सेट अप ही चलता रहता है और इस तीन अंक के ढाँचे में कहानी नहीं आ पाती। फिर इंटरवल के बाद तेज़ी से दूसरा और तीसरा अंक समेटने की कोशिश करते हैं और फ़िल्म की पटकथा का पूरा प्रवाह ख़राब हो जाता है। बहुत सी फ़िल्में इस ग़लती की वजह से भी ख़राब हो जाती हैं। होना यह चाहिए कि आप तीन अंक के ढाँचे में ही अपनी फ़िल्म को सोचें। सेटअप, कनफ्रंटेशन और रेज़ोल्यूशन।

जब इतना सब कर ही रहे हैं तो एक और काम करिए। जिन तीन सौ शब्दों में आपने अपनी कहानी का ढाँचा लिखा है, उस पर वापस लौटें और इसे तीन अंकों वाले ढाँचे के मुताबिक़ लिखें। यानी पहला अंक सौ शब्दों का, दूसरा एक सौ पचास शब्दों का और तीसरा केवल पचास शब्दों में लिखने की कोशिश करें। इससे होगा यह कि अभी से तीन सौ शब्दों की आउटलाइन से ही आप तीन अंकों में अपनी कहानी कहने की कोशिश कर रहे हैं। जब आप कई बार लिखकर इसको अच्छा बना लेंगे तो आप छह सौ शब्दों पर जा सकते हैं। छह सौ शब्दों में आप उसे एक सौ पचास शब्द, तीन सौ पचास शब्द और सौ शब्दों गें बाँटिए।

इस तरह कहानी को फैलाते जाएँ। घटनाएँ जोड़ते जाएँ। छह सौ शब्दों से फिर आप अपनी कहानी के बारह सौ शब्दों पर जाएँ। फिर दो हज़ार पाँच सौ शब्दों पर जाएँ और वहाँ से पाँच हज़ार शब्दों तक अपनी कहानी को ले जाएँ। शब्द संख्या बढ़ाते जाएँ लेकिन तीन अंक वाले ढाँचे को नज़रअन्दाज़ न करें। ऐसा करने से आपके साथ लगभग वैसा ही होता जाएगा कि आप एक हेलीकॉप्टर से ऊपर गए

थे और ज्यों-ज्यों नीचे आ रहे हैं, कहानी का विस्तार आपको समझ में आ रहा है। आपको कहानी दिखने लगेगी। कहीं भी आप फँस जाएँ, मसलन पाँच हज़ार शब्दों में आपको दिक़्क़त होने लगे, तो आप लौटकर पुराने दस्तावेज़ पर जाएँ कि दो हज़ार पाँच सौ शब्दों तक सब ठीक था तो अब गड़बड़ कहाँ है?

इस तरह तीन अंक फ़ॉर्मूले को अपने लेखन में लेकर आएँ। पाँच हज़ार शब्द काफ़ी होते हैं। अगर आपने बहुत मेहनत से ये पाँच हज़ार शब्द लिख लिए हैं तो आप अब तैयार हैं अपनी कहानी को दृश्यों और संवादों में लिखने के लिए।

तो हमने यह जाना कि अपनी कहानी को समय और स्क्रीन टाइम के हिसाब से सोचिए। कहानी से दूर जाकर उसको बिना अतिरिक्त प्रेम किए निरपेक्ष भाव से देखते रहिए और काम करते रहिए। उसमें तीन अंक के ढाँचे को इस्तेमाल कीजिए। जो कहानी बनाना हमने पिछले अध्याय में पढ़ा, उसे इस ढाँचे में फिट करते हुए आगे बढ़िए।

6

थीम
Theme

A film is—or should be—more like music than like fiction. It should be a progression of moods and feelings. The theme, what's behind the emotion, the meaning, all that comes later.

—Stanley Kubrick

जब आप फ़िल्म पर काम कर रहे होते हैं तो लोग आपसे पूछते हैं, आपकी फ़िल्म की थीम क्या है। बहुत लोग कहानी से ज़्यादा थीम के बारे में जानना चाहते हैं। ये लोग कुछ समझदार और बुद्धिमान लोग हैं। आम लोगों को थीम से ज़्यादा कोई मतलब नहीं होता। आम दर्शकों को कहानी से मतलब है। उन्हें सिनेमा में हँसने या रोने से मतलब है। वे कहानी से भावात्मक रूप से जुड़ते हैं। लेकिन उनमें इतनी समझ होती है कि आपकी थीम उन तक ज़रूर पहुँच जाएगी। आपको घोषणा नहीं करनी है। वो अमूर्त रूप से आपके दिमाग़ में चल रही होती है। अगर आपने सामने आकर थीम बता दी तो फिर आपकी कहानी पीछे रह गई।

कहानी बनाने के पहले अगर आपने थीम चुन ली है तो एक और ख़तरा रहता है कि आप कहानी की सच्चाई और उसके भावांत्मक असर से ज़्यादा थीम पर ध्यान देने लगते हैं। इससे न सिर्फ़ कहानी उबाऊ लगने लगती है, उसका असर भी सीमित हो जाता है। यही वजह है कि हमने थीम पर चर्चा पहले नहीं की। लेकिन अब हम थीम की बात करेंगे क्योंकि थीम की स्पष्टता आपके लेखन को दिशा देती है। ख़ासकर आपके दूसरे अंक को, जिसमें भटक जाना लेखक के लिए आम बात होती है।

हर अच्छी फ़िल्म को देखिए, उसके भीतर एक सार्वभौमिक सत्य छिपा होगा जो दुनिया भर में काम करेगा। वो ही सत्य उस कहानी की थीम बन जाता है। इस

अध्याय में हम यह समझने की कोशिश करेंगे कि कैसे अपनी कहानी में किसी दर्शन और रूपक का इस्तेमाल करते हुए उसे आप मज़बूत बना सकते हैं। आपको ख़ुद से सवाल करना चाहिए कि इस कहानी में आप क्या कहना चाहते हैं, कौन-से मुद्दे हैं जिनसे आप मुख़ातिब हो। कौन सी वो बात है, जो यूनिवर्सल है और अपनी कहानी के ज़रिये हम उसे कहना चाह रहे हैं?

जैसे 'लगान' में ऐसा क्या है, जो कहानी के पीछे अमूर्त रूप से छिपा है? एक तो थीम है, बचे रहने की। जीवित रहने की। अगर वो लगान भरेंगे तो उनके जीवन पर संकट है। अकाल बहुत भीषण है। बारिश नहीं है। बारिश की सम्भावना आती है तो ख़ुशी होती है लेकिन अगले ही पल वो ख़त्म हो गई कि दोगुना लगान लगेगा। रोटी, कपड़ा, मकान की जो बुनियादी ज़रूरत है, वह उसकी थीम है। दूसरी है, मानवीय जोश और सकारात्मकता। आदमी के भीतर जो लड़ने का भाव है, वो उसे कहाँ तक लेकर जा सकता है। न्याय और अन्याय की लड़ाई भी है 'लगान' में, जो स्पष्ट रूप से हम देख सकते हैं। इस तरह प्रेम, बन्धुत्व जैसे दूसरे भाव भी हमको दिखते हैं। लेकिन इनमें सबसे ऊपर है, अपने-आप को बचाने के लिए मनुष्य की जूझने की ताक़त। न्याय और अन्याय की लड़ाई।

अगर हम कहानी सोचते समय इसी तरह अपनी थीम के बारे में सोच लें तो हमारे लिए सोचना आसान हो जाता है कि न्याय और अन्याय को दिखाने के लिए हम क्या घटनाक्रम इस्तेमाल कर सकते हैं। 'लगान' के पहले दृश्य में हिरण का शिकार हो रहा है। या फिर राजा को कैप्टन रसेल कहता है कि अगर आप यह गोश्त खा लेते हैं तो मैं आपकी बात मान लूँगा। राजा शाकाहारी है, वो नहीं खा सकता। यहाँ स्पष्ट दिखता है कि कैप्टन रसेल कितना अन्यायी है, अहंकारी है। लेकिन इसी कहानी में कुछ अंग्रेज़ अफ़सर हैं और अम्पायर हैं जो साफ़-सुथरा और ईमानदार खेल चाहते हैं। न्याय और अन्याय कई प्रकार से इस फ़िल्म में नज़र आता है।

'क्वीन' में देखिए। वहाँ सबसे बड़ी थीम है आज़ादी। दूसरी थीम है, अपने-आप को पाना। तीसरी है प्रेम। देखिए इन तीनों विषयों को एक्सप्लोर करने के लिए क्या-क्या तरीक़े इस्तेमाल किए गए हैं। आज़ादी को दिखाने के बहुत सारे तरीक़े हैं। जैसे अगर आप बोर्डिंग स्कूल में फ़िल्म बना रहे हैं, तो वहाँ के बच्चों के हिसाब से आज़ादी कैसे हो सकती है, सोचिए। जैसे बोर्डिंग स्कूल में बच्चे सिगरेट या शराब पीकर सोचते हैं कि वे आज़ाद हो गए। दीवारों पर पेंटिंग बनाकर वे सोच सकते हैं कि वे आज़ाद हो गए। गिटार भी एक रूपक हो सकता है आज़ादी का। रॉक म्यूज़िक आज़ादी को इंगित कर सकता है। नियम तोड़कर रात को हॉस्टल से भागना भी संकेत है। 'क्वीन' की रानी लड़कों के साथ डॉरमेट्री में रहती है—कुछ

तो वो आज़ाद हुई ही है। वो अलग-अलग शहरों में अकेले घूम रही है। धीरे-धीरे बहुत सारी चीज़ों से वो आज़ाद हो ही रही है।

मान लीजिए आपकी फ़िल्म में विषय है 'दोस्ती'। तो क्या दोस्तों के अलावा आप उस फ़िल्म में एक कुत्ते का किरदार डाल सकते हैं? या एक घोड़े का किरदार डाल सकते हैं? ये दोनों जीव आदमी के दोस्त के रूप में जाने जाते रहे हैं। या हम हमारे कथानक के बैकड्रॉप में दुर्योधन और कर्ण की या कृष्ण और अर्जुन की कहानी सुना सकते हैं? इस तरह अपने सोचने के नज़रिये को खुला रखिए। तरीक़ा यह है कि आप अपनी कहानी को बना लें तो सोचें कि उसमें जो थीम है उसके साथ आप नए तरीक़े से कैसे खेल सकते हैं और दूसरे रूपक कैसे इस्तेमाल कर सकते हैं।

रोबर्ट मकी का कहना है कि हमें शायद ही पता होता है कि हम कहाँ जा रहे हैं, क्योंकि लेखन लगातार एक खोज है। आप लॉग लाइन और सिनोप्सिस को पढ़ेंगे तो आपको जितनी थीम्स मिल रही हैं, उन्हें लिखते चलें, और आप इनमें से तीन या चार थीम्स का चयन करें। और अब अपनी इन थीम्स को अपनी कहानी के हर किरदार और उप कथानक (subplots) के अनुरूप डालकर देखिए। उदाहरण के तौर पर मान लीजिए यदि आपकी थीम युद्ध है तो उसका प्रभाव आपके किरदारों और आपके उपकथानक पर होना बेहद ज़रूरी है। या जैसे आपकी थीम चुनाव है तो आपके किरदारों का व्यवहार, कहानी की गति उन सबमें चुनाव का असर दिखना चाहिए। वे उसी थीम से संचालित होते हुए लगने चाहिए। आपकी थीम प्रेम है, तो जितने किरदार हैं, उन पर प्रेम के प्रभाव दिखने चाहिए। जो थीम्स आप लेकर चल रहे हैं, वे आपके सभी किरदारों में होनी चाहिए।

इमेज सिस्टम

सिनेमा में हम पूरी कहानी इमेज के ज़रिये ही कहते हैं। जब आप अपनी कहानी पर काम कर रहे हैं तो कभी-कभार यूँ ही सोचिए कि आपकी कहानी के साथ क्या छवियाँ आपके दिमाग़ में आ रही हैं। उन सब छवियों के बारे में लिखते जाइए। फिर उनमें से कुछ छवियों को चुन लीजिए जो आपकी फ़िल्म में बार-बार इस्तेमाल होंगी। जब बार-बार कोई छवि इस्तेमाल होगी तो वो फ़िल्म का इमेज सिस्टम बन जाती है। जैसे मान लीजिए एक लड़का जेब्रा क्रॉसिंग पर सड़क पार कर रहा है। अगर आप बार-बार इस ब्लैक एंड व्हाइट के पैटर्न का इस्तेमाल करेंगे तो ये आपका इमेज सिस्टम बन जाएगा। फिर कहीं आप शतरंज का बोर्ड इस्तेमाल करेंगे। इस काले-सफ़ेद को दर्शक पहचानने लगता है।

हमारे दिमाग़ में, हमारे देश, समाज और हमारी सांस्कृतिक पृष्ठभूमि के अनुसार हर छवि का एक मतलब होता है। जैसे कि अगर एक कपड़ा है, जो ऊपर से केसरिया, बीच में सफ़ेद और नीचे हरा है तो हिन्दुस्तानियों के लिए वह राष्ट्रीय झंडा हो जाएगा। उस इमेज को देखते ही आपमें देशभक्ति का भाव आएगा। लेकिन किसी दूसरे देश के आदमी के लिए उस इमेज का, उस तरह के कपड़े का कोई ख़ास अर्थ नहीं होता। सही छवि के चुनाव और उनके सही उपयोग से आप अपनी कहानी में नए अर्थ ढूँढ़ सकते हैं।

इमेज सिस्टम दो तरह के होते हैं—एक बाहरी इमेज प्रणाली और दूसरी है आन्तरिक इमेज प्रणाली। बाहरी इमेज सिस्टम वो है, जिसका पूरी दुनिया में एक ही मतलब है। जैसे अगर आप पिंजरे में बन्द कोई परिन्दा दिखाएँगे तो वह पूरी दुनिया में ग़ुलामी का प्रतीक है। आज़ादी के छिन जाने का संकेत है। जैसे पानी है, तो पूरी दुनिया में पानी जीवन, शुद्धता और ताज़गी का संकेत है। अगर हम हमारी फ़िल्म में हरियाली दिखा रहे हैं तो वह पूरी दुनिया में प्रकृति, समृद्धि और ख़ुशहाली का ही प्रतीक मानी जाएगी। सारी दुनिया में सफ़ेद रंग का झंडा शान्ति का प्रतीक माना जाता है। आप अपनी फ़िल्म में जो दिखा रहे हैं, अगर उसका मतलब फ़िल्म के बाहर भी वही है तो वह एक बाहरी यानी एक्सटर्नल इमेज सिस्टम है।

आप अपनी कहानी को बना लें तो सोचें कि उसमें जो थीम है उसके साथ आप नए तरीक़े से कैसे खेल सकते हैं और दूसरे रूपक कैसे इस्तेमाल कर सकते हैं।

इंटरनल इमेज सिस्टम वह है कि जो फ़िल्म आप लिख रहे हैं, उसके अन्दर ही उसका मतलब है। बाहर उसका कोई अर्थ नहीं है। जैसे मान लीजिए आपकी फ़िल्म एक मर्डर मिस्ट्री है। जो हत्या हुई है वो स्विमिंग पूल में हुई है। जाँचकर्ता या जासूस उस हत्या के रहस्य को सुलझा रहा है। वो जब घर आता है तो अपने बाथ टब में उसे एक मरा हुआ कुत्ता मिलता है। तो ग़ौर करिए कि इस फ़िल्म में पानी का इस्तेमाल मौत को इंगित करने के लिए हुआ है। आमतौर पर पानी का मतलब जीवन, पवित्रता और वैभव के लिए होता है लेकिन यहाँ आपने उसकी परम्परागत छवि को तोड़ दिया है। यहाँ इसका मतलब हत्या, रहस्य और मृत्यु के लिए इस्तेमाल हो रहा है। तो पानी का मतलब इस फ़िल्म में कुछ और है और इससे बाहर कुछ और है। इसको हम इंटरनल इमेज सिस्टम कहते हैं। फ़िल्म 'स्वदेस' को याद करिए। जब मोहन भार्गव एक बच्चे के हाथ से पानी ख़रीदकर पीता है तो उस पानी का मतलब अपना घर है, स्वदेश है, गाँव है। जबकि पानी

का मतलब दुनिया में गाँव नहीं है। लेकिन इस फ़िल्म में है। आप आगे देखिए कि इसी पानी का इस्तेमाल करके वो गाँव में बिजली लाता है। तो इंटरनल इमेज सिस्टम का आपकी कहानी के दायरे में एक ख़ास मतलब होता है।

कहानी का सन्देश

कहानी के सन्देश को लेकर अलग-अलग लेखक और पटकथा-लेखन के विद्वान अलग राय रखते हैं और सबके अपने पक्ष हैं। लेकिन हमारे हिसाब से कहानी का सन्देश ऐसा होना चाहिए जिसकी अपनी एक ड्रामेटिक अहमियत हो और जो कहानी को विकसित करने में हमारी मदद करे। यह बात हम पहले ही कर चुके हैं कि आपकी कहानी का अन्त ही दुनिया के प्रति आपका नज़रिया सुनिश्चित करता है। इसका अर्थ यह है कि अपने ड्रामेटिक अन्त से ही कहानी अपने सन्देश को हासिल करती है। अगर अन्त से पहले ही आप सब कुछ बता देंगे तो कहानी का कोई अर्थ नहीं रह जाता है।

आपकी कहानी का अन्त ही दुनिया के प्रति आपका नज़रिया सुनिश्चित करता है।

जैसे 'उड़ान' का अन्त बताता है कि पंख खुलने की देरी है, बस परिन्दे उड़कर आसमान चूमेंगे। किसी के सपनों को आप दबाकर नहीं रख सकते। 'दिलवाले दुल्हनिया ले जाएँगे' का अन्त बताता है कि कुछ भी हो जाए, दिलवाले दुल्हनिया ले जाएँगे। सच्चे प्यार में इतनी शक्ति होती है।

कहानी के सन्देश को आप एक बयान या वक्तव्य के बजाय एक समाधान या जवाब की तरह देखें तो अधिक कारगर होगा। वो जवाब जिस सवाल का है, वो सवाल आप अपनी फ़िल्म के पहले अंक में उठा रहे हैं। मिसाल के तौर पर, 'लगान' के पहले अंक में सवाल ये उठता है : जब क्रूरता, निर्दयता हर सीमा को पार कर चुकी होगी तो सीधा-सादा और असहाय इंसान कैसे अपने-आप को बचाएगा? यह सवाल एक नाटकीय सवाल है। इसमें आप नायक और खलनायक की ताक़तों को पूरी तरह इस्तेमाल कर रहे हैं। पूरी फ़िल्म इस सवाल का जवाब ढूँढ़ने की कोशिश है। इस दौरान हम खलनायक की निर्दयता का चरम भी देखेंगे और नामुमकिन को मुमकिन बना देने वाले उन आम, निरीह लोगों के साहस को भी देखेंगे। जवाब एकदम अन्त में जाकर मिलेगा कि सच और साहस से हम बड़े से बड़े अत्याचार को पराजित कर सकते हैं। दिखने में यह एक बयान लगता है लेकिन ग़ौर करिए यह एक जवाब है—उस सवाल का जो हमने पहले अंक में उठाया था।

'क्वीन' को देखिए। कोई किसी को बेहद डूबकर प्यार करता है, सपने देखता है, उसका दिल टूट जाए तो क्या वह कभी उबर सकता है? क्या वो ज़ख़्म कभी भर सकता है? 'क्वीन' के पहले अंक से जब रानी को उसका मंगेतर ठुकरा देता है तो यह सवाल खड़ा होता है कि क्या रानी इस सदमे से जीवन में बाहर निकल पाएगी? पूरी फ़िल्म इस सवाल का जवाब ढूँढ़ने की कोशिश है। इसका जवाब अन्त में आता है कि जब आप अपने-आप से प्यार करने लगेंगे, जब आप अपना किनारा ख़ुद में तलाश लेंगे, जब आप ख़ुद को अपने गले लगा लेंगे तो आप बड़े से बड़े ज़ख़्म से मुस्कुराते हुए निकल जाएँगे। ज़ख़्म भर जाएगा। ऐसे भर जाएगा कि उसका निशान भी नहीं दिखेगा।

फ़िल्म 'उड़ान' को देखिए। किसी कलाकार के मन में मासूम सपने हैं। उन सपनों को मारा जा रहा है, दबाया जा रहा है। एकदम विपरीत हालात में क्या वो सपने कभी अपना रास्ता ढूँढ़ पाएँगे? इसका जवाब अन्त में आता है। जिस दिन हम हमें रोकने वाली ताक़त से लड़ जाएँगे तो ख़ुद-ब-ख़ुद रास्ता मिल जाएगा।

अगर कहानी में इस तरह सवाल और जवाब तैयार कर लें तो हमें समझ में आ सकता है कि हमारी फ़िल्म क्या है, वह किस बारे में है और कौन सा सन्देश हमें दर्शक को देना है। आपको एक सामान्य सार्वभौमिक सत्य से वह सवाल निकालना है और उसका जवाब खोजना है। सवाल एकदम दार्शनिक-सा हो सकता है, लेकिन वो कहानी के साथ जुड़ा हुआ होना चाहिए। रॉबर्ट मकी ने इस सवाल को 'प्रेमिस' कहा है और जवाब को 'कंट्रोलिंग आइडिया' कहा है। आपकी फ़िल्म आपके 'कंट्रोलिंग आइडिया' की खोज होनी चाहिए, नाटकीय, रोमांचक खोज। कहानी के दूसरे अंक में नायक कितनी भी कोशिश कर ले, उसका संघर्ष ख़त्म नहीं होगा और 'कंट्रोलिंग आइडिया' या कहानी का सन्देश स्थापित नहीं हो सकेगा। उसके लिए कहानी को तीसरे अंक में जाना होगा। विरोधी शक्तियों से नायक को क्लाइमैक्स में भीषण युद्ध करना होगा। तब ही जाकर फ़िल्म अपना अन्त ढूँढ़ पाएगी। वो अन्त दर्शकों को भावात्मक सुख भी देगा और इस तरह से ढूँढ़ा गया 'कंट्रोलिंग आइडिया' सरलता से दर्शक को सोचने पर भी मजबूर कर देगा। बिना एक सार्वभौमिक, दार्शनिक सत्य के आपकी कहानी सतही रह जाएगी और बिना एक भावात्मक अनुभव के आपका सन्देश नीरस हो जाएगा।

7

दृश्य
Scene

LCD—if there is no laugh, no cry, no drama, that scene should not stay in the film.

—from the wall of Rajkumar Hirani Films *office*

A writer must be a participant in the scene, like a film director who writes his own scripts, does his own camera work, and somehow manages to film himself in action, as the protagonist or at least the main character.

—Hunter S. Thompson

हमने कहानी, थीम और ढाँचे पर काम कर लिया तो दृश्य के बारे में बात करनी चाहिए। सिनेमा की प्रचलित भाषा में हम इसे 'सीन' कहते हैं। उपन्यास का लेखक अपनी कहानी को कहने के लिए शब्दों को जोड़कर वाक्य बनाता है। इस तरह एक के बाद एक वाक्य जुड़कर पूरा उपन्यास बन जाता है। फ़िल्म जब डीओपी या कैमरामैन शूट करता है तो सबसे छोटी इकाई होती है एक शॉट। एक-एक शॉट को जोड़कर निर्देशक और सम्पादक एक फ़िल्म को पूरा करते हैं। लेकिन जब आप पटकथा लिख रहे होते हैं तो शॉट्स में नहीं लिख सकते। उसे शॉट्स में लिखना भी नहीं चाहिए। आपके लिए सबसे छोटी इकाई सीन है। एक सीन में बहुत से शॉट्स हो सकते हैं।

एक सीन अपने-आप में एक सम्पूर्ण इकाई होता है। दृश्यों को जोड़ते हुए ही लेखक अपनी कहानी कहता है। इसे ऐसे समझिए।

किसी उपन्यासकार ने शुरू किया : 'एक राजा था। वह बहुत निर्दयी था लेकिन उसकी एक दयालु बेटी थी।'

उपन्यास के लेखक ने दो लाइन में लिख दिया है। लेकिन फ़िल्म का लेखक इसे कैसे दिखाएगा? वो सबसे पहले एक साम्राज्य दिखाएगा। उसमें एक बाज़ार या बस्ती दिखाते हुए एक घोड़े पर जाते हुए राजा को दिखाएगा। राजा के सैनिक बाज़ार में लोगों पर खुलेआम कोड़े बरसा रहे हैं। लोग राजा को गाली दे रहे हैं कि राजा तू नरक में सड़ेगा और राजा हँस रहा है। उसके बाद सीधा दृश्य हम राजा के घर में ले जाते हैं। राजा अपने आसन पर बैठता है और उसकी बीवी आकर उसे बताती है कि बेटी ने खाना नहीं खाया है। राजा कहता है, उसको किस चीज़ की कमी है। उससे पूछो, उसे क्या चाहिए? तो बेटी कहती है कि प्रजा पर अत्याचार और जुल्म बन्द नहीं होंगे, तब तक मैं खाना नहीं खाऊँगी। राजा सोच में पड़ जाता है।

इन दो दृश्यों और संवादों के माध्यम से हमने वही बात कही कि एक बहुत निर्दयी राजा था और उसकी दयालु बेटी थी। इसलिए कहानी कोई भी हो, पटकथा लेखक उसको दृश्यों में तोड़कर लिखता है। हम यह बात पहले ही कर चुके हैं कि जब तक कहानी और विचार कच्चा है आपको दृश्य नहीं लिखने चाहिए। वरना ख़तरा यह है कि आपको ख़राब और निरर्थक बातों से प्रेम हो जाएगा। आप कहानी से आश्वस्त हो जाएँ तभी उसे दृश्यों में लिखने की कोशिश करें।

दृश्य क्या होता है या फ़िल्म का सीन कैसा होता है

फ़िल्म में कोई भी घटना हो रही है, वो होते हुए कट होकर हम किसी दूसरे स्थान या लोकेशन पर चले जाते हैं। उदाहरण देखिए कि एक सीन में दिन में घर पर हैं। बातचीत होती है। ये एक सीन है। उसके बाद देखते हैं कि एक आदमी सड़क पर जा रहा है। चाकू लिये हुए कोई उसका पीछा कर रहा है। तो वो नया सीन हो गया क्योंकि अब हम घर पर नहीं, बाहर सड़क पर हैं। ऐसा भी हो सकता है कि पहला सीन दिन के वक़्त घर पर है। फिर हम देखते हैं कि रात है, हम घर पर ही हैं, और किरदार सो रहे हैं। ये भी एक नया सीन है। यहाँ स्थान नहीं बदला लेकिन समय बदल गया। यानी जब भी फ़िल्म में समय या स्थान बदलते हैं तो हम कहेंगे, सीन बदल गया है।

जैसे एक आदमी घर पर अपने बेटे से बातचीत में कहता है कि वो अमेरिका जा रहा है। अगला दृश्य हम दिखाते हैं कि हवाई जहाज़ उड़ रहा है। फिर हम देखते हैं अमेरिका के किसी एअरपोर्ट से वो आदमी बाहर आ रहा है। अब हवाई जहाज़ को हवा में तो हमने मुश्किल से पाँच सेकंड के लिए देखा। तो क्या वह भी एक दृश्य है? इसका जवाब है, हाँ। वो दृश्य है, बस उसका मक़सद और काम

अलग है। हम आगे बात करेंगे कि दृश्य का काम क्या होता है।

सीन में कहानी कहने की ज़रूरत क्यों पड़ती है? एक लोकेशन पर एक तरह की लाइटिंग में शूटिंग करना आसान है। हम लोकेशन बदलते हैं तो क्रू को पूरे तामझाम और लाइटिंग के साथ दूसरे लोकेशन पर जाना होता है। अगर वक़्त बदलकर दिन के बजाय रात का दृश्य हो गया है तो लाइटिंग उस ढंग से करनी होगी। पटकथा एक तकनीकी दस्तावेज़ है। इसलिए हम कहानी को दृश्यों में कहते हैं ताकि प्रोडक्शन टीम को प्लानिंग में सुविधा हो कि किस वक़्त और कहाँ हम फ़िल्म का कौन सा हिस्सा शूट कर सकते हैं।

पटकथा एक तकनीकी दस्तावेज़ है। इसलिए हम कहानी को दृश्यों में कहते हैं ताकि प्रोडक्शन टीम को प्लानिंग में सुविधा हो।

फ़िल्म में किसी भी सीन का क्या काम होता है

1. पहला काम है, नैरेटिव। सीन कहानी में क्या योगदान दे रहा है और कहानी को कैसे आगे ले जा रहा है? सोचिए, अगर वो सीन न होता तो कहानी में क्या बात छूट जाती? आसान तरीक़ा यह है कि उस सीन को एक बार हटाकर समझिए कि कहानी में कोई फ़र्क़ आया क्या। कल्पना कीजिए कि आपकी पटकथा पर बनी फ़िल्म सिनेमाघर में चल रही है। अचानक बिजली चली गई है। अब बिजली वापस आने और प्रोजेक्टर के चलने में कोई एक सीन छूट गया है। उस सीन के बिना भी अगर आपके दर्शक को फ़िल्म समझ में आ गई, कहानी समझ में आ गई तो आप ख़ुद सोचिए उस दृश्य को क्यों नहीं हटा दिया जाए। उसकी ज़रूरत क्या है? हर दृश्य को अगर इसी तरह देखेंगे तो आपको बात समझ में आ जाएगी।

   ज़ो दृश्य सबसे मज़बूत नैरेटिव उपयोगिता वाले होते हैं, उनकी हम चर्चा कर चुके हैं। जैसे इनसाइटिंग इन्सीडेंट होती है, जिससे हीरो को पहला झटका लगता है। जब अंक बदल रहा होता है तो प्लॉट-पॉइंट आता है। कोई भी ऐसा दृश्य जहाँ नायक ने कोई निर्णय लिया है या फिर क्लाइमैक्स—ये सब नैरेटिव सीन हैं। आपकी फ़िल्म के ज़्यादातर दृश्य कहानी की नैरेटिव उपयोगिता वाले हों तो बहुत ही अच्छा है। हालाँकि यह कहना भी ग़लत होगा कि हर सीन को कहानी को आगे ज़रूर लेकर जाना चाहिए, क्योंकि सीन के काम और भी हैं।

2. दृश्य की दूसरी उपयोगिता है ड्रामेटिक या कॉमेडिक फ़ंक्शन। कई दृश्य हमें हँसाते, रुलाते या डराते हैं। हमारे भीतर सन्देह पैदा करते हैं। यह ड्रामेटिक उपयोगिता है। 'लगान' के जिस दृश्य में भुवन ने शर्त मंजूर कर ली, वो नैरेटिव तो है ही, साथ में ड्रामेटिक भी है। आगे गाँव वालों से भला-बुरा सुनने के बाद भुवन अपनी माँ के पास बैठा हुआ है। उसकी माँ बताती है कि उसके पिता भी बिलकुल उसके जैसे ही जुझारू थे। आँख में आँसू लिये माँ-बेटे सोने चले जाते हैं। इस सीन से कहानी आगे नहीं बढ़ी। यह दृश्य हटा दें तो कहानी पर ख़ास असर नहीं होता। इस दृश्य की नैरेटिव अहमियत से ज़्यादा भावात्मक अहमियत है कि एक माँ अपने बेटे को उसके पिता की याद दिला रही है। राजकुमार हिरानी कहते हैं, कि वे हर दृश्य में एलसीडी फ़ार्मूले पर काम करते हैं। यह है लॉफ, क्राई या ड्रामा। अगर दृश्य में इन सबमें से कुछ भी नहीं है तो उनको लगता है कि यह सीन काम नहीं करेगा।

    सिनेमा में जो दृश्य हमें याद रहते हैं, उनके नैरेटिव और ड्रामेटिक दोनों ही गुण बहुत मज़बूत होते हैं। जैसे कोई बड़ी घटना है। उसी में बड़ा ड्रामा भी होगा तो वो दृश्य हमेशा के लिए लोगों के ज़हन में रह जाता है, महान दृश्य हो जाता है।

3. दृश्य का तीसरा काम है, किरदारों को पहचानने का। कोई भी किरदार पटकथा में जहाँ आता है, कुछ भी हरकत करता है या बोलता है तो दर्शक को किरदार समझ में आता है कि वह कौन और कैसा है। फ़िल्म के शुरुआती दृश्य किरदारों का परिचय दर्शक से कराते हैं। आप पर निर्भर है कि इन दृश्यों को आप कैसे बनाते हैं। अच्छा तो यह है कि परिचय के दौरान ही आप कहानी के कुछ हिस्सों को एक-एक करके बताना शुरू कर दें। किरदार को एक साथ पूरा दिखाने से बेहतर है प्याज़ के छिलके की तरह धीरे-धीरे, सीन-दर-सीन, कहानी को आगे बढ़ाते हुए आप हमें किरदार का पूरा चेहरा दिखाएँ।

    पूरी फ़िल्म में किरदार में जो बदलाव आता है, उसको दिखाने का काम भी दृश्य ही करते हैं। कई बार किरदार अपने अतीत से रूबरू होता है तो दृश्य ही हमारी मदद करता है।

4. दृश्य का चौथा काम है, एक्सपोज़िशन। जो कहानी हमारे सामने चल रही है, उसकी बैक स्टोरी में कोई घटना हुई हो, जो दर्शक को बताना ज़रूरी है, वो बताई जाए। फ़िल्म शुरू होने के पहले की कोई बात किरदार के संवाद के माध्यम से दर्शक तक पहुँचाना एक्सपोज़िशन है। मान लीजिए

नायक ने किसी आदमी को काम सौंपा कि जाओ, यह जानकारी लेकर आओ। वो वापस लौटकर आता है। जो जानकारियाँ उसने जुटाई हैं, उन्हें तो हमने नहीं देखा। वो सब तो पर्दे के पीछे ही घटित हुआ है। वो जो नायक को बताता है, वो भी एक्सपोज़िशन है। यानी कोई भी ऐसी घटना जो हमारी आँखों के सामने घटित नहीं हुई लेकिन बाद में पर्दे पर बताई जाती है, चाहे वो फ़्लैश बैक में हो या संवादों के माध्यम से हो, वह एक्सपोज़िशन है।

ऐसे दृश्यों में समस्या तब होती है जब दो किरदार किसी भी घटना के बारे में पहले से जानते हैं और सिर्फ़ दर्शक को बताने के लिए वो बात कर रहे हैं। लेखक ऐसे में नज़र आने लगता है और लेखन ख़राब लगता है। जैसे एक किसान घर आता है। पत्नी से पूछता है कि क्या बात है, आज खाना क्यों नहीं बना? किसान की पत्नी कहती है, तुम्हें तो पता है कि बारिश नहीं हुई। घर पर अनाज ख़त्म हो गया। तुम्हें तो पता है कि हमारी बकरी मर गई। ऐसा लगता है कि जब सब कुछ उसको पता है, तो वह क्यों बता रही है? सामान्य जीवन में वह स्त्री पति के सवाल पूछते ही रोने लगेगी। लेकिन ख़राब लेखक ऐसा करेंगे कि उसके मुँह से कहलवाएँगे कि बारिश नहीं हुई। ऐसे दृश्यों में लेखक को बहुत सावधान रहने की ज़रूरत होती है।

कोई भी ऐसी घटना जो हमारी आँखों के सामने घटित नहीं हुई लेकिन बाद में पर्दे पर बताई जाती है, चाहे वो फ़्लैश बैक में हो या संवादों के माध्यम से हो, वह एक्सपोज़िशन है।

एक्सपोज़िटरी दृश्य में दूसरी ज़रूरी और ख़ास बात यह है कि अ।पको एक्सपोज़िशन अर्जित करना पड़ेगा। आपको शुरुआत में ही जल्दी से बातें बताने की ज़रूरत नहीं है। कहानी शुरू कर दीजिए। कोई ज़रूरी नहीं कि आप कहानी को रोकें और यह बताएँ कि पीछे क्या हुआ था। यह इस माध्यम की अच्छी बात है कि आप कहीं पर भी अपनी बात कह सकते हैं, बिना कहानी के प्रवाह को बाधित किए हुए। क्योंकि दर्शक वर्तमान में कहानी देखना चाहता है। आपको पीछे की कहानी कहनी है तो वो आपको अर्जित करना पड़ेगा कि दर्शक ख़ुद चाहे कि पहले यह बताओ, पीछे क्या हुआ था। 'कासाब्लांका' में फ़िल्म लगभग 45 मिनट तक चली है, तब फ़्लैश बैक आता है, जो नायक और नायिका के अतीत

के बारे में बताता है। तब तक दर्शक के मन में काफी उत्सुकता पैदा कर दी गई है।

आमतौर पर नए लेखक के साथ यह समस्या होती है। वह सोचता है कि फ़िल्म शुरू करके पाँच मिनट बाद ही वह फ़्लैश बैक से बता देगा कि हुआ क्या था। फ़्लैश बैक उपन्यास में उस तरह से नहीं आता है। हालाँकि ऐसा नहीं है कि आप ला नहीं सकते। यह जानना दिलचस्प होगा कि हिन्दी की पहली आधुनिक कहानी जिसे कहा गया, वो अपने फ़्लैश बैक से ही शुरू होती है। यह कहानी थी चन्द्रधर शर्मा गुलेरी की और शीर्षक है 'उसने कहा था'। लेकिन सिनेमा में फ़्लैश बैक तकनीक के लिहाज़ से सबसे आसान टूल है। फ़्लैश बैक से पहले आपने कहानी को वहाँ तक पहुँचने दिया है तो दृश्य में प्रभाव पैदा होगा।

एक्सपोज़िशन कई बार सूत्रधार की आवाज़ में भी होता है। नैरेटर बताता है कि क्या हुआ था। तो इसके लिए भी हमारा सुझाव यह है कि कहानी को वर्तमान में शुरू तो करिए। इसका मतलब यह क़तई नहीं है कि फ़िल्म में फ़्लैश बैक नहीं हो सकता। बहुत अच्छी फ़िल्में बनी हैं जिनमें फ़्लैश बैक का इस्तेमाल हुआ है। जैसे गुलजार की फ़िल्म 'इजाज़त'।

5. दृश्य का एक और काम है मूड बिल्डिंग यानी मनोस्थिति बनाना। हर दृश्य तो ऐसा हो नहीं सकता कि आप रोते ही रहें या हँसते ही रहें लेकिन एक-दो-तीन दृश्यों के जुड़ने के साथ ही दर्शक का मन कहानी के साथ जुड़ता है और वह उसी तरह से प्रतिक्रिया महसूस करता है।

यानी कोई दृश्य ऐसा होता है कि चौथे दृश्य तक पहुँचकर आप रोए तो पिछले तीन दृश्यों में यह मूड बनाया गया है। या ऐसे ही हम कॉमेडी का मूड बनाएँ या किसी सस्पेंस का मूड निर्माण करें। ऐसे दृश्य थोड़ी कम नाटकीयता वाले होते हैं लेकिन इन्हीं दृश्यों के सहारे हम आगे चलकर एक बड़े इमोशन वाला दृश्य रचते हैं। इसलिए किसी भी तरह से इनकी अहमियत कमतर नहीं होती।

ऐसा भी होता है कि फ़िल्म में जो कुछ हो रहा है, उसके बीच में आपने एक गाना डाल दिया। वो गाना कई बार न आपको हँसा रहा है, न रुला रहा है और न ही कहानी को आगे लेकर जा रहा है। वो गाना बस उस मनोस्थिति का उत्सव मनाने के लिए है। दर्शक के एक मूड को वो एंटरटेन करता है। हमारे सिनेमा में कई गाने इसी तरह इस्तेमाल

किए जाते हैं। इस तरह का प्रयोग आर्ट हाउस फ़िल्मों में भी होता है कि दो किरदारों के बीच बातचीत हुई और उसके बाद हम देखते हैं कि एक खेत लहलहा रहा है। एक चिड़िया ऊपर से उड़ते हुए जा रही है। इस दृश्य का काम न तो ड्रामा है, न ही कहानी को आगे ले जाना। बस मूड निर्माण का काम यह करता है।

6. एक और काम दृश्य करता है, वो है फोरशेडोइंग यानी पूर्वाभास। इसका मतलब है कि आपकी फ़िल्म में कोई आगे होने वाली घटना महज़ संयोग या जुगाड़ न लगे, अचानक आई हुई न लगे। हर दृश्य के बाद आगे होने वाली घटना स्वाभाविक-सी प्रतीत हो। इसलिए पहले से ही किसी दृश्य में आगे होने वाली घटना का बीज बो देते हैं। कोई संकेत दे देते हैं। जैसे 'लगान' में भुवन को कैप्टन रसेल बोलता है कि तुम हमको क्रिकेट में हराओ और हम तुम्हारा लगान माफ़ कर देंगे। अगर उस दृश्य से पहले फ़िल्म में कहीं भी क्रिकेट नहीं आया होता और वह सीधे चुनौती देता तो अटपटा लगता। लेकिन गाँव वाले पहले क्रिकेट का मज़ाक़-सा बनाते हैं। यह बात कैप्टन रसेल सुन लेता है। फिर वह उनको उसी खेल की चुनौती देता है। पूरी फ़िल्म में क्रिकेट हो सकता है, यह पूर्वाभास हमें उसी दृश्य से मिलता है।

आपके हर दृश्य को दो या दो से अधिक काम एक साथ करना चाहिए।

7. दृश्य ट्रांज़िशन या बदलाव को बताता है। कुछ दृश्य ऐसे होते हैं जो एक से दूसरे दृश्य के बीच में सिर्फ़ पुल का काम करते हैं। हवाई जहाज़ के वो पाँच सेकंड के शॉट की हमने बात की थी। उसका काम यही है। वह ट्रांज़िशन है। सूरज डूब रहा है या उग रहा है। ऐसे दृश्य ट्रांज़िशन दृश्य ही होते हैं। भले ही छोटा होता है लेकिन यह एक दृश्य है क्योंकि इसमें समय और स्थान बदला है।

आपके हर दृश्य को दो या दो से अधिक काम एक साथ करना चाहिए। अगर आपका दृश्य केवल एक ही काम कर रहा है तो मानिए वो कमज़ोर लेखन है। वह और भी कमज़ोर लेखन तब है जब सीन इनमें से कोई एक काम भी नहीं करता हो, यूँ ही फ़िल्म में डाल दिया गया हो। अगर ऐसा कोई दृश्य है, तो उसे पटकथा से बाहर कर दीजिए।

अच्छे दृश्य के क्या गुण होते हैं

1. अच्छा दृश्य फ़िल्म के लिए भी उतना ही अच्छा होना चाहिए। अगर वह फ़िल्म में कोई योगदान नहीं कर पा रहा है तो उसे हट जाना चाहिए।
2. हर दृश्य का एक ग्राफ़ और ढाँचा होता है! उसकी शुरुआत, मध्य और अन्त होता है। जिस तरह से हम पूरी पटकथा में शुरुआत, मध्य और अन्त का फ़ॉर्मूला इस्तेमाल करते हैं, हर दृश्य में भी करने की पूरी कोशिश करनी चाहिए।
3. दृश्य में हमें वो ही लिखना है जो नज़र आ रहा है। जो नज़र नहीं आ रहा है, वो नहीं लिखना है। हम नहीं लिख सकते कि खिड़की पर खड़ा किरदार सोच रहा है कि उसके जीवन में कितनी समस्याएँ आ गई हैं। उसका रोने का मन कर रहा है। यह विवरण नहीं लिखना। हमको सिर्फ़ वो एक्शन लिखना है, जो आँखों के सामने घटित हो रहा है। तो आप बस इतना लिख सकते हैं कि किरदार खिड़की पर खड़ा कुछ सोच रहा है, परेशान दिख रहा है।
4. दृश्य वर्तमान काल में लिखा जाता है जिसमें ता है, ती है, ते हैं आदि इस्तेमाल होता है। जैसे मोहन चाकू उठाता है और दरवाज़े की तरफ़ बढ़ता है। यह मत लिखिए कि 'तब मोहन ने चाकू उठाया और तय किया कि आज तो मैं रमेश को जान से मार डालूँगा।' क्योंकि यह उपन्यास नहीं है। दृश्य में आपको हर सेकंड पर्दे पर क्या हो रहा है, वो लिखना पड़ता है। जैसे आदमी कमरे में आता है। लाइट जलाता है। एक नज़र मारता है। फिर खिड़की की तरफ़ जाकर पर्दा हटाता है। घूमकर देखता है तो मेज़ पर उसे एक लिफ़ाफ़ा दिखता है। वह उत्सुकता से मेज़ की तरफ़ बढ़ता है। वह लिफ़ाफ़ा उठाने को होता ही है कि खिड़की का काँच टूटने की आवाज़ आती है। गोली की आवाज़ आती है। वह तेज़ी से बिस्तर की ओट में लेट जाता है। कहने का अर्थ यह है कि जो पर्दे पर हो रहा है वो हर सेकंड लिखना है। यह कितने विवरण के साथ करना है, इसके लिए अच्छे पटकथा लेखकों की पटकथा पढ़िए। उसी पटकथा पर बनी फ़िल्म देखिए।
5. पटकथा लेखक कभी शॉट में नहीं लिखता। कैमरा एंगल, स्लो-मोशन आदि चीज़ें आपको लिखने की ज़रूरत नहीं है। यह निर्देशक और कैमरामैन का काम है। आप इस तरह लिखेंगे तो हो सकता है आपकी पटकथा को कोई पढ़े ही नहीं। कोई भी समझ जाएगा कि इस लेखक को अपना

काम नहीं आता। यह दूसरों के काम में अपनी टाँग फँसा रहा है।

पटकथा लेखक कभी शॉट में नहीं लिखता। कैमरा एंगल, स्लो-मोशन आदि चीज़ें आपको लिखने की ज़रूरत नहीं है। यह निर्देशक और कैमरामैन का काम है।

6. किसी दृश्य में जो घटित हो रहा है, वहाँ आप देर से आते, यानी दृश्य थोड़ी देर से शुरू होता और ख़त्म थोड़ा पहले हो जाता तो क्या होता? ऐसे सोचिए। मसलन, एक आदमी दरवाज़ा खटखटाता है। उसकी पत्नी दरवाज़ा खोलती है। दोनों हाय-हैलो करते हैं। उसके बाद मेज़ पर बैठते हैं। डिनर करने के लिए। फिर उनकी बातचीत शुरू होती है। इस तरह से आपने दृश्य की शुरुआत की। क्या यह बेहतर होता कि दृश्य शुरू ही यहाँ से होता कि मेज़ पर खाना परोसा जा रहा है और पति-पत्नी साथ बैठे हैं? बातचीत पूरी होने के बाद वो कहता है कि मुझे अभी बाज़ार जाना पड़ेगा। कुछ काम है। फिर वो उठता है। बाहर निकलता है। पत्नी दरवाज़ा बन्द करती है। वो फिर आकर प्लेट उठाकर साफ़ करने लगती है। क्या ऐसा हो सकता था कि वो कहता है कि मुझे अब बाहर जाना पड़ेगा। वो दोनों एक-दूसरे को देखते हैं और सीधा कट करके हम देखते हैं कि बाज़ार में वो आदमी चल रहा है। इस तरह आपने दृश्य से बाहर निकलने का समय भी ख़त्म कर दिया। इससे एक लेखक के रूप में आप समय बचाते हैं और दृश्य थोड़े और चुस्त हो जाते हैं। आप एक दृश्य से दूसरे दृश्य का ट्रांज़िशन ज़्यादा बेहतर ढंग से कर सकते हैं।

   युवा और कम अनुभव वाले लेखक आमतौर पर पूरा दृश्य शुरू से अन्त तक लिखते हैं। उसे अतिरिक्त लम्बा रखते हैं। दृश्य जितने ज़्यादा चुस्त हों, अच्छा है। यह सारा अनुभव काम करते हुए ही आता है।

7. एक अच्छा दृश्य वो भी है जिसमें बिना ज़्यादा बोले, ज़्यादा-से-ज़्यादा उसकी उपयोगिता हासिल हो जाए। सिनेमा दृश्य माध्यम है। आप दिख रहे ऑब्जेक्ट या किरदार के ज़रिये ज़्यादा-से-ज़्यादा बात कह दें तो बहुत ही अच्छा है। मूक फ़िल्मों का दौर देखिए। वे बिना संवाद के भी अपनी कहानी कह जाते थे। उनमें दृश्य कथा-विधान बहुत ही मज़बूत है। आप अपने दृश्यों को इस तरह पहचानिए और मज़बूत करते जाइए।

दृश्य के फ़ल्क्रम (Fulcrum) को समझिए

दृश्य लिखने के दौरान एक जगह ऐसी आती है, जहाँ से वह किसी भी दिशा में मुड़ सकता है। जैसे कि 'लगान' में भुवन के सामने कैप्टन रसेल शर्त रखता है। और वो शर्त बढ़ाए जा रहा है कि तुम हम लोगों को क्रिकेट में हराओ, तुम्हारा लगान माफ़ कर देंगे। गाँव वाले कह रहे हैं, भुवन चुप रहना, कुछ मत कहना। लेकिन एक बिन्दु पर शर्त इतनी बढ़ चुकी है कि हमको पता है कि शर्त इससे आगे नहीं जाएगी। अब बस भुवन को या तो हाँ बोलना है या ना। यह जो पॉइंट है, इसको दृश्य का फ़ल्क्रम कहते हैं। ऐसा दृश्य फ़िल्म का ड्रामेटिक हाई पॉइंट होता है। भुवन ने हाँ कहा तो फ़िल्म एक दिशा में जाएगी। न कहा तो दूसरी दिशा में मुड़ जाएगी। फ़ल्क्रम हमेशा दृश्य के अन्त में आता है। पूरे दृश्य को बनाते हुए हम फ़ल्क्रम तक जाते हैं। फिर अगला दृश्य आ जाता है। यह ग्राफ़ आपको दिमाग़ में रखना चाहिए। इसका लाभ यह है कि दृश्य की सबसे महत्त्वपूर्ण घटना के बारे में आपको पता होगा। फ़ल्क्रम तक पहुँचने में जो ड्रामा आप रच रहे हैं, उससे दर्शकों को मज़ा आता है लेकिन ज्यों ही आप वहाँ पहुँच गए, दृश्य का मक़सद पूरा हुआ। उसे आगे मत खींचिए। वहीं ख़त्म करिए।

फ़िल्म के दृश्य लिखने का फ़ॉर्मेट

फ़िल्म की पटकथा लिखने का एक फ़ॉर्मेट है। पूरी दुनिया में सिनेमा को लिखने में उसका अनुसरण किया जाता है। वो आप गूगल पर जाकर भी देख सकते हैं कि फ़िल्म को लिखा कैसे जाता है। कुछ सॉफ़्टवेयर हैं, जो इसको लिखना आसान बनाते हैं। जैसे Final Draft, Fade In, Scrite और Writerduet हैं। इनमें कुछ आपको ऑनलाइन फ्री मिल जाएँगे। कुछ को ख़रीदना पड़ता है।

दृश्य लिखने का जो प्रारूप है, उसे इस तरह समझिए। सबसे ऊपर सीन हेडिंग होता है। जिसे हम एक्सटर्नल या इंटरनल लिखते हैं कि वह दृश्य बाहर घटित हो रहा है कि कमरे के भीतर। इसके लिए हम—EXT. या INT.—लिखते हैं।

फिर लोकेशन लिखते हैं जहाँ पर वो दृश्य घटित होने वाला है। जैसे मान लीजिए एक बस स्टॉप का दृश्य है। इसके बाद दृश्य के घटित होने का समय लिखते हैं कि दिन या रात। सुबह या शाम लिख सकते हैं। इससे ज़्यादा डिटेल्स नहीं लिखनी होती कि कितने बजे हो रहा है। यह सीन हेडिंग हुआ। इसे ऐसे देखिए—

EXT. BUS STOP-DAY

या कमरे के अन्दर रात का दृश्य है तो लिखेंगे

INT. BED ROOM-NIGHT

दृश्य का शीर्षक हो गया। इसके बाद हम लिखते हैं दृश्य का विवरण यानी एक्शन।

इसमें वो लिखते हैं जो पर्दे पर नज़र आने वाला है और एक्टर्स कर रहे हैं। या जो उनके साथ हो रहा है। उसके बाद लिखते हैं डायलॉग यानी संवाद। इसमें बीचोबीच किरदार का नाम और उसके नीचे उसका बोला गया संवाद। एक दृश्य जब पूरा होता है तो नए दृश्य का शीर्षक लिखते हैं और एक्शन और संवाद लिखते हैं।

> सिनेमा दृश्य माध्यम है। आप दिख रहे ऑब्जेक्ट या किरदार के ज़रिये ज़्यादा-से-ज़्यादा बात कह दें तो बहुत ही अच्छा है।

पहले ऐसा होता था कि दृश्य के अन्त में कट टु लिखकर अगला सीन शुरू होता था। लेकिन आजकल यह प्रवृत्ति कम होती जा रही है क्योंकि यह समझ में आ ही रहा है कि पहला दृश्य कट करके ही हम अगले दृश्य पर पहुँचेंगे। आप लिखना चाहें तो लिख सकते हैं। लेकिन वह अकारण जगह घेरता है।

हमने सीन को मोटे तौर पर समझ लिया है। अब देखना है इसको व्यवहार में कैसे लाया जाए। आपने विस्तार कहानी बना ली, पाँच हज़ार शब्दों में वो काफ़ी बढ़िया बन पड़ी, तो अब समय है दृश्यों की सूची बनाने का, क्योंकि अब आपको उसी कहानी को पटकथा के माध्यम से कहना है। क्रम संख्या डालते हुए हर दृश्य एक-दो लाइन में लिख लें कि वो मोटे तौर पर कैसा होगा। मान लीजिए पूरी फ़िल्म में क़रीब 80 दृश्य हैं, तो आपने इतने ही बिन्दु लिख लिये। यह पहली बार में पूरा नहीं होगा। एक बार लिखकर पढ़ेंगे तो पाएँगे कि कुछ बातें छूट रही हैं। कुछ नए आइडियाज़ आएँगे। बार-बार लिखने के बाद आप दृश्यों के प्रवाह को तय कर पाएँगे। यह लगभग चार-पाँच पेज का दस्तावेज़ होगा। इसे 'स्टेप आउटलाइन' कहते हैं। यहाँ पहली बार फ़िल्म दृश्यों में दिखने लगती है।

स्टेप आउटलाइन लिख लें तो सलाह है कि हर सीन के बग़ल में एक नोट लिखें कि इस दृश्य का काम क्या है? हमने ऊपर दृश्य के फ़ंक्शन पर बात की है। वो सब लिख लीजिए। इससे समझ में आएगा कि आप कोई दृश्य फ़िल्म में क्यों डाल रहे हैं। इससे मज़बूत और कमज़ोर दृश्यों की पहचान हो जाएगी। कुछ दृश्यों में लगेगा कि उनकी ख़ास उपयोगिता नहीं है तो उन्हें हटा दें। कुछ जोड़ भी सकते हैं। कई बार दो दृश्यों को जोड़कर एक कर सकते हैं।

दृश्यों की उपयोगिता देखने के बाद एक बार फिर देखें कि कौन-से ऐसे चार-पाँच दृश्य हैं जिनको हटाने से भी आपका काम चल जाएगा। ज़रा मुश्किल होता है कि अपना लिखा हुआ दृश्य ही आपको अनावश्यक लगे। एक फ़ॉर्मूला आप अपना सकते हैं। मान लीजिए कुल 90 दृश्य हैं। आप पूरे दृश्यों की मेरिट के

> स्टेप आउटलाइन लिख लें तो सलाह है कि हर सीन के बग़ल में एक नोट लिखें कि इस दृश्य का काम क्या है? इससे समझ में आएगा कि आप कोई दृश्य फ़िल्म में क्यों डाल रहे हैं। इससे मज़बूत और कमज़ोर दृश्यों की पहचान हो जाएगी।

आधार पर सूची बना सकते हैं कि कौन सा दृश्य सबसे ज़्यादा महत्त्वपूर्ण है। इस सूची में 86 से 90 तक के दृश्य देखिए। आपने ही तय किया कि ये पाँच दृश्य दूसरों के मुक़ाबले कुछ कमज़ोर हैं। आपको ज़रूरी लगते हैं लेकिन कमज़ोर भी हैं। इन पाँच दृश्यों को हटा दें। देखिए कि अब फ़िल्म पर क्या फ़र्क़ पड़ेगा। हमने बात की थी कि फ़िल्म के लेखक के लिए समय उसकी पूँजी है। देखिए कि हटाए गए दृश्यों को क्या किसी दूसरे दृश्य में शामिल करके अपनी बात कह सकते हैं।

स्टेप आउटलाइन पर एक और काम करिए। आप हर पाँच से दस मिनट के दृश्यों को देखने की कोशिश करिए। मान लीजिए हम 100 मिनट की फ़िल्म सोच रहे हैं, तो आप इस स्टेप आउटलाइन को दस-दस मिनट के दस हिस्सों में बाँट लीजिए। हर हिस्सा दस मिनट का है। आप इससे देख पाएँगे क्या इतनी सब घटनाएँ दस मिनट में हो पाएँगी। ये ज़्यादा हैं, या कम हैं। क्योंकि इस स्टेप आउटलाइन के बाद पटकथा लिखने बैठ गए और आपकी पटकथा दो सौ पेज की हो गई तो क्या करेंगे? हो सकता है आपको कुछ पूरे के पूरे दृश्य हटाने पड़ जाएँ। इसलिए इस स्टेज पर इस तरह से ब्रेकडाउन कर लेंगे तो आसान हो जाएगा।

समय का अन्दाज़ा कैसे होता है—यह आपको धीरे-धीरे अनुभव से आएगा। आमतौर पर स्क्रीनराइटिंग सॉफ़्टवेयर पर अगर आप काम कर रहे हैं और आपने बहुत सोच-समझकर हर डीटेल के साथ पटकथा लिखी है तो एक पेज के बराबर एक मिनट का औसत निकलकर आता है। यह अनुपात थोड़ा ऊपर-नीचे हो सकता है लेकिन पन्द्रह से बीस प्रतिशत से ज़्यादा नहीं। आपकी पटकथा सौ पेज की है, तो उस पर दो घंटे की फ़िल्म बननी चाहिए। क्योंकि हमारी फ़िल्मों में गानों का समय अतिरिक्त जुड़ जाता है।

अब फ़िल्म का हर दृश्य दो लाइन में लिखा हुआ है। हर दृश्य का काम लिखा है। मोटे तौर पर वह दृश्य कितने पेज में आ जाएगा, यह भी तय कर लिया। यहाँ तक पहुँचने के लिए हमने कहानी को अच्छे से विकसित किया है। कुछ लेखक स्टेप आउटलाइन के बाद ट्रीटमेंट लिखते हैं। जैसे स्टेप आउटलाइन में हर सीन को दो-दो लाइन में लिखा, वे उसी दृश्य को थोड़ा और विस्तार से लिखते हैं। तो यह ड्राफ़्ट भी तीस-चालीस पेज का हो जाता है। लेखक ऐसा इसलिए करते हैं कि हमने

जो हेलीकॉप्टर सिद्धान्त पर बात की थी, वे अपनी कहानी के पास धीरे-धीरे आना चाहते हैं। कुछ लेखकों को यह करना पड़ता है क्योंकि जिस निर्देशक या स्टूडियो के साथ वो जुड़े हुए हैं, वे देखना चाहते हैं कि वे समान धरातल पर काम कर रहे हैं कि नहीं। ट्रीटमेंट काफ़ी मेहनत का काम है। इसे आप लिखते हैं तो लगता है आप परिश्रमी लेखक हैं, पटकथा में कोई ढील नहीं देना चाहते।

8

संवाद

Dialogue

Dialogue should simply be a sound among other sounds, just something that comes out of the mouths of the people whose eyes tell the story in visual terms.

—Alfred Hitchcock

विचार, कहानी, किरदार और दृश्यों की बात हमने कर ली, लेकिन पहला ड्राफ़्ट लिखना शुरू करने से पहले एक मज़बूत अवयव पर बात करनी चाहिए। वो है संवाद, जिसे हम आम बोलचाल में डायलॉग कहने लगे हैं। हॉलीवुड में संवाद पटकथा का ही हिस्सा होते हैं। उनकी पटकथा के क्रेडिट में संवाद अलग से लिखा हुआ नहीं आता। वहाँ सिर्फ़ राइटर या स्क्रीनप्ले का क्रेडिट होता है, लेकिन हमारे यहाँ पटकथा और संवाद दोनों को अलग-अलग अहमियत दी गई है। कई बार ऐसा भी होता है कि एक लेखक ने पटकथा और संवाद लिखे। बाद में एक अलग से संवाद-लेखक को लिया जाता है। फ़िल्म पर उसके नाम में 'एडिशनल डायलॉग्स' का क्रेडिट आता है। हिन्दी सिनेमा में एक दौर ऐसा था कि कादर ख़ान को संवाद लेखक के रूप में बहुत ख्याति मिली। हमारे सिनेमा में संवाद को एक स्वतंत्र और महत्त्वपूर्ण इकाई की तरह देखा जाता है। इसकी वजह भी है कि 'मुग़ले आजम' से लेकर 'शोले' तक, 'दिलवाले दुल्हनिया ले जाएँगे' से लेकर 'गैंग्स ऑव वासेपुर' तक कुछ संवाद ऐसे हैं जो हमारे जहन से उतरते नहीं। 'शोले' के संवादों के कैसेट बाज़ार में बिकते थे। जैसे 'शोले' में एक किरदार सांभा के पास पूरी फ़िल्म में सिर्फ़ एक ही संवाद था। जब गब्बर सिंह पूछता है, "अरे ओ सांभा, कितना इनाम रखा है रे सरकार हम पर?" और ऊँची चट्टान पर बैठा सांभा कहता है, "पूरे पचास हज़ार।" 'अरे ओ सांभा' के सम्बोधन का जादू ऐसा है जो आज तक एक रूपक की तरह इस्तेमाल होता है। ऐसे ही 'दिलवाले दुल्हनिया ले जाएँगे' का वो अमर

संवाद कि 'जा सिमरन जा, जी ले अपनी ज़िन्दगी' हमारी लड़कियों के मुक्तिगीत की तरह आज भी इस्तेमाल होता है। 'गैंग्स ऑव वासेपुर' का संवाद, "तुमसे न हो पाएगा," कैसे नई पीढ़ी की बोलचाल का एक ज़रूरी हिस्सा बन जाता है।

हम यह समझने की कोशिश करते हैं कि संवाद लिखते समय हमें क्या बातें ध्यान में रखनी चाहिए। इसके बाद हम फ़िल्म के पहले ड्राफ़्ट पर बात करेंगे। पहला ड्राफ़्ट हमें संवादों के साथ ही लिखना होता है। भले ही आप बाद में संवाद के लिए किसी सहयोगी लेखक की मदद लेने वाले हों लेकिन अपना ड्राफ़्ट संवादों के साथ लिखिए। आइए समझने की कोशिश करते हैं कि अच्छे संवाद कैसे लिखे जा सकते हैं।

पहली बात तो यह ध्यान रखिए कि फ़िल्मों के संवाद, दूसरे कला-माध्यमों जैसे उपन्यास-कहानी या नाटकों और असल ज़िन्दगी में बोले जाने वाले संवादों से कैसे अलग होते हैं? उपन्यास के संवाद बातचीत जैसे कम लगते हैं। पहले एक पात्र बोलता है। फिर दूसरा बोलता है। इस तरह काफ़ी लम्बा हिस्सा हो जाता है। वो बातचीत जैसा नहीं लगता। कई बार बहुत छोटे वाक्यों का प्रयोग नहीं होता। उपन्यास के संवाद थोड़ा साहित्यिक पुट भी लिये होते हैं। उनके पढ़ने का अपना सुख है। ध्यान रखिए कि उपन्यास के संवादों को कोई सुनता नहीं है। वो पढ़ने के लिए हैं। फ़िल्मों के संवाद सुने जाते हैं। इस छोटे से अन्तर की बड़ी अहमियत है। फ़िल्म के लेखक को यह अन्तर समझना ही चाहिए कि उसके संवाद लोग सुनेंगे और सुनते हुए ही फ़िल्म के बारे में राय बनाएँगे। नए लेखकों पर साहित्य का काफ़ी असर होता है। वे संवाद लिखने के दौरान ग़लती करते हैं। जब आप संवाद सुनने के लिए लिखते हैं, तो लिखने का तरीक़ा भी बदल जाता है। उपन्यास को हम सुनने लगेंगे तो शायद उतना मज़ा न आए जितना पढ़ने में हमें आता है। उसी तरह अगर फ़िल्म के संवाद हम पढ़ने बैठ जाएँ तो शायद ज़्यादा आनन्द नहीं ले पाएँ।

यह ध्यान रखिए कि फ़िल्मों के संवाद, दूसरे कला-माध्यमों जैसे उपन्यास-कहानी या नाटकों और असल ज़िन्दगी में बोले जाने वाले संवादों से कैसे अलग होते हैं?

नाटक और सिनेमा के संवादों में भी फ़र्क़ होता है। थिएटर की दुनिया से आए कई नए लेखकों को यह लग सकता है कि सिनेमा के संवाद भी वैसे होते हैं। यह ग़लत है। रंगमंच पर पूरी कहानी संवादों के ज़रिये कही जाती है, इसलिए नाटक संवाद-बहुल होते हैं। सिनेमा में तो बहुत सी बातें बिना बोले कह दी जाती

हैं। नाटक संवाद पर बहुत निर्भर होता है। फ़िल्म में कोशिश यह करनी चाहिए कि हम संवादों के बिना भी दर्शक तक अपनी बात पहुँचा पाएँ।

असल जीवन और सिनेमा के संवादों में भी फ़र्क़ होता है। हालाँकि समानता बहुत ज़्यादा होती है। माना जाता है कि फ़िल्म के संवाद असल ज़िन्दगी से जुड़े हुए होने चाहिए। उनमें बातचीत होती है। बीच में टोका-टाकी भी चलती है। वाक्य एकदम व्याकरण के नियम से भी नहीं चलते। फ़िल्म का संवाद एक फ़िल्मी संवाद की तरह नहीं लगना चाहिए, वास्तविक जीवन के क़रीब लगना चाहिए। फिर भी असल जीवन की बातचीत और फ़िल्म में होने वाली बातचीत के अन्तर को बारीक़ी से समझने की ज़रूरत है। असल जीवन में हम अपनी सुविधा से बोलते हैं। जब मन किया, हम रुक गए। जब मन हुआ, फिर बोलना शुरू। फ़िल्म में समय आपको इसकी इजाज़त नहीं देता, लेकिन लगना यही चाहिए कि यह प्रवाह सहज और वास्तविक है। फ़िल्म में एक-एक शब्द को सम्पादित करके हम वास्तविक से लगने वाले संवादों की तरह तराशते हैं। असल जीवन में हम आसानी से बोलकर आगे बढ़ जाते हैं, लेकिन फ़िल्म के संवादों पर हमें बहुत मेहनत करके वैसा बनाना होता है। इसलिए संवादों का सम्पादन करते हुए सावधान रहने की ज़रूरत है कि वो फ़िल्म में कैसे आ रहे हैं।

यह सब अभ्यास से आता है। एक तरह से फ़िल्म लेखन का सबसे मुश्किल हिस्सा संवाद लिखना ही होता है। कई बड़े फ़िल्मकारों के संवादों में समस्या होती है। जैसे वुडी एलन की फ़िल्मों के पात्र ख़ुद वुडी एलन जैसी ही भाषा बोलते हुए प्रतीत होते हैं। हमारे यहाँ गुलज़ार की फ़िल्मों में हमको ऐसा लगता है। इसमें कोई बुराई भी नहीं है कि लेखक की अपनी छाप फ़िल्म में दिखाई दे। लेकिन बहुत अच्छे संवाद लेखक ऐसे हुए हैं, जो ख़ुद पीछे चले जाते हैं और किरदार सामने आ जाता है। होना यही चाहिए।

संवाद लिखते समय एक और बात ध्यान रखने की है कि कोई बात कहने का लेखक का मंतव्य क्या है और किरदार का क्या है? लेखक चाहता है कि मैं कोई बात इस समय दर्शकों से कह देता हूँ, लेकिन क्या किरदार भी वही बात उस वक़्त कहना चाहता है? इस पर हमको ध्यान देने की ज़रूरत है। एक्सपोज़िशन बहुत बड़ी समस्या है। कई लेखक संवाद के ज़रिये बहुत कुछ तेज़ी से और आसानी से बता डालने की कोशिश करने लगते हैं। लेकिन दर्शक इसको तुरन्त पकड़ लेता है कि हमको कुछ ज़्यादा ही बताया जा रहा है। संवादों को उपदेशात्मक होने से भी बचाए जाने की ज़रूरत है। बहुत से नए लेखक मैसेज के साथ सिनेमा को जोड़कर देखते हैं कि उनका सिनेमा समाज के लिए कोई सन्देश दे। एक तो इस नज़रिये में ही समस्या है और ऊपर से अगर आपने संवाद भी ऐसे ही चुन लिये तो फिर समझिए

एक लेखक के रूप में आपका इन्तज़ाम हो गया है। दर्शक आपको पसन्द नहीं करेगा। आप अगर अपनी सारी मेधा संवादों में ही दिखाने लगेंगे और किरदार के साथ नहीं चलेंगे तो भी समस्या है। आप रियलिस्टिक सिनेमा के पक्षधर हैं और ज़िद ही कर ली कि मैं हर संवाद जीवन से लेकर आऊँगा और एकदम सादे संवाद लिखेंगे तो यह भी ग़लत है। सादे संवाद कभी काम नहीं करते। आपको बहुत चालाकी से उनमें कुछ नाटकीयता तो लानी ही चाहिए जो वास्तविक लगे। यह सन्तुलन साधना बहुत जटिल है। कुछ फ़िल्मों में डायलॉगबाज़ी बहुत ज़्यादा हो जाती है और वह कहीं नहीं पहुँचती।

सादे संवाद कभी काम नहीं करते। आपको बहुत चालाकी से उनमें कुछ नाटकीयता तो लानी ही चाहिए जो वास्तविक लगे।

एक सलाह और काम आ सकती है कि संवाद लिखते समय उन्हें ख़ुद बोलकर लिखिए। क्या वे सहज लग रहे हैं? जब आप यह करेंगे तो आप ख़ुद एक मूल्यांकन कर पाएँगे कि दर्शक कैसे उस पर प्रतिक्रिया व्यक्त कर सकता है। अपनी ग़लती ख़ुद पकड़ पाएँगे।

आपको एक लेखक के रूप में हमेशा सचेत रहना होगा। जब लोगों से मिलें-जुलें तो उनके बातचीत करने के ढंग को पकड़ें। रेल या बस में जा रहे हैं तो हर तरह के किरदार के मैनरिज़्म के बारे में विचार करें। उनकी भाषा पर ग़ौर करें। यह सब काफ़ी मदद करता है। आप अपनी लोकल भाषा के मुहावरे इस्तेमाल करें। बच्चे कैसे बात करते हैं। उन पर नज़र रखिए। क्योंकि बच्चों के लिए संवाद लिखना काफ़ी मुश्किल होता है।

संवादों को आप जितना छोटा कर पाएँ, हमेशा अच्छा होता है। चार वाक्यों में एक कम करके वही संवाद रियलिस्टिक लगता रहे, यह संवाद-लेखक के रूप में आपकी ख़ूबी रहेगी। भाव और प्रभाव को बचाते हुए आपको शब्द भी बचाने हैं। किसी ने सवाल पूछा तो क्या जवाब में हाँ या न कहने की ज़रूरत है या केवल सिर हिलाने से काम चल जाएगा। यह सब ध्यान रखने से फ़िल्म भी दृश्यों पर निर्भर हो जाती है। संवाद बचाए जा सकते हैं। जो पर्दे पर हो रहा है, उसके साथ संवाद जोड़ते हुए आगे बढ़ रहे हैं।

मान लीजिए किसी दृश्य में ज़्यादा संवाद रखना मजबूरी है तो कोशिश करिए कि उस दृश्य में पर्दे पर कुछ और भी हो रहा हो। जैसे 'देव डी' में एक दृश्य है। चन्दा देव के साथ बात कर रही है तो उसका चेहरा पेंट करते हुए संवाद चल रहा है। वो देव का चेहरा रंग रही है। भले ही वे बात कर रहे हैं लेकिन पर्दे पर

जो घटित हो रहा है वो बहुत दिलचस्प है। कई बार मेज़ पर अगर दो लोग बात कर रहे हैं और कुछ नहीं सूझ रहा है तो पीछे की तरफ़ एक फिश एक्वेरियम रख सकते हैं। दर्शक आपकी बात भी सुनेगा और मछलियों की तरफ़ भी उसका ध्यान रहेगा। दृश्य नीरस होने से बच जाएगा।

आमतौर पर हम मानते हैं कि संवाद असरदार और अच्छे होने चाहिए लेकिन उनका फ़िल्म की कहानी से अगर तालमेल नहीं होगा, तो अच्छे संवादों की भी कोई अहमियत नहीं होती। यहाँ हम देखते हैं कि संवाद फ़िल्म के नैरेटिव को एकदम ऊँचाई पर ले जाने में किस तरह मदद करते हैं।

घटनाक्रम का खुलासा

संवाद के ज़रिये जब कोई घटना या कोई रहस्य खोला जाता है तो उसमें ज़्यादा भूमिका बाँधने की ज़रूरत नहीं है। जैसे 'चाइनाटाउन' में एवलिन अपने जीवन के सबसे काले रहस्य के बारे में बताती है कि 'वह मेरी बेटी है और मेरी बहन है।' (She's my daughter and my sister!)। और सुनकर आप सन्न रह जाते हैं। फ़िल्म 'सरकार' में विष्णु सरकार को मारने आता है और शंकर उसे पकड़ लेता है। दोनों में झगड़ा होता है और अगले ही दृश्य में शंकर सरकार के सामने खड़ा है और कह रहा है, 'मैंने भैया को मार दिया है।' कितना सीधा और सटीक है ये, और कितना प्रभावशाली।

नैरेटिव का कार्य

संवादों का काम आपकी कहानी को आगे बढ़ाने का भी होता है। क्यों, कैसे और अब आगे क्या जैसे सवालों का जवाब आप संवादों के ज़रिये ही देते हैं। कहानी में बहुत कुछ ऐसा होता है, जो दृश्यों के ज़रिये आप नहीं बता पा रहे हैं। संवाद उसे बताने में मददगार होते हैं। यह बहुत चालाकी और समझदारी से करना होता है। कम बजट वाली फ़िल्मों में यह काफ़ी मददगार होता है कि आप जिन दृश्यों का फ़िल्मांकन नहीं कर पाए उनको समझदारी के साथ संवादों के ज़रिये नैरेटिव में कह दें।

कहानी में बहुत कुछ ऐसा होता है, जो दृश्यों के ज़रिये आप नहीं बता पा रहे हैं। संवाद उसे बताने में मददगार होते हैं।

किरदारों का परिचय

संवाद के ज़रिये आप किरदारों को दर्शकों से रूबरू कराते हैं। एक ही संवाद में आप किरदार की कहानी की दुनिया में पोज़िशनिंग कर देते हैं। 'लगान' में देखिए, जब कैप्टन रसेल फ़िल्म के एक महत्त्वपूर्ण किरदार एलिज़ाबेथ के बारे में बताता है, 'राजाजी, पेश करता हूँ मेरी प्यारी बहन एलिज़ाबेथ, कल रात ही आई है लन्दन से।' यानी वो एलिज़ाबेथ का परिचय केवल राजाजी से नहीं करवा रहा है। हम सबको बता रहा है कि यह किरदार अब फ़िल्म में आगे तक रहने वाला है।

किरदारों की पहचान

आप किरदार को जान तो गए हैं लेकिन उसके अन्दर की दुनिया के बारे में आप नहीं जानते। वह क्या सोचता है, वह कब, किस तरह का व्यवहार करेगा, उसके मन में क्या चल रहा है, ये सब जानकारियाँ लाने में संवाद ही हमारी मदद करता है। रेचल क्रोदर्स का मानना है कि महान संवाद आपके किरदारों के बारे में उसी तरह से दिखा देते हैं जैसे बिजली चमकने से हम धरती के अँधेरे हिस्से भी देख लेते हैं।

अतीत की सूचना

कई बार संवाद कहानी का अतीत भी बताते हैं और काफ़ी दिलचस्प तरीक़े से बताते हैं। इससे कहानी की सांस्कृतिक पृष्ठभूमि समझ में आती है। 'शोले' में पुलिस की नौकरी से रिटायर हो रहे ठाकुर साब के परिवार के बारे में पूछा जाता है कि इतनी उम्र तो नहीं लगती आपकी तो वो बताते हैं कि गाँव में शादी जल्दी हो जाती है इसलिए उनका अब तक पोता भी हो गया है। 'अग्निपथ' में अमिताभ बच्चन कहते हैं, नाम विजय दीनानाथ चौहान, पिता का नाम दीनानाथ चौहान, गाँव मांडवा, उम्र इतने साल इतने मिनट और यह सेकंड अभी चल रहा है।

दर्शकों की भावनाओं पर नियंत्रण

संवादों के ज़रिये ही हम दर्शकों को ख़ुशी, डर या हास्य जैसे भावों का सुख लेने तक पहुँचाते हैं। याद करिए 'शोले' का वो दृश्य जब ठाकुर को गब्बर ने पकड़ लिया है और कहता है, बहुत जान है तेरे हाथों में। क्या बोलते थे ठाकुर कि यह हाथ नहीं फाँसी का फंदा है। यह कहते हुए जब वह तलवार उठा रहा होता है तो

दर्शक सन्न रहता है और उसी समय वह कहता है, ये हाथ मुझे दे दे ठाकुर और फिर जो होता है वो आपके सामने है। आपको पहली बार पता चलता है कि ठाकुर के हाथ नहीं हैं। लेकिन इस पूरे दृश्य में भावात्मक रूप से आप सहमे और डरे हुए रहते हैं। केवल दृश्य की वजह से ही नहीं, संवादों की वजह से भी।

संवाद लिखते समय इन पहलुओं का ध्यान रखें :

1. कितने लोग दृश्य में हैं? आपने ग़ौर किया होगा कि दो लोगों के बात करने में एक आत्मीयता होती है जो तीसरे के आने से ख़त्म हो जाती है। पाँच-छह लोगों का ग्रुप जैसे बात करता है, वो और भी अलग है। तो इसका ध्यान रखें। संवादों का वर्गीकरण भी आप कर सकते हैं कि बोलने वाला किरदार अकेला ही है तो उसे मोनोलॉग कहेंगे। दो लोग बात कर रहे हैं तो डूओलॉग है, दो से अधिक लोग बात कर रहे हैं तो पॉलीलॉग कहते हैं।
2. उनका सांस्कृतिक-सामाजिक परिवेश, उनकी उम्र, और बोलते समय उनकी मानसिक दशा का ध्यान तो आप रखेंगे ही, किरदारों का भाषा-ज्ञान, शब्द-ज्ञान, वो कितने समझदार हैं—इन सबका आपके संवाद पर असर पड़ेगा। ध्यान रखें कि हर किरदार दूसरे किरदारों से भिन्न सुनाई देना चाहिए। ऐसे में कुछ तकनीकी शब्द भी हैं जो किरदार के प्रोफ़ेशन के कारण उनकी बोली में आ जाएगा। ख़ासकर अगर आपका किरदार फ़ौज, चिकित्सा, क़ानून, या विज्ञान से सम्बन्ध रखता हो तो उसकी बोली में उसके पेशे के शब्द आना सहज ही लगता है।
3. किरदारों का आपसी सम्बन्ध भी याद रखें। आप अपने छोटे भाई से जैसे बात करते हैं, अपने बॉस से वैसे बात नहीं करेंगे। एक पति-पत्नी या साथ काम करने वाले दो लोग शायद बहुत कम शब्दों में एक-दूसरे को समझ लें। वहीं ऐसा भी हो सकता है कि दो लोग अपने मन की बात एक-दूसरे तक पहुँचाने में सर्वथा असमर्थ हैं। सवाल का जवाब सवाल से देना भी एक नाटकीय शैली है जिससे दो किरदारों का सम्बन्ध नज़र आता है। डर या घबराहट की स्थिति में भी किरदार कई सवाल पूछ सकता है। कुछ लोग बातचीत के वक़्त निरन्तर एक-दूसरे को काटते रहते हैं। वहाँ सुनने से ज़्यादा सुनाने पर ध्यान होता है। वहीं ऐसा भी हो सकता है कि एक किरदार लगातार बोलता ही जा रहा है। और जब उसने अपनी

> कितना संवाद और कितनी शान्ति—ये सवाल आपको हर दृश्य में पूछना है।

बात पूरी कर ली, तब दूसरा किरदार सिर्फ़ एक लाइन ऐसी बोल डालता है कि पहला किरदार सन्न रह जाता है।

4. कितना संवाद और कितनी शान्ति—ये सवाल आपको हर दृश्य में पूछना है। लम्बे-लम्बे वाक्य लिखे जाते हैं। किसी व्याख्या या वर्णन के लिए, किसी बात को अच्छे से समझाने के लिए, जैसे 'व्योमकेश बख्शी' के अन्त में वो हमें समझाते हैं कि क्राइम किसने किया और क्यों। लम्बे वाक्य अक्सर किसी सुपरस्टार के लिए भी लिखे जाते हैं या ऐसे किरदार के लिए जिसका दबदबा है। 'उड़ान' में रोहन का पिता भैरव सिंह अक्सर ऐसे लम्बे वाक्य बोलता है। वहीं छोटे वाक्य दृश्य में उत्तेजना और रोमांच लाते हैं। जल्दी-जल्दी कम शब्दों में बात करना एक्शन सीन में आम है।
5. कई शैलियाँ ऐसी हैं जिनका प्रयोग आपके संवाद को बेहतर कर सकता है। इसमें एक है बार-बार दुहराना। 'दिलवाले दुल्हनिया ले जाएँगे' में 'बाबूजी ठीक कहते हैं सिमरन'—राज बार-बार ये दोहराता है और इससे प्रभाव बढ़ जाता है। किसी किरदार का तकियाकलाम भी इसी में आ जाएगा। संगीतात्मकता और लयबद्धता भी संवाद में आप ला सकते हैं। अगर ढंग से इसका इस्तेमाल करें तो दर्शक को ये बहुत भाता है। आम बोलचाल में भी आप देखेंगे, अगर सहजता से कभी कोई तुकबन्दी हो गई तो हमें बड़ा मज़ा आता है। ध्यान इस बात का रखें कि ये सब सहज होना चाहिए।

अगली बार से जब कोई क्लासिक और चर्चित फ़िल्म देखें तो ग़ौर करें कि उसके किरदार किस तरह और क्या बातें कर रहे हैं। पहला ड्राफ़्ट लिखने के दौरान आप इस दबाव में नहीं आएँ कि आपको कोई संवाद नहीं सूझ रहा है। वहीं अटक मत जाइए। दृश्य लिखते जाइए और कामचलाऊ संवाद भी ताकि आपके दिमाग़ में जो पटकथा का ढाँचा है, वो सामने काग़ज़ पर दिखने लगे। चौथा, पाँचवाँ, दसवाँ ड्राफ़्ट जब तैयार कर लें और आपको लगे कि अब आपकी फ़िल्म साफ़ दिखने लगी है, तब दो या तीन ड्राफ़्ट पर सिर्फ़ संवादों के लिए बैठिए। तय करिए कि उस दौरान आप दृश्यों से छेड़छाड़ नहीं करेंगे। वरना आप फिर उलझ जाएँगे। जब एक बार डायलॉग ड्राफ़्ट आप पूरा कर लें तो मुमकिन है आपको कुछ दृश्यों पर भी नया काम करना पड़े। इससे घबराइए मत। फ़िल्म लिखना एक सतत प्रक्रिया है और अगले अध्यायों में हम इस पर और बात करेंगे।

9

पहला ड्राफ़्ट

The First Draft

I am writing a first draft and reminding myself that I am simply shoveling sand into a box so that later I can build castless.

—Shannon Hale

It is better to write a bad first draft than to write no first draft at all.

—Will Shetterley

हमने कहानी को पूरा कर लिया। समझ लिया। विस्तार भी सोचकर लिख लिया। स्टेप आउटलाइन बना ली। हमारे पास हर दृश्य का एक संक्षिप्त-सा ख़ाका तैयार है। दृश्यों की ज़रूरत को समझ लिया और यह भी जाना है कि संवाद लिखते समय हमें किन बातों का ध्यान रखना चाहिए। स्टेप आउटलाइन को विस्तार देकर ट्रीटमेंट भी लिख लिया। अब हर दृश्य को लिखते हुए हमें अपनी पटकथा का पहला ड्राफ़्ट लिखना है।

पहले ड्राफ़्ट का मतलब है कि आप सौ पेज की पटकथा लिखने की शुरुआत करने वाले हैं। पहले पेज से आख़िरी पेज तक दृश्य और संवादों के साथ आप जो लिखेंगे, उसे कहते हैं स्क्रीनप्ले यानी पटकथा या स्क्रिप्ट। हमारे यहाँ स्क्रीनप्ले और डायलॉग यानी पटकथा और संवाद को अलग-अलग कहा जाता है लेकिन असल में पटकथा का मतलब ही संवादों के साथ लिखी गई स्क्रिप्ट है। इसको जब आप पहली बार लिखते हैं तो उसे पहला ड्राफ़्ट कहते हैं।

पहले ड्राफ़्ट के बारे में कुछ बातों का ध्यान रखना ज़रूरी है। अगर आपने कहानी को अच्छे से नहीं समझा है और स्टेप आउटलाइन पर काम नहीं किया

है तो पहले ड्राफ़्ट पर काम शुरू नहीं करना है।

किसी दोस्त को पकड़कर अपनी कहानी सुनाना शुरू करिए। आपके दिमाग़ में चीज़ें स्पष्ट हैं तो कहानी सुनाने में मज़ा आएगा। मशहूर स्क्रीनराइटर पॉल श्रेडर कहते हैं कि जब तक वो अपनी कहानी को पैंतालीस मिनट तक किसी को सुनाने की स्थिति में नहीं होते तब तक पहले ड्राफ़्ट पर काम शुरू नहीं करते। यानी पहला ड्राफ़्ट लिखने से पहले बहुत तैयारी की ज़रूरत है। कम-से-कम तीन महीने आपको कहानी और स्टेप आउटलाइन के साथ बिताने ही चाहिए। बहुत लोग इससे भी ज़्यादा समय देते हैं। देना भी चाहिए।

पहले ड्राफ़्ट का मतलब अच्छा या श्रेष्ठ होना नहीं है, उसका होना ही महत्त्वपूर्ण है।

आमतौर पर मुम्बई के जुहू और अँधेरी इलाक़े के कई कैफ़े में लेखक यह कहते हुए पाए जाते हैं कि स्क्रिप्ट उनके दिमाग़ में है। यह सबसे ख़तरनाक हालत होती है। व्यावहारिक नज़रिया यही है कि आप उसे दिमाग़ से बाहर निकालकर काग़ज़ पर लाएँ और समय दें।

इस तैयारी के बिना अगर पहला ड्राफ़्ट लिखा तो उलझकर रह जाएँगे। हो सकता है लिख भी लें, लेकिन यह सचमुच पटकथा नहीं होगी। अर्नेस्ट हेमिंग्वे ने कहा है कि किसी भी चीज़ का पहला ड्राफ़्ट बकवास होता है। इसलिए यह न समझिए कि आपने जो पहली बार में लिख लिया है, वही फ़िल्म होगी। हो सकता है, लिखते हुए आपको मज़ा आ रहा हो। लग रहा हो कि यह तो बहुत ही बेहतरीन हो गया है। लेकिन कम सम्भावना है कि वो अच्छा होगा। इसलिए मुग्ध मत हो जाइए। पहला ड्राफ़्ट लिखने का मतलब कुछ महान लिखना नहीं है। बस एक बार शुरू से अन्त तक लिखकर देख लें कि हमारी कहानी कैसी है? किस दिशा में जा रही है? वह कुछ काम कर रही है या उस पर पुनर्विचार करने की ज़रूरत है? क्योंकि कई बार कहानी के स्तर पर भी कुछ समस्या होती है, जिसे हम नहीं देख पाते। पटकथा के पहले ड्राफ़्ट में दृश्यों और संवादों के सामने आते ही वो समस्या हमको दिखने लगती है।

पहले ड्राफ़्ट का मक़सद फ़िल्म को ढूँढ़ना है। पहला ड्राफ़्ट फ़िल्म नहीं होती। ऐसे भी लेखक हुए हैं, जो टाइपराइटर के ज़माने में टाइप करके पहला ड्राफ़्ट पूरा लिखते थे। जब वो ख़त्म हो जाता था, तो उसको पूरा पढ़े बिना घर से बाहर निकलते थे और कचरे के डिब्बे में डाल देते थे। उसकी दूसरी प्रति भी उनके पास नहीं होती थी। वापस आकर नए सिरे से लिखना शुरू करते थे। लेकिन आपको इतना निष्ठुर और निर्दयी होने की ज़रूरत नहीं है। इतना याद रखिए कि पहले ड्राफ़्ट का मतलब अच्छा या श्रेष्ठ होना नहीं है, उसका होना ही महत्त्वपूर्ण है। इसलिए जेन

स्माइली ने कहा कि पहला ड्राफ़्ट सबसे परफेक्ट ड्राफ़्ट होता है क्योंकि उसका होना ज़रूरी है। उसको लिखते ही उसका मक़सद पूरा हो गया।

लेकिन सबसे ज़्यादा मेहनत पहला ड्राफ़्ट लिखने में ही होती है। उसे लिखना पहाड़ पर चढ़ने जैसा होता है। अगर आपने लिखना शुरू किया और फिर छोड़ दिया तो वो छूट जाएगा। इसीलिए पहला ड्राफ़्ट लिखते समय ख़ुद पर उतना दबाव नहीं डालिए, जितना आप आमतौर पर डालते हैं। उसकी गुणवत्ता मत देखिए। बस लिख डालिए।

शायद यही वजह है कि पहले ड्राफ़्ट को 'वॉमिट ड्राफ़्ट' भी कहते हैं। दिमाग़ में जो कुछ है वो आप पेपर पर उगल देते हैं। नहीं जानते कि कितना उपयोगी है। आपने कहानी बनाई, किरदार बनाए, हर चीज़ की सूची बनाई, संवाद सोचे, किरदारों की यात्रा सोची। यानी जितना कुछ आपने सोचा है, उसको आप उगल देते हैं। उसमें कुछ अच्छा होता है, कुछ बुरा। कुछ उपयोगी होता है और कुछ एकदम बेकार भी।

पहला ड्राफ़्ट लिखा कैसे जाए

पहला ड्राफ़्ट लिखते समय हमको क्या करना चाहिए कि वह अपना मक़सद पूरा करे। सबसे पहले तो एक तारीख़ तय करें कि इस दिन से आप पहला ड्राफ़्ट लिखना शुरू करेंगे। यह तय करने के बाद आप अपने सारे काम स्थगित कर दीजिए। पूरी तरह से फ़िल्म की कहानी में घुस जाइए और लिखना शुरू कर दीजिए। लोगों से मिलना-जुलना और दूसरे ज़रूरी काम इस तारीख़ के पहले कर लीजिए। एक बार आपने लिखना शुरू कर दिया है तो जल्दी से पहला ड्राफ़्ट लिखकर ही साँस लीजिए। आपने एक महीना लिखने में लगा दिया तो गड़बड़ हो जाएगी। पहला ड्राफ़्ट लिखने की प्रक्रिया बहुत आनन्ददायी नहीं है। आप जो लिखेंगे, उसमें ज़्यादा तो आप उड़ाने ही वाले हैं तो क्यों इतना समय ख़राब करें? कोशिश करिए कि पहला ड्राफ़्ट दस-बीस दिन में लिखकर ख़त्म कर दें। बीस दिन में पहला ड्राफ़्ट ख़त्म कर रहे हैं, इसका मतलब है कि आप पाँच पेज रोज़ाना लिख रहे हैं और यह कोई मुश्किल काम नहीं लगता।

पहला ड्राफ़्ट लिखने के दौरान दूसरे काम की कोई बाध्यता मत रखिए। बीच में ब्रेक भी न लें तो अच्छा है। आपको पता नहीं चलता है कि पहला ड्राफ़्ट लिखते हुए कहानी के साथ आप ख़ुद को अपडेट कर रहे होते हैं। अगर लिखने में एक रुकावट आ गई है, तो आप कहानी पर नए सिरे से काम करना शुरू कर देंगे। बहुत लोग कहते हैं कि इंटरवल तक तो उन्होंने लिख लिया है। बाक़ी बाद में

लिखेंगे। आपने आज जो लिखा है, अगले दिन उसका पुनर्पाठ या पुनर्लेखन करने लग जाएँगे तो कभी आगे नहीं बढ़ पाएँगे। फिर से लिखने के चक्कर में आप फ़र्स्ट हाफ़ से आगे नहीं जा पाएँगे। कितनी फ़िल्में आपने देखी होंगी कि पहला हाफ़ काफ़ी अच्छा है, लेकिन सेकंड हाफ़ में लोचा हो जाता है। शायद बड़ा कारण यही रहा हो कि पहला हाफ़ बार-बार लिखा गया और सेकंड हाफ़ में जल्दबाज़ी की गई। इस संदर्भ में स्क्रीनराइटर्स के लिए एक गुरुमंत्र है कि अपना पहला ड्राफ़्ट ख़त्म करो, इसको परफ़ेक्ट बनाने का काम बाद में करना।

एक लेखक के लिए स्थान और समय का मैनेजमेंट बहुत ज़रूरी है।

एक बात और होगी। जब आप पहला ड्राफ़्ट लिखने बैठेंगे तो पहला दिन बहुत मुश्किल होगा। लेकिन दूसरा दिन कुछ आसान और तीसरा दिन ज़्यादा आसान होता चला जाता है। कई बार हम अपने तय समय से पहले भी ड्राफ़्ट ख़त्म कर सकते हैं। जैसे-जैसे आप आगे बढ़ते हैं तो काम ख़त्म होता-सा दिखने लगता है और उत्साह बढ़ता है।

लिखने का अपना एक गणित भी है। किसी दिन आप सुबह लिखना शुरू करते हैं। आपके सामने एक कठिन दृश्य है। मुमकिन है उस दिन आपका लेखन शुरू होते-होते ही लंच हो जाए। आपसे लिखा नहीं जा रहा है। होना क्या चाहिए? सुबह उठते ही शुरुआत में ही एक दृश्य लिख दीजिए, भले जो लिखा वो अच्छा न हो। इससे उस दिन को गति मिलेगी। शाम तक पाँच पृष्ठ का लक्ष्य आप हासिल कर लेंगे। उठते ही कोशिश यह होनी चाहिए कि कुछ लिख लिया जाए।

एक और तरीक़ा है कि बीती रात जब आपने काम करते एक दृश्य पूरा सोच लिया, तो उसको लिखते हुए अधूरा छोड़ दीजिए और सो जाइए। अगली सुबह आप उठते ही सबसे पहले वो अधूरा दृश्य पूरा करने बैठेंगे। आपको उस दिन के लिए एक किक-स्टार्ट मिल जाएगा। उसके बाद आप अगले दृश्य पर जा सकते हैं।

सुझाव है कि आप अपने लेखन के समय और स्थान को पकड़कर रखें। जहाँ आप काम करते हैं, कोशिश करिए, वहाँ इंटरनेट न हो। वो कमरा टीवी से भी दूर हो। आजकल सब लोग समय का एक बड़ा हिस्सा सोशल मीडिया पर ख़र्च कर रहे हैं। आप दस-पन्द्रह दिन के लिए उस मोह से ख़ुद को बचा पाएँ तो बहुत ही अच्छा होगा। फ़ोन भी दूर रख दें। ज़रूरी फ़ोन ही उठाएँगे तो काम में बाधा कम आएगी। एक लेखक के लिए स्थान और समय का मैनेजमेंट बहुत ज़रूरी है।

एक समय भी आप तय कर लें, कोई भी समय जिसमें आपको लिखने में सुविधा हो। बहुत से लेखक सुबह लिखते हैं। बहुत लोग रात को ही लिख सकते हैं।

पहले ड्राफ़्ट में जो दृश्य लिखने होते हैं, उनके लिए एक तरीक़ा है, जिसे आप चाहें तो इस्तेमाल कर सकते हैं।

स्टेप आउटलाइन की वजह से दृश्य के बारे में आपको पता है कि उसमें क्या होने वाला है और उसका काम क्या है। अब आप उस दृश्य को बिना लिखे हुए अपने दिमाग़ में देखिए। ज़्यादा मत सोचिए। बस सहज भाव से उसे देखिए। उसके बाद उसे लिखने बैठिए। दृश्य का अपना एक आर्क होता है। हर दृश्य की अपनी एक शुरुआत, मध्य और अन्त होता है। सोचिए कि आपके दृश्य में किरदार यहाँ से आएगा और ऐसा कुछ करते हुए दूसरी तरफ़ से निकल जाएगा और हम अगले दृश्य में पहुँच जाएँगे।

दृश्य लिखते समय यह मत सोचिए कि पहले यह हुआ फिर यह हुआ, फिर वो हुआ। इसके बजाय हमको कार्यकारण सम्बन्ध से चलना चाहिए कि पहले यह हुआ, इसीलिए यह हुआ, इसीलिए आगे यह हुआ। हर दृश्य का पिछले दृश्य से अपना एक कार्यकारण सम्बन्ध बनना चाहिए।

ऐसे भी देखिए कि यह हुआ, इसीलिए वो हुआ लेकिन वो हो गया। इससे दृश्य में ड्रामा पैदा होगा। जब भी 'लेकिन' आ रहा है तो संघर्ष (conflict) है और जब भी 'इसीलिए' आ रहा है तो कार्यकारण सम्बन्ध है।

कई बार आपको नहीं सूझता कि दृश्य में एक्शन और दूसरे विवरण कैसे लिखें और काफ़ी समय ख़र्च हो जाता है। ऐसे में तरीक़ा यह भी है कि पहले सिर्फ़ संवाद लिख दिए जाएँ। आपके सामने दृश्य का वोकल कंटेंट आ जाएगा। दृश्य एक आधारभूत नक़्शा बन जाएगा। वो दुरुस्त बाद में भी हो सकता है। एक्शन और दूसरे विवरण बाद में डालकर दृश्य को हम और आसान कर सकते हैं। इस तरह दृश्यों के साथ आगे बढ़िए। ज़्यादा पीछे मुड़कर मत देखिए। पहले ड्राफ़्ट को पूरा करिए।

पहला ड्राफ़्ट पूरा हो जाए तो उसको पढ़ने मत बैठ जाइए। ज़्यादा सम्भावना यह है कि वो ख़राब लगेगा और आपका दिल टूट जाएगा। आप चाहें तो लैपटॉप के स्क्रीन को स्क्रॉल करते हुए ख़ुश होइए कि आपने सौ पेज लिख दिए हैं। चाहें तो उसका प्रिंट लीजिए, स्पाइरल बाइंडिंग करवाइए। ख़ुद को ख़ुश करने की कोशिश करिए कि आपने यह कर दिखाया है। आप दो-तीन दिन तक उत्सव मनाइए। क्योंकि ज़्यादातर लेखक सिर्फ़ सोचते रहते हैं, और यहाँ तक कभी पहुँचते ही नहीं हैं। हो सकता है, वो ड्राफ़्ट ख़राब और कमज़ोर हो लेकिन फिर भी आपकी यह उपलब्धि बहुत बड़ी है। यह दंभ कभी मत पालिए कि आपका तो पहला ड्राफ़्ट ही अच्छा है क्योंकि वो कभी अच्छा होगा ही नहीं। लेकिन आपने लिख दिया है। इस पर गर्व करिए।

लिखने के दौरान जिन लोगों को आपने समय नहीं दिया, उनको समय दीजिए। नए विचार कहानी में आते हैं तो टेबल ऑव एवरीथिंग को अपडेट करते रहिए। अपने लैपटॉप में फोल्डर या पेज बनाइए कि फ़र्स्ट ड्राफ़्ट के बाद क्या नए विचार आ रहे हैं। अगर पहला ड्राफ़्ट पढ़ना शुरू करेंगे तो एक नया काम शुरू होगा, जिसके बारे में हम अगले अध्याय में बात करेंगे। यह काम है, पुनर्लेखन।

10

पुनर्लेखन
Rewrite

I am not a very good writer, but I am an excellent rewriter.
—James A. Michener

I won't rewrite on set, but I'll just trim the fat.
—Sean Durkin

I don't know why directors sign on these projects and completely rewrite everything.
—Lana Wachowski

पहला ड्राफ़्ट लिखने की प्रक्रिया और उसको लिखकर कुछ समय छोड़ देने की बात हमने की। एक हफ़्ते से दस दिन का ब्रेक ले लिया। कहानी को लेकर जो कुछ नया समझ आया, उसे अलग से लिख लिया। पहले ड्राफ़्ट पर आगे क्या काम करना है, अब इस पर बात करते हैं।

गाँठ बाँध लीजिए कि फ़िल्म लेखन में दुबारा लिखना और बार-बार लिखना बहुत अहमियत रखता है। फ़िल्म लेखन के उस्ताद गुरुओं ने यह कहा है कि फ़िल्म लिखने का मतलब ही है, पुनर्लेखन। जो पहले लिख लिया, उसे दुबारा लिखना ही फ़िल्म लेखन है। पहले ड्राफ़्ट तक जो लिखा है, वो महज़ लिखने की तैयारी है। असली लिखना अब शुरू होगा। इसलिए पुनर्लेखन सबसे महत्त्वपूर्ण लेखन है। इस बात से आपको परेशान होने की ज़रूरत नहीं है। पहला ड्राफ़्ट सबसे मुश्किल चरण होता है। इसके बाद काम कुछ आसान हो जाता है, लेकिन मानकर चलिए कि पहले ड्राफ़्ट के बाद ही असली काम शुरू होगा।

कोई संगीतकार गाना कंपोज़ करता है तो बार-बार धुन नहीं बदलता। पेंटर भी अपने कैनवस पर चित्र बनाकर उसे बार-बार नहीं मिटाता है। मूर्तिकार भी ऐसा

नहीं करता है। कविता लिखने वाला बार-बार कविता नहीं लिखता है। उपन्यास या कहानी को भी एक बार लिखने के बाद कहानी-प्रवाह और व्याकरण के लिहाज़ से ठीक किया जाता है। कई बार उसमें कुछ जोड़ा-घटाया भी जाता है, लेकिन वो भी उतनी बार नहीं होता है, जितना पटकथा में होता है। तो फ़िल्म लेखक ऐसा क्यों करता है?

हम किताब के लगभग आख़िरी पड़ाव पर हैं तो आप समझ गए होंगे कि फ़िल्म लेखन दूसरे कला-माध्यमों की तरह तात्कालिकता लिये हुए नहीं है कि एक बार ख़याल आया और काम हो गया। हो सकता है कभी-कभार एक-आध घटनाक्रम को लेकर तात्कालिक ख़याल काम कर जाए लेकिन श्रेष्ठता हासिल करनी है तो आपको बार-बार लिखना ही होगा। कुछ लेखक-निर्देशक तो शूटिंग के दिन तक भी लिखते रहते हैं। यह सही है या ग़लत इस पर बहस हो सकती है।

इस किताब के लेखकों ने अपनी पटकथाओं पर सालों काम किया है। फिर भी हर बार कुछ-न-कुछ कमी दिख ही जाती है। सत्यजीत रे ने एक साक्षात्कार में कहा कि वे 'पथेर पंचाली' को जब भी देखते थे तो उन्हें लगता था कि बहुत-सी चीज़ें और ठीक हो सकती थीं। ऐसे ही 'सत्या' को लेकर रामगोपाल वर्मा के ख़याल हैं। इसलिए फ़िल्म का लेखन सबसे मुश्किल लेखनों में हम शुमार करना चाहेंगे। क्योंकि यह एक क्राफ़्ट है। आप जो लिख रहे हैं ख़ुद के लिए या सीधे पाठक के लिए नहीं लिख रहे हैं। जो लिख रहे हैं उस पर फ़िल्म बननी है। फ़िल्म के मापदंडों पर आपके लेखन का खरा उतरना ज़रूरी है। कम-से-कम शब्दों और समय की सीमा को देखते हुए आपको कहानी कहनी होती है। ये बातें हम पहले कर चुके हैं लेकिन हमेशा याद रखने की ज़रूरत है क्योंकि सब चीज़ें एक ड्राफ़्ट में सम्पूर्णता प्राप्त नहीं कर सकतीं।

पुनर्लेखन में पहले ड्राफ़्ट का मूल्यांकन करें। कोशिश करिए कि एक ही बार में उस ड्राफ़्ट को पढ़ जाएँ। ढूँढ़ने की कोशिश करिए कि समस्याएँ कहाँ पर हैं और क्या हैं।

पहले ड्राफ़्ट में तीन शुरुआती समस्याएँ दिखती हैं। वे हैं किरदार, कॉन्फ्लिक्ट यानी टकराव और बदलाव। आपको लग सकता है कि किरदार जितने अच्छे होने चाहिए वो नहीं हो पा रहे हैं। हम यह पढ़ चुके हैं कि कैसे किरदार होने चाहिए। पहला ड्राफ़्ट लिखने के बाद किरदार वाले अध्याय को दुबारा पढ़िए कि उसमें कौन सी बात आई है और अभी क्या कमी है? कमी इसलिए भी हो सकती है कि किरदार बनाने में आपने समय नहीं दिया। चलो मान लिया आपने काफ़ी समय दिया, फिर भी समस्या हो सकती है। अब आराम से सोचिए कि किरदार कैसे दर्शकों को पसन्द आ सकता है।

दूसरी समस्या है, जिस कॉन्फ्लिक्ट का किरदार सामना कर रहा है, उसे और बढ़िया किया जा सकता है। वो जटिल होना चाहिए, सशक्त होना चाहिए, नायक को भीषण चुनौती देने वाला होना चाहिए। हो सकता है, गड़बड़ यह हो कि आपने नायक के सामने चुनौती पैदा ही नहीं की। कोई मुश्किलें हैं भी तो वे नकली और थोपी हुई-सी लग रही हों। इस पर ग़ौर करिए।

> पहले ड्राफ़्ट में तीन शुरुआती समस्याएँ दिखती हैं, वे हैं किरदार, कॉन्फ्लिक्ट यानी टकराव और बदलाव।

तीसरी समस्या है बदलाव। फ़िल्म की शुरुआत से लेकर फ़िल्म के अन्त तक किरदारों में कोई बदलाव आता है। उस बदलाव का नक़्शा ठीक होना चाहिए। कहानी में वो बदलाव ठीक से दिखना चाहिए। वो एकदम से नहीं आना चाहिए। वो कब और कैसे आया—हर दृश्य में उसकी गति और कारण पर नज़र रखिए।

पहले ड्राफ़्ट में एक और समस्या हो सकती है। वो है कहानी का फ़ोकस। कहानी इधर से उधर भटकती हुई नज़र आ सकती है। इसके लिए व्यर्थ दिख रहे दृश्यों को हटाना पड़े तो संकोच मत कीजिए। कुछ दृश्यों को शायद मिला देने से काम चल जाए। फ़िल्म की पूरी अवधि का भी ध्यान रखना होगा। ज़रूरत से ज़्यादा लम्बी फ़िल्म को छोटा करना भी चुनौती है। कहानी की गति बहुत महत्त्वपूर्ण होती है कि कैसे हर पाँच से दस मिनट पर कहानी आगे बढ़ रही है, कितनी आगे बढ़ रही है।

अपनी पटकथा को दृश्यों में देखिए कि जो हो रहा है, वो क्या हो रहा है? फिर देखिए कि जो हो रहा है, वो कैसे हो रहा है? इससे आपके बहुत सारे 'क्या' का आपको जवाब मिलेगा कि जो हो रहा है वो ठीक है या नहीं। कुछ 'क्या' ऐसे होंगे जिनका 'कैसे' भी आपको ठीक लगेगा कि जो हो रहा है वो कैसे हो रहा है। लेकिन कई जगह लग सकता है—जो हो रहा है वो तो ठीक है लेकिन जैसे हो रहा है, उसमें कुछ बदलाव की ज़रूरत है। उसे दूसरे ढंग से कहने की ज़रूरत है। इस तरह 'क्या' और 'कैसे' को पहचान लें और अगले ड्राफ़्ट पर बेहिचक काम करना शुरू कर दें।

यह देखकर परेशान न हों कि पहले ड्राफ़्ट की चीज़ें बदल रही हैं। उन्हें बदलने दीजिए। कई बार चीज़ें लौटकर भी आ जाती हैं। पहला ड्राफ़्ट आपके पास है ही। आपको ज़रूरत लगे तो उसकी चीज़ें वापस ला सकते हैं। बदलाव से घबराइए मत। शुरुआती ड्राफ़्ट्स में बदलाव आते रहेंगे। अन्तिम दो-तीन ड्राफ़्ट में ये कम हो जाएगा। शुरू में तो यह भी मुमकिन है कि कोई किरदार हटाना पड़ जाए या कोई किरदार ले आएँ। कहानी में कोई नई घटना ही डालनी पड़ जाए।

अपनी पटकथा को दृश्यों में देखिए कि जो हो रहा है, वो क्या हो रहा है? फिर देखिए कि जो हो रहा है, वो कैसे हो रहा है? इससे आपके बहुत सारे 'क्या' का आपको जवाब मिलेगा।

जब दूसरा ड्राफ़्ट लिखना शुरू कर दें तो उसे फटाफट लिखकर ख़त्म करें। ज़्यादा समय नष्ट नहीं करें। दूसरा ड्राफ़्ट लिखने के बाद फिर से एक सप्ताह के लिए ब्रेक ले सकते हैं ताकि कहानी के साथ आप और परिपक्व हो जाएँ। अब उसी तरह से फिर से देखिए कि किरदार काम कर रहे हैं कि नहीं। उनके बीच टकराव ठीक लग रहा है कि नहीं। अगर आप अच्छे लेखक हैं, सिनेमा देखते-समझते हुए आप बड़े हुए हैं तो दूसरे ड्राफ़्ट के बाद आपको लगने लगेगा कि आपके किरदार तो बहुत अच्छे से काम कर रहे हैं। फिर आप देख पाएँगे कि टकराव और बदलाव पर और काम किया जा सकता है।

इस तरह आप एक के बाद एक अगला ड्राफ़्ट लिखते जाएँगे। हर ड्राफ़्ट के बाद कुछ समय का ब्रेक लेंगे। फिर उधर लौट आएँगे। एक समय पर आपको लगेगा कि पिछले ड्राफ़्ट और नए ड्राफ़्ट में बदलाव काफ़ी कम हो रहा है। किरदार, उनके टकराव, बदलाव और दृश्यों में जो हो रहा है, वो अब काम कर रहा है। यानी मोटे तौर पर आपकी पटकथा अब काम करने लगी है। लेकिन अभी आप आराम करने मत लग जाइए।

अब हर दृश्य के भीतर जाइए और सोचिए कि यही बात और बेहतर तरीक़े से कैसे हो सकती है। आप भाग्यशाली और समझदार लेखक हैं तो यह पाँचवें ड्राफ़्ट तक भी हो सकता है, वरना तो बारहवें या बीसवें ड्राफ़्ट तक यह काम कर सकते हैं।

यह सब हो जाए, उसके बाद संवादों का पुनर्लेखन करिए। माना कि हर ड्राफ़्ट में आपने डायलॉग लिखे हैं मगर यह वो चरण है, जहाँ आपको केवल संवादों पर पूरी तरह से फ़ोकस करना है। वे क्या हैं, कैसे बोले जा रहे हैं। उनमें क्या सुधार की गुंजाइश बनती है। यानी यह वो चरण है जहाँ हमको देखना है कि हर किरदार के बोलने का तरीक़ा क्या होगा। उनकी भाषा क्या होगी। किरदारों की पृष्ठभूमि के लिहाज़ से हमको उनको कैसा संवाद देना है। संवादों में लोकल भाषा या बोलियों को समावेश करना है। ये सब हमको करते हुए संवादों पर ध्यान देना है।

संवाद लिखने के बाद आपको एक चीज़ और देखनी है, और वह है फ़िल्म की लय को साधना। आपकी फ़िल्म में समय अनुपात में जो कहानी कही जा रही है, उसकी एक लय होती है। अगर आप अच्छे से पटकथा पर काम कर रहे हैं तो वो लय सहज रूप से पटकथा में आती है। लेकिन आपको अपनी शूटिंग स्क्रिप्ट

से पहले वो लय एक बार फिर से देखनी चाहिए। सामान्यतया यह काम निर्देशक करते हैं, जब वे पटकथा पढ़कर अपना काम शुरू करते हैं। तो वो कह सकते हैं कि दृश्यों में क्या छोटे-छोटे बदलाव किए जा सकते हैं। अवधि कम की जानी या बढ़ाई जानी चाहिए। ठहराव या गति पर वे राय दे सकते हैं। इस तरह पूरी फ़िल्म को लय के हिसाब से देखा जाता है। आमतौर पर फ़िल्म पर निर्देशक और सम्पादक काम करना शुरू करते हैं तब यह काम किया जाना चाहिए।

इस तरह पटकथा के पुनर्लेखन का काम होता है। क्रिस्टोफर नोलन ने 'इन्सेप्शन' को लिखने में आठ साल लगाए। कहने का मतलब यह है कि सिनेमा के दिग्गज लेखक भी पुनर्लेखन में बहुत समय लेते हैं। कई-कई ड्राफ़्ट लिखते हैं। इसलिए कभी भी अपनी पटकथा के पुनर्लेखन से मत घबराइए। एक स्तर तक नाम कमाने के बाद अगर आप ज़िद्दी हो जाएँगे, यह काम करना छोड़ देंगे तो सिनेमा की दुनिया के लोग आप पर भरोसा करना भी छोड़ देंगे।

पुनर्लेखन में बड़ी चुनौती निष्पक्षता की है। जो कुछ आपने लिखा है, उसमें ख़ुद को ही दोष ढूँढ़ना होता है। जिस चीज़ को आप बहुत ही अच्छा मान रहे हैं, उसके बारे में कौन तय करेगा कि वो अच्छा ही है? या जो चीज़ आपको बुरी लग रही है, वो क्या सचमुच बुरी है?

इस सबसे बचने के लिए भी सुझाव है कि एक फ़ीडबैक मैकेनिज़्म विकसित करिए। अपने समझदार मित्रों का एक दायरा बनाइए जो सिनेमा से जुड़े हुए हैं। उन लोगों को पढ़ाकर उनसे फ़ीडबैक ले सकते हैं। फ़ीडबैक लेना भी आना चाहिए। जब कोई कहे कि किसी बिन्दु पर गड़बड़ है, तो मानकर चलिए कि गड़बड़ होगी लेकिन अगर वह ठीक करने का तरीक़ा और राय भी देने लगे तो आपको सावधान रहने की ज़रूरत है। विनम्रता से उसकी बात सुनिए लेकिन अपने मन की करिए। आप पूरी पटकथा के प्रवाह को दूसरे लोगों से बेहतर समझ रहे हैं, क्योंकि उसको आपने तैयार किया है। यानी लोग आपको समस्या बताएँ तो उसको हमेशा गम्भीरता से लीजिए लेकिन आपको समाधान भी बता रहे हैं—उसको ज़्यादा गम्भीरता से मत लीजिए।

संवाद लिखने के बाद आपको एक चीज़ और देखनी है, और वह है फ़िल्म की लय को साधना।

'किल योर डार्लिंग्स' एक कहावत है सिनेमा लेखन के लिए कि अगर कोई घटना, कोई इमेज आपको बहुत प्रिय है लेकिन आपकी फ़िल्म के लिए काम नहीं कर रही है तो उसको हटाने में आपको संकोच नहीं करना है। जब भी कोई सन्देह हो, वही चॉपर अप्रोच काम में ले सकते हैं। फ़िल्म की लॉग लाइन सोचें कि अब

भी कहीं आप उससे भटक तो नहीं रहे हैं।

अब सवाल यह कि पुनर्लेखन भी कब तक। सम्पूर्णता की तो कोई सीमा है नहीं। क्या हमको उसी सम्पूर्णता को तलाशते रहना चाहिए जिसकी कोई इमेज हमारे दिमाग़ में भी नहीं है कि वो क्या है? एक निचला स्तर है और एक एकदम ऊपरी स्तर। उसके बीच में कहीं एक ऐसा बिन्दु है जब आपको ख़ुद लगे—अब आपकी पटकथा ऐसी हो गई है, उस पर फ़िल्म बननी चाहिए, उस पर करोड़ों रुपए लगाए जा सकते हैं, यह ऐसी कहानी है जिस पर आपको अफ़सोस नहीं होगा।

अन्ततः निर्देशक ही फ़िल्म का ऑथर होता है, लेखक नहीं।

एक मुकम्मल ड्राफ़्ट के बाद भी फ़िल्म बनने में कुछ वक़्त तो लग ही सकता है। इसलिए आपको जब भी समय मिले अपने ड्राफ़्ट पर फिर से नज़र मार सकते हैं। उसमें सुधार होता रहेगा लेकिन आपको मान लेना चाहिए कि आपकी पटकथा पर फ़िल्म बनने को तैयार है। इतना होने के बाद हमको उस सम्पूर्णता के पीछे नहीं भागना चाहिए जिसका कोई मुकम्मल चेहरा नहीं है।

इस स्तर पर आकर आप अगली कहानी पर काम शुरू कर सकते हैं और इसी प्रक्रिया से गुज़रते हुए जब चार मौलिक फ़िल्में लिख लें तो मानना चाहिए कि आप अब एक फ़िल्म-लेखक हो गए हैं। चार पटकथाओं का पहला ड्राफ़्ट भी लिख लें तो भी मानना चाहिए कि आप सिनेमा में कूदने के लिए तैयार हैं। आपकी लिखी कुछ फ़िल्में बनेंगी, कुछ नहीं बनेंगी। कोई दूसरी फ़िल्म लिखने चले जाएँगे। कभी बनती हुई फ़िल्म से आपको शिकायत होगी। लेकिन यह सब छोड़ना होगा और अगली कहानी की तरफ़ दौड़ना होगा।

जो निर्देशक फ़िल्म बना रहा है, अपनी रचना उसके हाथ में छोड़ दें क्योंकि अन्ततः निर्देशक ही फ़िल्म का ऑथर होता है, लेखक नहीं। लेखक तो फ़िल्म की वह पांडुलिपि लिखता है, जिसे फ़िल्म क्रू के कुछ लोग ही पढ़ते हैं लेकिन निर्देशक जो पर्दे के लिए फ़िल्म बनाता है, उसे पूरी दुनिया देखती है।

एक लेखक के लिए यह दुविधा का क्षण होता है कि जिस कहानी पर इतना समय दिया, यातना सहन की, बार-बार लिखा, अब कैसे उसे किसी दूसरे के हाथ में सौंपकर आगे बढ़ जाएँ। निर्देशक, अभिनेता, कैमरामैन सब मिलकर उसको कहीं ख़राब तो नहीं कर देंगे? अगर ख़राब बन गई तो कैसे उसे पीछे छोड़कर आगे बढ़ जाएँ?

समय और भावनाओं का निवेश आपने किया है। आप हमेशा ख़ुद से सवाल करते हैं कि कैसे नए काम की तरफ़ बढ़ जाएँ। याद रखिए कि एक फ़िल्म लेखक के जीवन की सच्चाई यही है और इसे आप बदल नहीं सकते।

इस पर हम पहले भी बात कर चुके हैं कि यह सब हमें हमारी माँओं से सीखना चाहिए कि पूरी यातना सहकर वह एक बच्चे को गर्भ में पालती है। प्रसव की असीम पीड़ा से गुज़रती है लेकिन दुनिया में आने के बाद बच्चा बुआ का भतीजा, नाना का नाती, मामा का भांजा और बहनों का भाई हो जाता है। हमारे समाज में तो उसे पिता के नाम से ही जाना जाता है। आप फ़िल्म की माँ हैं लेकिन आपका बच्चा अपने बाप के नाम से जाना जाएगा और वो निर्देशक है।

एक बात और याद रखिए कि कैमरामैन अपना काम आप से बेहतर जानता है। सम्पादक सम्पादन आपसे अच्छा समझता है और निर्देशक के पास लोगों को वो कहानी दिखाने का अपना नज़रिया होता है। इसलिए सब कुछ भूलकर आप अपने अगले काम में जुट जाइए।

11

टीवी और वेब के लिए लेखन

A good TV writer needs all the same tricks a good novelist has.
—Dean Bakopoulos

My strength as a TV writer was my total lack of interest in television.
—Maria Semple

इंटरनेट और डिजिटल मीडिया ने लेखकों के लिए नए अवसर पैदा किए हैं। आज वेब सीरीज और धारावाहिक लेखन की बाज़ार में काफ़ी माँग है। सीरीज लेखन में अच्छा काम अमेरिका से शुरू होकर पूरी दुनिया में फैल रहा है। एक समय था जब भारत से दूरदर्शन ने मनोहर श्याम जोशी को विदेश इसलिए भेजा था कि वे सोप ओपेरा यानी जो धारावाहिक आते हैं उनके बारे में अध्ययन करके आएँ। उन्होंने लौटकर दूरदर्शन में 'बुनियाद' और 'हम लोग' जैसे धारावाहिक लिखे जो आज भी टीवी लेखन में गुणवत्ता की मिसाल हैं।

अब समय तेज़ी से बदला है। दुनिया के किसी भी हिस्से से मनोरंजन की घटनाएँ और तकनीकी विकास हर आदमी तक पहुँचता है। टीवी या इंटरनेट की दुनिया का यह लेखन-स्तर अब इतना बेहतर हो गया है कि वह दर्शकों की पसन्द को ही बदल रहा है। वह नए दौर के फ़िल्मकारों को भी प्रभावित कर रहा है। सिनेमा के कई बड़े निर्देशक अब टीवी सीरीज या वेब सीरीज बना रहे हैं।

भारत में भी इंटरनेट-मनोरंजन तेज़ी से लोकप्रिय हो रहा है। इस क्षेत्र की दिग्गज कम्पनियाँ जैसे नेटफ्लिक्स और ऐमज़ॉन यहाँ बड़े स्तर पर निर्माण शुरू कर चुकी हैं। कहानी कहने का यह माध्यम कई मायनों में फ़िल्म से अलग है और कई मायनों में फ़िल्म जैसा ही है। समझने की कोशिश करेंगे कि इस लेखन में फ़िल्म से क्या अलग है। हर कहानी फ़िल्म के लिए नहीं होती। ऐसे ही हर कहानी पर धारावाहिक

नहीं बना सकते। बतौर लेखक आपको पता होना चाहिए कि फ़िल्म के लिए कौन सी कहानी है और सीरीज के लिए कौन सी।

धारावाहिक या वेब सीरीज़ का लेखन फ़िल्म लिखने से अलग कैसे

हमेशा की तरह शुरुआत करते हैं कैरेक्टर्स यानी किरदार से। हमने फ़िल्म के किरदारों की चर्चा की थी। सीरीज के किरदारों में भी वे सारे गुण होने चाहिए। फ़र्क़ यह है कि फ़िल्म की कहानी दो-ढाई घंटे की होगी और शो अगर एक-एक घंटे के दस एपिसोड वाला भी है तो दस घंटे की कहानी हो जाएगी। 'गेम ऑव थ्रोन्स' या 'हाउस ऑव काड्र्स' जैसा शो है, तो पचास, साठ, सत्तर घंटे की कहानी हो सकती है। सीरीज के किरदारों के साथ आप शो से कहीं ज़्यादा समय बिताते हैं। इसलिए किरदार यहाँ और ज़्यादा महत्त्वपूर्ण हो जाता है। नब्बे मिनट की कहानी में कैरेक्टर को जितना दिखा पाएँगे, आपको 60 घंटे की कहानी में किरदार को दिखाने के लिए बहुत विस्तार से काम करने की ज़रूरत है, ख़ासकर उनकी बैक-स्टोरी पर। मान लीजिए कहानी में मल्टिपल प्रोटेगनिस्ट हैं। पाँच-छह लोगों की कहानी कहने जा रहे हैं। फ़िल्म में यह कहानी कहने जाएँगे तो काफ़ी चुनौतीपूर्ण होगा। दो घंटे में छह लोगों की बात करनी है। लेकिन शो में थोड़ा आसान होता है।

सिनेमा में सहयोगी किरदारों के लिए स्क्रीन टाइम काफ़ी कम रहता है, लेकिन धारावाहिक में सहयोगी किरदारों को बहुत समय मिलता है। इसलिए सहयोगी किरदारों पर आपको लगभग वैसे ही मेहनत करनी होगी जैसे मुख्य किरदारों पर करते हैं। इसका अर्थ यह मत लगाइए कि सिनेमा में सहयोगी किरदार पर कम मेहनत करनी चाहिए मगर सिनेमा में कई बार छोटा-मोटा चरित्र कमज़ोर पड़े तो दूसरा उसे सँभाल लेता है। लेकिन धारावाहिक में रन टाइम ज़्यादा है। किसी किरदार को गढ़ने में आपने थोड़ा सा भी आलस्य दिखाया तो वह पूरी कहानी पर भारी पड़ सकता है।

हर कहानी पर धारावाहिक नहीं बना सकते। बतौर लेखक आपको पता होना चाहिए कि फ़िल्म के लिए कौन सी कहानी है और सीरीज के लिए कौन सी।

किरदारों के ऑर्केट्रेशन की बात हमने की है कि हर किरदार का अपना रंग होना चाहिए। वो शो में काफ़ी अहम हो जाता है। फ़िल्म में किसी एक किरदार

से दर्शक कनेक्ट नहीं कर पाए तो वो समय निकल जाएगा। दर्शक जानता है कि फ़िल्म दो घंटे बाद ख़त्म हो जाएगी। ऐसा एक किरदार भी शो में आ गया तो वो दर्शकों की अरुचि का कारण बन सकता है। लिहाज़ा किरदारों को लेकर सिनेमा और टीवी में यही मुख्य फ़र्क़ होता है।

फ़िल्म प्रेमी-प्रेमिका है और शो दोस्तों की तरह

दूसरा अहम पहलू है, किरदारों की यात्रा और समाधान। फ़िल्म की कहानी में शुरुआत, मध्य और अन्त स्पष्ट दिखता है। लेकिन शो या सीरीज शुरुआत, मध्य और अन्त की कहानी नहीं है। हमने जाना कि सिनेमा कैथारसिस यानी विरेचन का अनुभव हमको देता है। इसीलिए सिनेमा में जो घटनाएँ होती हैं, वे ड्रामा के साथ बहुत कम समय में हमको सारी बातें समझा देती हैं। नब्बे मिनट से दो घंटे के बीच में दो लोग मिल भी लेते हैं, उनमें प्रेम भी होता है और प्रॉब्लम भी। ग़लतफ़हमी भी हो जाती है, दोनों दूर हो जाते हैं। कई साल बीत जाते हैं और फिर अन्त में सुलह भी हो जाती है। डेढ़ से दो घंटे में सिनेमा हमारे विरेचन को चरम तक ले जाता है। भावनात्मक रूप से हमारे अन्दर की सफ़ाई कर देता है। फ़िल्म भावनाओं की दुनिया में हमेशा के लिए एक छाप छोड़कर निकल जाती है।

शो दोस्तों की तरह है। जैसे कोई दोस्त है जिसे आप छह साल से जानते हैं। उससे नियमित मिलते हैं। बातचीत करते हैं। न तो आप उसके साथ बहुत रोते हैं, न उसके साथ बहुत झगड़ा करते हैं। बस साथ में समय बिताते हैं। साथ में टेबल टेनिस खेल लेते हैं, फ़िल्म देखने निकल जाते हैं। शाम को बस दो ड्रिंक साथ बैठकर ले लेते हैं। और आपको उनकी आदत हो जाती है। शो दोस्तों की तरह हैं। वे जो काम करते हैं, वो कैथारसिस या विरेचन नहीं है बल्कि नारकोटाइज़ेशन है। एक नशे की तरह। यह एक तरह का डिफ़ेन्स मैकेनिज़्म है। हर आदमी अपने जीवन में कोई एक काम बार-बार करता है, और उस दौरान वो अपने जीवन की बाक़ी तकलीफ़ों से दूर हो जाता है। कुछ लोग हर रात बैठकर शराब पीते हैं। कुछ लोग खाने को थेरैपी के तरीक़े से काम में लेते हैं। कुछ लोग शॉपिंग करते हैं। ऐसा करने से उन्हें बाक़ी तकलीफ़ों को भूलने में मदद मिलती है। कुछ लोग एक ही विचार को पकड़कर बैठे होते हैं। रोज़ उस विचार के बारे में सोचते हैं। किसी भी धारावाहिक का यही जादू या असर होता है। हमारे देश में इतने टीवी शो महिलाएँ देख रही हैं। क्यों? क्योंकि उस शो के दौरान वे अपने बाक़ी झंझटों को भूल जाती हैं। अपने पसन्दीदा सीरियल के लिए वे किसी तरह से अपनी दिनचर्या सुनिश्चित कर लेती हैं। उन चरित्रों के साथ एक रिश्ता बना लेती हैं। यह मनोवैज्ञानिक डिफ़ेन्स

मैकेनिज़्म है, नारकोटाइज़ेशन। कोई भी धारावाहिक या सीरीज इसी पर खड़े होते हैं। धारावाहिक लिखने वाले नहीं सोचते कि शुरुआत, मध्य या अन्त क्या है? धारावाहिक नहीं चाहता कि कहानी को फ़िल्मी तरीक़े से कहते हुए जल्दी से ख़त्म कर दिया जाए। इसलिए यह कहा जाता है कि 'There are some movie moments in life but many TV moments...' फ़िल्मों में जो उतार-चढ़ाव या नाटकीय घटनाक्रम होता है, वो हमारे जीवन में हर दिन नहीं होगा। लेकिन टीवी की कहानी में जो हो रहा है, वो हमारी ज़िन्दगी में हर दिन हो सकता है। हम टीवी की कहानी लिखते हैं तो हम कहानी से ज़्यादा उस दुनिया पर ध्यान देते हैं, जहाँ की वो कहानी है।

आपको कहानी के बारे में स्पष्ट आइडिया है, तो वह एक फ़िल्म की कहानी हो सकती है, लेकिन उस कहानी की दुनिया और उसके किरदारों के बारे में सब कुछ पता है तो शायद वह एक धारावाहिक का आइडिया हो सकता है।

आपको कहानी के बारे में स्पष्ट आइडिया है, तो वह एक फ़िल्म की कहानी हो सकती है, लेकिन उस कहानी की दुनिया और उसके किरदारों के बारे में सब कुछ पता है तो शायद वह एक धारावाहिक का आइडिया हो सकता है। उस दुनिया को देखते हुए रोज़मर्रा की ज़िन्दगी को लेकर एपिसोड लिखते चले जाएँगे और शो बन जाएगा। बहुत सारे ऐसे उदाहरण मिल जाएँगे। जैसे 'तारक मेहता का उलटा चश्मा' है, या कोई विदेशी सीरीज देखिए। कोई शो अस्पताल में सेट होता है। किसी पॉलिटीशियन की ज़िन्दगी पर आधारित होता है। कोई किसी लॉ फर्म में सेट है या किसी ड्रग डीलर की कहानी है। हमें रोज़मर्रा की ज़िन्दगी दिखती है।

शो में हम रिश्तों को पूरी तरह से उफान पर ले जाकर एकदम से ख़त्म करने वाली कहानी नहीं लिख सकते। जैसे फ़िल्म 'दिल चाहता है' में तीन दोस्त हैं। तीनों किसी बात पे अलग हो जाते हैं। आख़िर में मिल जाते हैं। आप शो में ऐसा करेंगे कि एक बार झगड़ा करके अलग कर देंगे और फिर वापस मिला देंगे तो फिर क्या करेंगे? क्या फिर झगड़ा कराके फिर अलग करेंगे? दर्शक का आपकी कहानी से भरोसा उठ जाएगा। अगर किसी एपिसोड में एक रिश्ते को उठाकर उसे पूरा कर देंगे तो कहानी में आगे दिक़्क़त होगी। लेकिन ध्यान रखना है कि एकदम सपाट तरीक़े से कहानी आगे नहीं चल रही हो, कुछ हो भी नहीं रहा है और कहानी को खींचे ही जा रहे हैं। इसलिए शो में किरदारों को बनाते समय ध्यान रखना है कि रोज़मर्रा की घटनाओं के ज़रिये ही ड्रामा पैदा करने की कोशिश की जाए। इसका आशय

यह नहीं है कि आप फंतासी या साइंस फ़िक्शन की कहानी शो में नहीं कह सकते। कहानी जिस दुनिया की है, वहाँ के जीवन की रोज़मर्रा की घटनाओं को पकड़ें।

क्लिफहैंगर मोमेंट क्या है

रोज़मर्रा की आदत होने के कारण शो को रोज़ाना और लगातार देखे जाने योग्य बनाए जाने की ज़रूरत है। आपने एक बार देखना शुरू किया तो आपको अगले एपिसोड देखने की इच्छा हमेशा बनी रहे। किसी सीरीज का पहला सीजन देख चुके हैं तो अगले का इन्तज़ार करें। इसलिए शो में एक पुराना फ़ॉर्मूला आज भी चलता है कि हर एपिसोड के अन्त में कहानी ऐसे बिन्दु पर छोड़ें कि दर्शक की उत्सुकता बनी रहे। लेखन की भाषा में इसे 'क्लिफहैंगर मोमेंट' कहते हैं। जहाँ कहानी एक ऐसे रोमांचक मोड़ पर जाकर अटकती है कि दर्शक सोचता है, अब क्या होगा?

शो की सेटिंग

जिस दुनिया में शो सेट है, उसके बारे में पूरी जानकारी नहीं है तो वो शो नहीं लिखना चाहिए। एक डॉक्टर की लाइफ़ पर फ़िल्म लिख रहे हैं तो आपको उसकी ज़िन्दगी को दो घंटे में दिखाना है। लेकिन शो लिख रहे हैं तो आपको दस, बीस या पचास घंटे दिखाने हैं। आपके ज्ञान और शोध की कमी की वहाँ पोल खुल जाएगी। आप पकड़े जाएँगे। शो पर जब भी काम शुरू करें तो उसी दुनिया की कहानी कहना शुरू करें, जिसको आप बहुत अच्छे से जानते हैं या उसके बारे में शोध करके अच्छे से जान लिया है। आप एक ऑफ़िस में काम करते हैं। रोज़ शाम को एक पार्क में जॉगिंग के लिए जाते हैं। घर आते हैं। परिवार के बीच रहते हैं। यही ज़िन्दगी है तो आप एक परिवार, एक पार्क या एक दफ़्तर की कहानी लिख सकते हैं क्योंकि आप वो कहानी जी रहे होते हैं। किरदारों को जानते हैं। अगर क्रिमिनल साइकोलॉजी या क़ानूनी दाँवपेच से भरा शो लिखने वाले हैं तो उस दुनिया के बारे में बहुत ज़्यादा शोध करने की ज़रूरत है।

समयावधि के लिहाज़ से शो में आप कई पीढ़ियों की कहानियाँ दिखा सकते हैं। कई प्रचलित और लोकप्रिय शो में कई पीढ़ियों की कहानी दिखाई भी जाती है। दूसरी मज़ेदार बात है कि शो में आपको लगता नहीं है कि वक़्त बीत रहा है। लगता है जैसे शो एक ही जगह टिका हुआ है। एक परिवार या सोसाइटी है। वहाँ चीज़ें हो रही हैं। 'तारक मेहता का उलटा चश्मा' ही देख लीजिए। न कोई आपसे

जानना चाहता है, न ही आप बताना चाहते हैं कि कहानी को इतने साल बीत गए लेकिन लगता है, यह उसी टाइम जोन में चल रही है।

विजुअल एक्शन और संवाद

विजुअल एक्शन फ़िल्मों की तरह शो में भी होता है लेकिन संवादों पर शो बहुत निर्भर करता है। फ़िल्मों में कम संवाद एक गुण की तरह है, लेकिन शो में संवाद ज़्यादा हैं तो वो दोष नहीं है। संवाद शो को काफ़ी महत्त्वपूर्ण बना देते हैं। इसकी वजह भी है। शो को आपको लम्बा चलाना होता है।

एक उदाहरण लेते हैं। एक लड़का अपने घर आता है। गन निकालता है। माँ उसे रोकती है, टोकती है। वह गन लेकर कोई जवाब दिए बिना बाहर निकल जाता है। यह एक फ़िल्म का सीन है। शो में यही सीन 6 से 7 मिनट तक जा सकता है। वह आएगा। माँ आएगी। वो गन निकालेगा और उन दोनों के बीच में एक लम्बा-चौड़ा संवाद होगा। तब वह घर से निकलेगा। अगर शो में फ़िल्म की तरह तेज़ी से घटनाओं को चलाते हुए कहानी आगे बढ़ाते जाएँगे तो साठ घंटे की कहानी कैसे कहेंगे? शो की कहानी में ठहराव बहुत ज़रूरी है। इतने लम्बे रन टाइम को शूट करने के लिए बहुत ज़्यादा दृश्य लिखे जाते हैं। वो दृश्य संवादों से भरे होते हैं।

दूसरी वजह है बजट। एक घंटे की फ़िल्म में जितना पैसा ख़र्च होता है, एक घंटे के शो के लिए, आमतौर पर, उससे कम पैसा मिलता है। फ़िल्म में 5 मिनट का एक दृश्य लन्दन में शूट करने की ज़रूरत महसूस हो रही है तो आप जाएँगे। वह दृश्य शूट करके आ जाएँगे, लेकिन शो में 5 मिनट के दृश्य के लिए कोई लन्दन नहीं भेजेगा। प्रोडक्शन की लागत बहुत बढ़ जाती है। शो में अगर लन्दन जा ही रहे हैं तो पूरा एक एपिसोड शूट करके लाना होगा। शो का एक सेट बना दिया गया है तो उस पर चाहे 2 मिनट का डायलॉग बोलें, चाहे 10 मिनट, आपको अलग से कोई ख़र्चा नहीं करना होगा। कई बार एक ही सेट पर पूरा का पूरा शो चला दिया जाता है। सिनेमा में ऐसा नहीं कर सकते। उसमें हर दृश्य में नई लोकेशन पर जाना होता है। नया विजुअल एक्शन दिखाना होता है।

शो की कहानी में ठहराव बहुत ज़रूरी है। इतने लम्बे रन टाइम को शूट करने के लिए बहुत ज़्यादा दृश्य लिखे जाते हैं। वो दृश्य संवादों से भरे होते हैं।

शो का फ़ॉर्मेट कैसे तय करें

धारावाहिक का फ़ॉर्मेट अलग-अलग तरह का हो सकता है।

पहली श्रेणी है, लांग नैरेटिव आर्क। वह लगभग फ़िल्म की तरह है। पर उसकी कहानी बहुत लम्बी है। इसकी शुरुआत, मध्य और अन्त भी एक फ़िल्म की ही तरह है, लेकिन मिडिल वाला हिस्सा बहुत बड़ा है। रामायण, महाभारत जैसी कहानियाँ जो एक तरह से बहुत लम्बी फ़िल्म की तरह हैं। इसको 'सोप ओपेरा' कहते हैं। यह नाम अमेरिका से आया। जब वहाँ 50 के दशक में टेलीविज़न आया, परिवारों में इस तरह के धारावाहिक लोकप्रिय होने लगे। उनकी टारगेट-दर्शक घरेलू महिलाएँ हुआ करती थीं। साबुन बनाने वाली कम्पनियों को वहाँ अपना बाज़ार नज़र आता था। तो उन्होंने शो को स्पॉन्सर करना शुरू किया। यहीं से यह नाम 'सोप ओपेरा' पड़ गया। अब यह आजकल 'गेम ऑव थ्रोंस' या 'ब्रेकिंग बैड' है। यह एक नायक की कहानी भी हो सकती है और बहु-नायकों की कहानी भी हो सकती है।

दूसरे तरह का शो है सिटकॉम यानी सिचुएशनल कॉमेडी या सिचुएशनल ड्रामा। इसमें हर एपिसोड अपने-आप में एक पूरी कहानी होता है और हर एपिसोड की अपनी शुरुआत, मध्य और अन्त होता है। लांग नैरेटिव आर्क में आपको एपिसोड देखने के लिए पहले एपिसोड से शुरू करना पड़ेगा, लेकिन सिटकॉम में कोई भी एपिसोड उठाकर देखें तो मज़ा आ जाएगा। जैसे मेडिकल ड्रामा में हर एपिसोड में एक नया केस आता है। जैसे अभी 'क्राइम पेट्रोल' या 'सावधान इंडिया' जैसे शो चल रहे हैं। जैसे 'ब्योमकेश बख्शी' की सीरीज थी। हर एपिसोड में एक नया केस आता है। एपिसोड के अन्त तक उसका समाधान हो जाता है।

यह सिचुएशन ड्रामा दो तरह का हो सकता है। हर एपिसोड की अपनी कहानी तो चल ही रही है। इसके साथ ही साथ ड्रामा के मूल किरदारों के साथ दूसरी एक कहानी भी चल रही है जो थोड़ी धीरे चल रही है। जैसे एक सीरीज है 'फ्रेंड्स'। यह एक अत्यन्त लोकप्रिय अमेरिकन सिटकॉम सीरीज है। हर एपिसोड में एक कहानी ख़त्म होती है लेकिन कुल दस एपिसोड में किरदारों की अपनी कहानी थोड़ी आगे बढ़ चुकी है। लांग नैरेटिव आर्क में जितना तेज़ी से कहानी बढ़ती है, वैसे नहीं है। एक मेडिकल ड्रामा है 'ग्रेज एनाटमी'।

> एक और तरह का नैरेटिव है, जिसे हम लूप कह सकते हैं। हर एपिसोड में एक कहानी आकर ख़त्म हो रही है लेकिन कुल मिलाकर उनकी दुनिया में कोई ख़ास फ़र्क़ पड़ नहीं रहा है।

एपिसोड लिखने में जो एक और श्रेणी है उसे एंथोलॉजी सीरीज कह सकते हैं। एंथोलॉजी मतलब कहानियों का गुलदस्ता। एक संकलन।

उसमें हर एपिसोड में एक मेडिकल केस आकर ख़त्म हो जाता है। लेकिन उसमें जो डॉक्टर्स शामिल हैं, उनकी अलग ज़िन्दगी चल रही है। उनके बीच प्यार भी हो रहा है और झगड़े भी।

एक और तरह का नैरेटिव है, जिसे हम लूप कह सकते हैं। हर एपिसोड में एक कहानी आकर ख़त्म हो रही है लेकिन कुल मिलाकर उनकी दुनिया में कोई ख़ास फ़र्क़ पड़ नहीं रहा है। कोई एक ही चीज़ बार-बार हो रही है। 'विक्रम बेताल' लीजिए। विक्रम जाता है, बेताल को पकड़ता है। बेताल कहता है, विक्रम, बहुत लम्बा रास्ता है। तो वह विक्रम को कोई कहानी सुनाता है। बस अपनी एक शर्त बताता है कि पूरी कहानी के दौरान विक्रम को चुप रहना पड़ेगा। अगर उसने मुँह खोल दिया तो बेताल भाग जाएगा। कहानी के अन्त में वह एक नैतिक-सा सवाल पूछता है। कहानी में डूबा विक्रम यह जवाब दे देता है और बेताल भाग जाता है। अगले एपिसोड में फिर विक्रम बेताल को पकड़ता है। यही सिलसिला फिर शुरू होता है। यह लूप चलता ही रहता है।

दुनिया का सबसे विख्यात लूप है '1001 अरेबियन नाइट्स' यानी 'अलिफ लैला'। ईरान का एक बादशाह है जो बहुत क्रूर है। वो अपने राज्य में एक-एक करके लड़कियों से शादी करता है। सुहागरात के बाद अगली सुबह वो अपनी पत्नी को मार डालता है। शहरजादी नाम की एक लड़की कहती है कि वो बादशाह के आतंक से राज्य की लड़कियों को बचाएगी। वो बादशाह से शादी करती है। सुहागरात में वो राजा से कहती है कि रात बहुत लम्बी है। आपको एक कहानी सुनाऊँ? राजा कहता है, सुनाओ। वो कहानी सुनाती है। ज्यों ही सुबह होती है वो कहानी को क्लिफहैंगर क्षण पर छोड़ देती है। उत्सुकता वाले मोड़ पर कहानी रुकती है। राजा अगली रात तक सुनने के लिए बेचैन हो जाता है। लड़की को मार नहीं सकता। वो इस तरह एक हज़ार एक रातों तक कहानी सुनाती है। कहानियों के कहने और सुनने के जादुई अन्दाज़ से राजा की मानसिकता में बदलाव आता है। वह लड़कियों की हत्या करने वाले पागलपन को छोड़ देता है। यह एपिसोडिक ढंग से कहानी कहने का क्लासिक उदाहरण है।

एपिसोड लिखने में जो एक और श्रेणी है उसे एंथोलॉजी सीरीज कह सकते हैं। एंथोलॉजी मतलब कहानियों का गुलदस्ता। एक संकलन। इसमें हर एपिसोड में अपनी एक कहानी होती है। किरदार होते हैं। मतलब एक एपिसोड में एक कहानी कह दी जाती है। दूसरे एपिसोड में कोई और कहानी और तीसरे एपिसोड में तीसरी

कहानी। ऐसे में हर एपिसोड एक फ़िल्म की तरह हो जाता है, और दूसरे एपिसोड से उसका कोई सम्बन्ध नहीं होता।

फिर सारे एपिसोड में आपस में कनेक्शन क्या है? कनेक्शन या तो जोनर का हो सकता है जैसे 'आहट' या 'जी हॉरर शो' हॉरर सीरीज है। बस जोनर हॉरर है लेकिन कहानियाँ हर एपिसोड में बदलती जाती हैं। थीम भी किसी शो के एपिसोड्स को आपस में कनेक्ट कर सकती है। जैसे प्रेमचन्द की कहानियों पर गुलजार ने दूरदर्शन के लिए एपिसोड बनाए। जैसे नेटफ्लिक्स पर 'ब्लैक मिरर' नाम से मशहूर शो है, जो कि निकटतम भविष्य में विज्ञान और तकनीक के विस्तार से मनुष्य की क्या हालत हो जाएगी, इस पर एक अलग तरह की ब्लैक ड्रामेडी है। हर एपिसोड एक नई कहानी है लेकिन अपनी थीम के कारण वह आपस में जुड़ा है। कुछ शो अपनी सेटिंग के कारण भी आपस में जुड़े हो सकते हैं और लोकप्रिय होते हैं। जैसे 'मालगुडी डेज़' जो मालगुडी में सेट है लेकिन उसमें कई अलग-अलग कहानियाँ हैं।

पोलैंड के फ़िल्ममेकर क्रिस्टोफ़ किस्लोवस्की ने 'डेकालॉग' नाम की एक सीरीज बनाई थी। उन्होंने बाइबिल के जो दस कमांडमेंट्स या आज्ञाएँ हैं, उन्हीं को केन्द्र में रखकर अपने एपिसोड बनाए। वो दसों कहानियाँ पोलैंड के उपनगर की एक हाउसिंग सोसाइटी की कहानियाँ हैं। वे सारे किरदार एक ही इमारत में रहते हैं। एक-दूसरे से बहुत ज़्यादा मिलते-जुलते नहीं हैं। सबकी अलग-अलग दस कहानियाँ हैं। इस तरह के एपिसोड में शुरुआत, मध्य और अन्त वैसे ही होगा जैसे सिनेमा में होता है।

आमतौर पर शो या धारावाहिक का लेखन तीन-चार लेखक मिलकर करते हैं, क्योंकि यहाँ कई-कई घंटों की कहानी लिखनी है। अगर आप अकेले कमरे में बैठकर लिखना पसन्द करते हैं तो धारावाहिक लिखना थोड़ा मुश्किल हो सकता है। वहीं अगर आपको दूसरों के साथ मिलकर लिखने में मज़ा आता है, तो शायद आप धारावाहिक के लेखक बन सकते हैं।

फ़िल्म और शो के लेखन में हम कितनी भी समानताएँ या अन्तर ढूँढ़ लें, सबसे बड़ी बात तो यही है कि दोनों में आपकी कहानी को इमोशन पर आधारित होना चाहिए। जो दर्शक को छू ले, वही कहानी बनती है, और सफल होती है। माध्यम जो भी हो, हमें ये कभी नहीं भूलना चाहिए।

परिशिष्ट

अक्सर पूछे जाने वाले सवाल

यहाँ कुछ ऐसे सवालों के जवाब हैं जो आमतौर पर नए लेखकों के मन में उठते रहते हैं :

- *स्क्रिप्ट और स्क्रीनप्ले में क्या अन्तर है?*

  फ़िल्म की स्क्रिप्ट को ही स्क्रीनप्ले कहते हैं। भारत के बाहर किसी से भी पूछेंगे तो वो स्क्रिप्ट और स्क्रीनप्ले का एक ही मतलब समझेंगे। हमारे यहाँ भी काफ़ी लोग ऐसा ही समझते हैं। लेकिन हमारे यहाँ फ़िल्म लेखन के प्रशिक्षण का अभाव रहा है। कई बार यहाँ फ़िल्म लेखन सामूहिक ढंग से होता रहा है। कोई कहानी लेकर आया, फिर किसी ने पटकथा लिखी और बाद में किसी और लेखक के साथ मिलकर संवाद लिखे गए। इसलिए यहाँ फ़िल्म लेखन को तीन हिस्सों में बाँटा गया। पहला कहानी, दूसरा उस फ़िल्म के दृश्यों का ढाँचा यानी स्क्रीनप्ले और तीसरा, उन दृश्यों में बोले जाने वाले संवाद। तो हमारे यहाँ जो दृश्यों का ढाँचा है, वो स्क्रीनप्ले है। इसलिए यहाँ फ़िल्मफेयर में तीन अलग अवार्ड होते हैं कहानी, पटकथा और संवाद के। ऑस्कर में केवल स्क्रीनप्ले का अवार्ड होता है। आप भारतीय सन्दर्भ में देखना ही चाहते हैं तो स्क्रीनप्ले फ़िल्म के दृश्यों का ढाँचा है और स्क्रिप्ट का मतलब है पूरी फ़िल्म की कहानी और संवादों के साथ पटकथा। अन्तरराष्ट्रीय मानदंडों पर तकनीकी रूप से दोनों एक ही हैं।

- *फ़िल्म लेखन के लिए सॉफ़्टवेयर कौन-से हैं?*

  बहुत सारे सॉफ़्टवेयर आपको ऑनलाइन मिल जाएँगे। फ़ाइनल ड्राफ़्ट (Final Draft) काफ़ी कॉमन है। इसके अलावा Celtx और Fade In

भी हैं। इनमें कुछ पैसे देकर आपको डाउनलोड करने होते हैं। कुछ मुफ़्त में उपलब्ध हैं। इनके इस्तेमाल में ज़्यादा उलझन नहीं है। एक बार काम करने लगेंगे तो अभ्यस्त हो जाएँगे।

- *पटकथा कितने पेज की होती है?*

  परिभाषा के हिसाब से फ़ीचर फ़िल्म कम-से-कम 70 मिनट लम्बी होती है। अगर आप फ़ीचर फ़िल्म लिख रहे हैं तो आपकी पटकथा कम-से-कम 70 पेज की होनी चाहिए। आमतौर पर पटकथा को फ़ॉर्मेट में लिखने के बाद माना जाता है कि उसका एक पेज फ़िल्म के लगभग एक मिनट के बराबर होता है। उसमें गाने और क्रेडिट रोल्स जोड़ दें तो दो घंटे की फ़िल्म के लिए एक सौ पाँच से दस पेज की पटकथा ठीक होती है। सामान्यतया इसमें पाँच-दस मिनट से ज़्यादा का हेर-फेर नहीं होता है। ज़्यादा लम्बी पटकथाओं को पढ़ने में लोग आलस करते हैं। इसलिए आप सौ से 115 के बीच अपनी पटकथा को सेट करने की कोशिश करिए। सौ से कम पेज का स्क्रीनप्ले होगा तो उसे जल्दी पढ़े जाने के चांस हैं।

- *मैंने एक महान स्क्रिप्ट लिख डाली है। उसको मुझसे बेहतर कोई और कैसे निर्देशित कर सकता है?*

  इसे मान लीजिए कि फ़िल्म लिखना और निर्देशित करना दो अलग चीज़ें हैं। निर्देशन में 90 प्रतिशत काम लोगों को मैनेज करना है। जिस फ़िल्म पर डेढ़-दो सौ लोगों का क्रू काम कर रहा है, उस टीम को कैसे आप मोटिवेटेड रखें कि उसका असर फ़िल्म पर न पड़े। अनुशासन भी रखें। सब लोगों की प्रतिभा को मैनेज करते हुए उसका इस्तेमाल भी करें। बचा हुआ 10 प्रतिशत काम भी ऐसा होता है कि जैसे कैमरा एंगल और मूवमेंट को समझना। एडिट के रिद्म को समझना। दृश्यों और ध्वनि की भीतरी लय को पकड़ना। ये सब लेखक के लिए जानना ज़रूरी नहीं होता। वो जाने तो बुरी बात नहीं है लेकिन निर्देशक को यह सब देखना ही होता है। इसलिए फ़िल्म का ऑथर निर्देशक ही माना जाता है, क्योंकि इतने विभागों को मैनेज करते हुए वह अपनी बात कहता है। यह एक अलग कौशल है। निर्देशक किसी पटकथा को उठाता है तो उसकी हर बारीक़ी को अपने ढंग से पर्दे पर दिखाता है। यह उसका माध्यम है। लेखक का काम निर्देशक को एक गाइड लाइन देने का है। यह भी मुमकिन है कि आप उन लेखकों में हैं, जो निर्देशित करना जानते हैं और बहुत अच्छे

से निर्देशित कर सकते हैं। लेकिन बस इसलिए कि आपने एक स्क्रिप्ट लिखी है, आप ही उसके लिए सबसे अच्छे निर्देशक होंगे, ऐसा क़तई ज़रूरी नहीं।

- *क्या निर्देशक शूटिंग के दौरान स्क्रिप्ट में बदलाव करते हैं, और ऐसा करते हैं तो क्या वे लेखक से अनुमति लेते हैं?*

हाँ, बदलाव तो मुमकिन है। पटकथा को सेट पर कोई भी निर्माता, एक्टर आदि बदल सकता है। लेकिन उस बदलाव को करने के लिए निर्देशक से पूछा जाएगा। इस पर लीगल अधिकार निर्माता का होता है। उसके पास क्रिएटिव राइट्स होते हैं। व्यावहारिक तौर पर निर्माता को अपने निर्देशक पर भरोसा होता है। वे निर्देशक का निर्णय ही अन्तिम मानते हैं। लेखक से आमतौर पर इसकी अनुमति नहीं ली जाती क्योंकि लेखक का काम शूटिंग से पहले तक ख़त्म हो गया है। लेकिन कई निर्देशक ऐसे भी हैं जो लेखक से भी सलाह-मशविरा करते हैं। विमर्श के बाद किसी निष्कर्ष पर पहुँचते हैं। लेकिन लेखक से अनुमति तो नहीं लेते हैं। इसलिए ऐसा कुछ हो रहा है तो परेशान मत होइए। लिखकर काम ख़त्म करने के बाद अपने निर्देशक पर भरोसा करिए।

- *मेरे पास एक फ़िल्म का बेहतरीन आइडिया है, तो मेरा पहला क़दम क्या होना चाहिए?*

अगर आप यह किताब पढ़ेंगे तो आपको इस सवाल का जवाब मिल जाएगा कि अगर आपके आइडिया में दम है तो आइडिया वाले अध्याय में बताए गए मापदंडों पर उसे परखने की कोशिश करें और क्रमवार आगे बढ़ें।

- *दिमाग़ में एक आइडिया आ गया है, वहाँ से पटकथा का फ़ाइनल ड्राफ़्ट लिखने में कितना समय लगता है?*

इसकी कोई तय सीमा नहीं है। ऐसे भी उदाहरण हैं कि पन्द्रह दिन से एक महीने में लोगों ने पटकथाएँ लिखकर फ़िल्में बनाईं और वे चल निकलीं। आठ-दस साल तक किसी फ़िल्म पर काम किया और क्लासिक फ़िल्में बनाईं। यह लेखक के रूप में आप पर निर्भर करता है। अगर आप ठीक-ठाक प्रतिभा वाले मेहनती लेखक हैं तो छह महीने से लेकर क़रीब डेढ़ साल के बीच आप एक पटकथा को तैयार कर सकते हैं।

उससे ज़्यादा भी समय लग जाए तो परेशान होने की ज़रूरत नहीं है। फ़िल्म की कहानी के साथ आपको बहुत समय तक रहना होता है।

- *क्या मैं स्क्रीनराइटिंग को पार्ट टाइम जॉब की तरह कर सकता हूँ?*

  हाँ, कर सकते हैं। जब तक आपके पास कुछेक बाउंड पटकथाएँ नहीं हैं, आपकी एक लेखक के रूप में पहचान नहीं बनी है, लोग आपको नहीं जानते हैं, तब तक यह काम पार्ट टाइम जॉब की तरह कर सकते हैं। पटकथा को विकसित करने के दौरान आपको कोई पैसा मिलेगा नहीं और आप परेशान रहेंगे। पैसा आने का स्रोत बन्द मत करिए। एक समय के बाद जब लगे कि आपके पास दो-तीन अच्छी पटकथाएँ तैयार हो गई हैं, लोग उनको पढ़कर अच्छा फ़ीडबैक दे रहे हों, जब काम मिलने लगे, लेखन से पैसे मिलने लगें तो आप फुल टाइम लेखक बन सकते हैं। लेकिन कोशिश करिए कि स्क्रीनराइटिंग जल्द से जल्द आपके लिए फुल टाइम काम हो जाए क्योंकि यह मुश्किल काम है। आपको साधना करनी पड़ती है। फुल टाइम आएँगे, तभी कुछ पार पड़ेगी। कुछ समय के लिए पार्ट टाइम बने रह सकते हैं।

- *मैंने एक शॉर्ट फ़िल्म लिखी है, क्या इसी अनुभव के आधार पर मैं टीवी के लिए या फ़ीचर फ़िल्म लिख सकता हूँ?*

  इसका जवाब हाँ भी है और न भी। शॉर्ट फ़िल्म में भी आपको सोचना और लिखना तो वैसे ही पड़ता है, लेकिन शॉर्ट फ़िल्म लिखने और फ़ीचर फ़िल्म लिखने में फ़र्क़ बहुत ज़्यादा है। फ़ीचर फ़िल्म और लम्बे शो लिखने में आपको अलग ढंग से चलना होगा। ऐसे समझिए कि आप बढ़िया टी 20 खेलते हैं तो क्या आप टेस्ट भी खेल लेंगे? उसमें बल्ला वैसे ही पकड़ना है, रन वैसे ही बनाने हैं। हैलमेट-पैड वैसे ही पहनना है। बॉल वैसे ही 22 गज से फेंकी जानी है लेकिन आप जानते हैं टी 20 और टेस्ट मैच में बहुत फ़र्क़ है।

- *स्क्रीनराइटर्स आइडियाज़ कहाँ से लाते हैं? वो अपने आइडिया पर ही काम करते हैं या किसी और के आइडिया पर भी?*

  निर्माता या निर्देशक आपको बुलाकर अपना आइडिया सुनाकर उसे विकसित करने को कह सकता है। या फिर वो पूछ सकता है कि आपके पास कोई आइडिया हो तो सुनाइए। अगर उनको आइडिया पसन्द आता

है तो आप काम शुरू कर सकते हैं। आइडिया आते कहाँ से हैं, तो इसका जवाब है, जीवन से। किसी घटना से। अख़बार में छपी ख़बर से। लेखक इतनी फ़िल्में देखते हैं और साहित्य पढ़ते हैं। किसी एक किरदार या घटना से प्रभावित होकर वो पूरी फ़िल्म पर काम कर सकते हैं। आप चाहें तो रोज़ एक आइडिया लिख सकते हैं। उनमें कुछ ख़राब होंगे और कभी-कभार अच्छे आइडियाज़ भी निकल आएँगे। इसके लिए भी अनुशासन चाहिए। आपको लिखना तो पड़ेगा ही।

- *जब मैं आइडिया पर काम कर रहा हूँ तो किस स्तर पर जाकर किसी और से फ़ीडबैक लूँ?*

हमारी राय है कि एक फ़ीडबैक मैकेनिज़्म बनाइए। अपने दोस्तों, परिचितों के ऐसे समूह को पकड़िए जिसे बौद्धिक तौर पर आप पसन्द करते हैं और उनके तटस्थ फ़ीडबैक पर यक़ीन करते हैं। आप जिसकी दिमाग़ी तौर पर इज़्ज़त नहीं करते, उसके फ़ीडबैक की इज़्ज़त भी नहीं करेंगे। आप भावुक और रचनात्मक स्तर पर जिन लोगों को पसन्द करते हैं, उनको पढ़ने के लिए दें। अब सवाल है कि कब दें? यह इस पर निर्भर है कि सामने कौन है। अगर पटकथा को समझने वाला कोई है तो एक पेज के सिनॉप्सिस पर भी आपको राय दे सकता है कि यह आइडिया काम कर सकता है या नहीं। जो फ़िल्म के क्राफ़्ट को नहीं समझते उनके लिए इसका कोई मतलब नहीं है। उनको आप पूरी पटकथा के क्राफ़्ट पर काम करने के बाद सुनाएँगे तो ज़्यादा अच्छा है। यानी अलग-अलग लोगों से अलग-अलग समय फ़ीडबैक लीजिए। इसमें भी निष्पक्ष फ़ीडबैक लेने की कोशिश करिए। अगर आप कहानी के हर स्तर पर बार-बार फ़ीडबैक लेंगे तो उसमें ईमानदारी नहीं रहेगी। बेहतर है कि जब तक आप कहानी को पाँच-सात पन्नों में अच्छे से उतार-चढ़ाव के साथ न लिख लें और ख़ुद आश्वस्त नहीं हो जाएँ, किसी से फ़ीडबैक न लें।

- *स्क्रीनराइटर की ज़िन्दगी कैसी होती है?*

स्क्रीनराइटर लेखन को काम की तरह लेता है। रोज़ उठकर लिखना होता है। आप यह नहीं कह सकते कि आज मूड नहीं है। लिखने के समय और स्थान को आप बाक़ी लोगों से बचाकर रखिए। लिखने का काम लिखकर ही हो सकता है। अपने-आप के साथ रहकर ही हो सकता है। एक स्क्रीनराइटर के दिन का कुछ समय निर्माताओं और निर्देशकों से

मिलने में जाता है। जब आपकी फ़िल्म पर काम चल रहा होता है तो कुछ समय आप प्री-प्रॉडक्शन में भी गुज़ारते हैं। शूटिंग पर ज़रूरत के मुताबिक़ आपको बुला लिया जाता है। बहुत कम होता है कि आपको अवार्ड मिल रहा है, पार्टी हो रही है और आपको ख़ासतौर पर बुलाया जा रहा है। लेकिन यह सब भी एक लेखक की ज़िन्दगी का हिस्सा है।

- *क्या सफलता और प्रसिद्धि कभी स्क्रीनराइटर के जीवन में आते हैं?*

अगर आप अपने क्राफ़्ट और काम को प्यार करते हैं, तो स्क्रीनराइटर की ज़िन्दगी अच्छी है। राइटर को जितना पैसा मिलता है, वो इतना कम नहीं होता कि आप ग़रीबी में जिएँ। आपको पैसे को मैनेज करना आना चाहिए और अपने ख़र्च को लेकर सचेत रहना चाहिए। टीवी में काम करने से आपको लगातार और नियमित पैसा मिलता है। आप अगर अच्छे लेखक हैं तो अच्छे से जीवन-यापन कर सकते हैं। लेकिन हाँ, थोड़ा दुर्भाग्यपूर्ण है कि इंडस्ट्री में जितनें पैसे बाक़ी लोगों को मिलते हैं उतने स्क्रीनराइटर को नहीं मिलते। इसकी चिन्ता समय-समय पर इंडस्ट्री के दिग्गज करते भी हैं लेकिन कोई सकारात्मक काम नहीं करता। सब लोग सिर्फ़ बातें करते हैं। ख़ैर, कुल मिलाकर अगर आप लेखन से प्यार करते हैं तो लेखक का काम मज़ेदार होता है। अगर आपको केवल सफलता और बहुत सारे पैसे से ही मतलब है और लिखना सिर्फ़ उसका निमित्त भर है तो आपको स्क्रीनराइटर की ज़िन्दगी में मज़ा नहीं आएगा। पैसा और नाम भी तब ही होगा अगर आप अच्छा काम करेंगे।

- *क्या फ़िल्म या टीवी लेखन को सीखने के लिए प्रशिक्षण ज़रूरी है?*

बिलकुल ज़रूरी है। जैसे आप संगीत और खेल का प्रशिक्षण लेते हैं, डॉक्टर या इंजीनियरिंग की पढ़ाई करते हैं, वैसे ही स्क्रीनराइटिंग एक महत्त्वपूर्ण क्राफ़्ट वाला काम है। उसे सीखा जाना चाहिए। इसका हमने शुरुआती अध्याय में ज़िक्र भी किया है। आप पर निर्भर है कि आप उसे किसी इंस्टीट्यूट में एडमिशन लेकर सीखते हैं या ख़ुद पढ़ते हुए और सिनेमा देखते हुए सीखते हैं। लेकिन स्क्रीन के लिए लिखना एक टेक्निकल काम है। उसे सीखे बिना आप अच्छे स्क्रीनराइटर नहीं बन सकते।

- *मुझे डर है कि प्रशिक्षण से मेरा लेखन काफ़ी मैकेनिकल हो जाएगा। लेखन की ईमानदारी, स्वाभाविकता और मौलिक गुण शायद ग़ायब हो*

जाएँ, क्योंकि मैं तो पहले से ही बहुत अच्छा लेखक हूँ।

हाँ, आपको शुरुआत में ऐसा लग सकता है। लेकिन धीरे-धीरे लगातार काम करते हुए वो आपकी आदत में आएगा तो आपके लेखन की स्वाभाविकता और क्राफ़्ट का सन्तुलन बन जाएगा। इसलिए प्रशिक्षण और सीखने का हमेशा लाभ होता है। स्वाभाविक गुण के जाने के डर से म्यूज़िक कंपोज़र या गायक सीखना छोड़ दें तो वे बहुत आगे तक नहीं जा सकते।

- *स्क्रीनराइटिंग के लिए कितना लम्बा प्रशिक्षण काफ़ी है?*

यह आप तय नहीं कर सकते हैं। यह जीवनभर चलने वाली प्रक्रिया है। लेकिन किसी ने एक मज़ेदार बात कही है कि अगर आपने चार मौलिक पटकथाएँ लिख ली हैं तो आप ख़ुद को स्क्रीनराइटर कह सकते हैं। आपका प्रशिक्षण और काम साथ चलता है। लिखने के दौरान आप सीख ही रहे होते हैं।

- *प्रशिक्षण पूरा करने के बाद क्या मेरी नौकरी की गारंटी है?*

नहीं। ऐसा नहीं है। नौकरी की गारंटी तो डॉक्टरी की पढ़ाई के बाद भी नहीं है। लेकिन एक प्रशिक्षण के बाद आप आते हैं तो आपको काम मिलने के अवसर बढ़ जाते हैं।

- *मैंने उपन्यास लिखा है। कहानियाँ भी लिखता रहा हूँ। क्या मुझे भी स्क्रीनराइटिंग सीखनी होगी। या मैं स्वाभाविक रूप से ही स्क्रीनराइटर हूँ?*

नहीं। ऐसा नहीं है। उपन्यास, कहानियाँ और कविताएँ लिखने से स्क्रीनराइटिंग एकदम अलग काम है। उसको सीखना ही पड़ेगा। हाँ, आप यह सब लिखते हैं तो आपको इमोशन को पकड़ने का अनुभव बेहतर हो सकता है, लेकिन सीखना तो आपको पड़ेगा।

- *मैं तो डायरेक्टर बनना चाहता हूँ, क्या मुझे भी स्क्रीनराइटिंग का प्रशिक्षण लेना चाहिए?*

स्क्रीनराइटिंग के प्रशिक्षण से तो अभिनेता, कैमरामैन सबको फ़ायदा होता है। डायरेक्टर को अगर पटकथा की समझ है तो वो बहुत मदद करती है। आदर्श बात है कि आप सीखें। लेकिन माना जाता है कि फ़िल्म मेकिंग में तीन ख़ास चीज़ें होती हैं—लेखन, कैमरा और सम्पादन। निर्देशक को

इन तीन विभागों में से किसी एक में तो महारत होनी चाहिए। वो एक अच्छा एडिटर हो सकता है, या कैमरामैन हो सकता है या लेखक भी। किसी एक विभाग में महारत के बाद बाक़ी दो विभागों का काम चलाने लायक़ ज्ञान भी निर्देशक को ले लेना चाहिए।

- *किन लेखकों की पटकथा हमको पढ़नी चाहिए? ये पटकथाएँ कहाँ से पढ़ सकते हैं?*

हिन्दी फ़िल्मों की पटकथाएँ छापने का रिवाज काफ़ी कम है। कुछेक प्रयास इन दिनों चल रहे हैं। लेकिन अंग्रेज़ी की सभी बड़ी और अच्छी फ़िल्मों की पटकथा गूगल पर ढूँढ़ कर आप पढ़ सकते हैं। एक वेबसाइट है—www.simplyscripts.com जहाँ आपको अंग्रेज़ी में काफ़ी पटकथाएँ मिल जाएँगी। जो फ़िल्में पसन्द हैं, उनकी पटकथाएँ पढ़िए। आरोन सोरकिन, कोएन ब्रदर्स, क्वेंटिन टारनटिनो, बिली वाइल्डर, चार्ली कॉफमन, रिचर्ड लिंकलेटर, एलेग्जेंडर पेन और वुडी एलन से आप शुरुआत कर सकते हैं। भारतीय पटकथाओं का लाभ यह है कि आप भारतीय समाज और मूल्यों के लिहाज़ से चीज़ों को समझने की कोशिश करेंगे। हम सांस्कृतिक-सामाजिक परिवेश की बात करते हैं। आपको भारतीय लेखकों की पटकथाओं में मिलेगा। जैसे किसी भी एक कहानी को अलग-अलग निर्देशक कैसे डील करते हैं। इसके लिए पीसी बरुआ, बिमल रॉय और संजय लीला भंसाली की 'देवदास' की पटकथाओं को पढ़कर आप अन्तर समझ सकते हैं कि एक ही उपन्यास के किरदारों को वो पेश कैसे करते हैं। हिन्दी में इन दिनों में जयदीप साहनी, जुही चतुर्वेदी की फ़िल्मों की पटकथाएँ आप पढ़िए। वरुण ग्रोवर की 'मसान' की पटकथा पढ़िए। 'मुन्नाभाई एमबीबीएस' और 'लगे रहो मुन्नाभाई' की पटकथाएँ भी उपलब्ध हैं। गुरुदत्त की फ़िल्मों की पटकथाएँ आप ढूँढ़कर पढ़िए। सलीम-जावेद की कुछ पटकथाएँ आपको पढ़नी चाहिए। अच्छा उपाय तो यह भी है कि आप अपनी सबसे प्रिय फ़िल्म की पटकथा पढ़ें और उस फ़िल्म को भी देखें।

- *मैंने एक पटकथा पढ़ी, तो वह काम मुझे काफ़ी टेक्निकल लगा। यह किसी निर्देशक और निर्माता को इमोशनल अनुभव कैसे देगा?*

फ़िल्म वालों की आदत होती है कि वे पढ़ते हुए लगभग फ़िल्म ही देख रहे होते हैं। एक आम आदमी को शायद बार-बार पढ़कर इमोशनल

अनुभव हो, या फिर कई पटकथाओं को पढ़ के पहले आदत हो जाए तो वो टेक्निकल नहीं लगता।

- *कौन सी फ़िल्में हैं जो पटकथा लिखना सीखने के लिए मुझे देखनी चाहिए?*

इंटरनेट पर बहुत लम्बी सूची आपको इस बारे में मिलेगी। चुनकर देखिए। इसका फ़ॉर्मूला यही है कि बेस्ट पटकथा अवार्ड वाली उन फ़िल्मों को देखिए, जिनको ऑस्कर, गोल्डन ग्लोब या हमारे यहाँ फ़िल्म फेयर और स्क्रीन अवार्ड मिले हों या वे इसके लिए नॉमिनेट हुए हों। हर साल आपको कम-से-कम दो सौ फ़िल्में देखनी ही चाहिए। यह आपका काम है।

- *कौन सी किताबें हैं जो स्क्रीनराइटिंग सीखने के लिए पढ़ना चाहिए?*

यह भी आप पर निर्भर करता है। बस हमारा इतना कहना है कि किसी किताब को रूल की तरह मत लीजिए। जैसा हम पहले ही कह चुके हैं, उसे टूल की तरह लीजिए। हर किताब के अपने गुण-दोष होते हैं। हमारी इस किताब के साथ भी ऐसा ही होगा। लेकिन हिन्दी में इस तरह की किताबों की उपलब्धता काफ़ी कम है। अंग्रेज़ी में आपके पास काफ़ी विकल्प हैं। कुछ किताबों का ज़िक्र इस किताब में भी किया है। हम ये मानते हैं कि इस किताब में हमने इतना सब समेटने की कोशिश की है कि आप बस एक-दो साल बैठकर लिखिए। और किताबें पढ़ने से आप लिखना नहीं सीख जाएँगे। वो लिखकर ही आएगा।

- *क्या मैं फ़िल्म की कहानी बिना पटकथा के फ़ॉर्मेट को अपनाए हुए लिख सकता हूँ?*

हाँ, बिलकुल लिख सकते हैं। कहानी तो आप गद्य में लिख सकते हैं। उसका स्टेप आउटलाइन बाद में भी तय हो सकता है। लेकिन पटकथा लिखने के समय आपको फ़ॉर्मेट सीखना होगा।

- *मुझे फ़िल्म लाइन में करियर शुरू करना है तो कितनी पटकथाएँ लिख लूँ कि मुझे लोग मान लें कि मैं अब स्क्रीनराइटर हूँ?*

अच्छी पटकथा लिखना बहुत मुश्किल काम है। जब आप एक अच्छी स्क्रिप्ट लिखकर लाते हैं तो लोग आपको नोटिस करते हैं। यह बात सच है। कोशिश रहनी चाहिए कि तीन-चार पटकथाएँ अच्छे से लिख लें। किसी ने आपको पैसा नहीं दिया है। बस आप लिख लें। कोशिश करें

कि सबकी श्रेणी यानी जोनर अलग हो। एक कॉमेडी हो, एक थ्रिलर हो और एक ड्रामा हो या हॉरर हो। कोशिश करिए कि तीनों अलग-अलग बजट वाली फ़िल्में हों। कोई स्मॉल बजट हो, कोई मीडियम बजट और कोई महँगी। इन तीन-चार पटकथाओं से कोई भी आपकी रेंज को समझ सकता है।

- *हर दिन कितने घंटे मुझे लिखना चाहिए?*

  इसका कोई तय नियम नहीं है। जितना समय मिलता है, कोशिश करिए कि उसका ज़्यादा-से-ज़्यादा इस्तेमाल करें। आप नए लेखक हैं। घर चलाने के लिए कुछ और काम करते हैं तो अपने समय को मैनेज करिए। रोज़ कम-से-कम एक घंटा तो लिखिए। अगर आप फुल टाइम लेखक हैं तो आपको तीन से चार घंटे रोज़ लिखना चाहिए। आपको पढ़ना भी बहुत चाहिए। बाक़ी समय में सिनेमा देखना चाहिए। एक साल में लगभग 1000 से 1200 घंटे आप लिख रहे हैं तो यह ठीक है। बहुत कम लोग ऐसा कर पाते हैं।

- *जब मैं लिखने बैठता हूँ तो मुझे समझ में नहीं आता कि मैं अपनी कहानी के लिए कौन सा निर्णय लूँ। मैं हमेशा अपने किरदारों को लेकर दुविधा में रहता हूँ?*

  जब भी आपके दिमाग़ में ऐसा सन्देह आए तो एक जवाब के पीछे मत अटक जाइए। आप उसके तीन विकल्प सोच सकते हैं। वे लिख लीजिए। उसके बाद अगले दिन सोचिए कि उसमें श्रेष्ठ विकल्प क्या है। धीरे-धीरे जो श्रेष्ठ होगा वो अपना हाथ उठाकर कहेगा कि मुझे रखिए। मैं सही हूँ। तीन विकल्पों के लिए आपका दिमाग़ खुला रहना चाहिए। उससे आप अपनी रचनात्मकता को पैना कर रहे हैं। एक विकल्प का दबाव हमेशा हटाकर देखिए।

- *क्या स्क्रीनराइटिंग सीखने के लिए सिनेमा का ज्ञान होना ज़रूरी है?*

  सिनेमा का ज्ञान होने से ज़्यादा सिनेमा से प्यार होना ज़रूरी है। जैसा कि हम बार-बार कह चुके हैं कि स्क्रीनराइटिंग एक साधना का काम है। इसलिए आपका प्यार और पैशन ही आपको ऊर्जावान रखेगा। वो प्यार ही आपके जुनून का इंजन बनेगा और आपको सक्रिय रखेगा। ज्ञान तो समय के साथ आप अर्जित करते जाएँगे।

- *मैंने पहले कभी कुछ लिखा नहीं है, लेकिन क्या मैं स्क्रीनराइटर बन सकता हूँ?*

  हाँ, बिलकुल बन सकते हैं। आपने भले ही पहले कुछ नहीं लिखा लेकिन अगर आपका भाषा का व्याकरण ठीक है, अच्छे वाक्य बना लेते हैं, इमोशन के साथ चीज़ों को सोच सकते हैं तो बाक़ी चीज़ें धीरे-धीरे सीखी जा सकती हैं। बस याद रखिए कि आधे-अधूरे मन से आप पूरे स्क्रीनराइटर नहीं बन सकते।

- *मुझे अंग्रेज़ी और हिन्दी भाषा पर अधिकार नहीं है, क्या मैं फिर स्क्रीनराइटर बन सकता हूँ?*

  हाँ। आप किसी भी भाषा को जानते हैं तो काम चलेगा। बस फ़ाइनल पटकथा को अपने किसी मित्र से कहकर आप अंग्रेज़ी में अनुवाद करवा लें। हो सकता है राइटिंग के सॉफ़्टवेयर में आपको आपकी भाषा नहीं मिले लेकिन फिर भी आप लिख तो सकते ही हैं। बहुत लोग तो माइक्रोसॉफ़्ट वर्ड में भी पटकथा लिखते हैं। रामगोपाल वर्मा, श्रीराम राघवन वर्ड में ही अपनी पटकथा लिखते हैं।

- *अगर मुझे डायलॉग हिन्दी में लिखना नहीं आता है तो क्या मैं भी पटकथा लिख सकता हूँ?*

  यह तो हमेशा होता है। आपने कहानी लिखी, पटकथा लिखी और संवाद किसी और ने लिखे। इसलिए यह कोई समस्या नहीं है कि आपको हिन्दी नहीं आती। आप अपनी कहानी लिखिए, स्क्रीनप्ले लिखिए और डायलॉग्स के लिए नया लेखक ले सकते हैं।

- *क्या पटकथा कम्प्यूटर पर लिखना ज़रूरी है? क्या उसे पेपर, डायरी या रजिस्टर में नहीं लिखा जा सकता?*

  ज़रूर लिख सकते हैं। लेकिन लिखने के बाद आपको उसे टाइप कराना ही होगा। या किसी से कहकर स्क्रीनराइटिंग के सॉफ़्टवेयर में उसको सेट कराना होगा। इससे फ़ॉर्मेट अच्छे से हो जाता है। फ़िल्म के क्रू के बाक़ी सदस्यों के लिए काम करना आसान हो जाता है। आपको अन्दाज़ा भी हो जाता है कि आपकी पटकथा की लम्बाई क्या है। सम्पादित करना आसान हो जाता है। लिख आप कैसे भी सकते हैं, लेकिन कम्प्यूटर उसको अधिक सुविधाजनक बना देता है।

- *क्या हिन्दी फ़िल्मों की स्क्रिप्ट हिन्दी की देवनागरी लिपि में लिखी जाती है?*

आमतौर पर देवनागरी में नहीं लिखा जाता है क्योंकि मुम्बई में सब लोगों को देवनागरी पढ़ने में दिक़्क़त होती है। अलग-अलग भाषाओं और लिपियों वाले देश में हर क्षेत्र के लोग होते हैं। इसलिए सबके लिए कॉमन लिपि रोमन है। तो पटकथा में विवरण आमतौर पर अंग्रेज़ी में होता है और डायलॉग हिन्दी की लाइनें होती हैं लेकिन लिखी रोमन में जाती हैं। बहुत फ़िल्मों में इस वजह से उच्चारण को लेकर समस्या होती है। लेकिन अब जो है सो है। पूरी यूनिट की सुविधा का ध्यान रखा जाना ज़रूरी है। इसलिए आप हिन्दी क्षेत्र से आ रहे हैं तो हिन्दी के क्रान्तिकारी कार्यकर्ता की तरह न आएँ। एक फ़िल्म लेखक की तरह आएँ जो पूरे क्रू की भावना को समझता है।

- *मुझे अंग्रेज़ी नहीं आती? क्या फ़िल्म इंडस्ट्री में मेरी जगह है या लोग मुझे कमतर नज़र से देखेंगे?*

यह बात सच है कि मुम्बई की फ़िल्म इंडस्ट्री में अंग्रेज़ी काफ़ी प्रचलित भाषा है। लोग बातचीत भी अंग्रेज़ी में करते हैं। लेकिन ऐसा नहीं है कि अंग्रेज़ी नहीं आने से आपको कोई कमतर नज़र से देखेगा। मुम्बई में कम लोगों की हिन्दी अच्छी होती है। आपकी हिन्दी बहुत अच्छी है तो यह गुण भी है। अंग्रेज़ी नहीं आना क़तई दुर्गुण नहीं है। आजकल तो हिन्दी बेल्ट के बहुत लेखक मुम्बई में काम कर रहे हैं। पटकथा भी आप हिन्दी में लिख सकते हैं। फ़ाइनल स्क्रिप्ट की अंग्रेज़ी में माँग आमतौर पर इसलिए होती है कि देश के अलग-अलग हिस्सों से लोग इंडस्ट्री में काम करते हैं। सबको हिन्दी नहीं पढ़नी आती। उनके लिए अंग्रेज़ी सुविधाजनक भाषा है। आपका कोई भी दोस्त उसका अनुवाद अंग्रेज़ी में करेगा या निर्माता किसी से ज़रूरत के हिसाब से अनुवाद करवा लेंगे। कई बड़े कलाकार अपनी पटकथा हिन्दी में ही माँगते हैं। जिनमें अमिताभ बच्चन, मनोज वाजपेयी और पंकज त्रिपाठी हैं। वैसे अंग्रेज़ी नहीं आने का एक नुक़सान तो है। दुनियाभर की बेहतरीन पटकथाएँ इंटरनेट पर अंग्रेज़ी में उपलब्ध हैं। आप पढ़कर सीखना चाहें तो वो मौक़ा आपके पास नहीं है। ऐसे ही दुनिया भर का बड़ा सिनेमा अलग भाषाओं में बनता है। आमतौर पर उसके सबटाइटल्स अंग्रेज़ी में होते हैं। उसको देखने में भी आपको दिक़्क़त होगी। इसलिए अंग्रेज़ी सीख लें तो बेहतर है।

- *स्क्रीनराइटर बनने के लिए क्या गुण होना चाहिए?*

सबसे बड़ा गुण तो यह चाहिए कि आप बहुत मेहनती हों। आपको बहुत लिखना पड़ता है। अनुशासन के साथ लिखना पड़ता है। प्रतिभा भी महत्त्वपूर्ण है लेकिन वो बहुत बाद में है। उससे ज़रूरी भी कई चीज़ें हैं। सिनेमा को लेकर जुनून होना चाहिए। आप में लचीलापन होना चाहिए। दूसरों के फ़ीडबैक को सुनने का धैर्य और तमीज होनी चाहिए। एक गुण यह भी है कि दुनिया को कैसे देखते हैं, कितनी उत्सुकता है, चीज़ों को जानने और समझने की। आपका ऑब्जर्वेशन कैसा है। आप चीज़ों को स्ट्रक्चर कैसे करते हैं। कम-से-कम शब्दों में कैसे अपनी बात कहना सीखते हैं। कुछ लोगों में वो कौशल होता है और कुछ लोग मेहनत करके उसको धीरे-धीरे अर्जित करते हैं। स्क्रीनराइटर बनने के लिए आपको ज़िन्दगी को जीना चाहिए। नए लोगों से मिलिए। यात्राएँ करिए। अच्छा पढ़िए। दुनिया के बारे में जानिए। इसके अलावा नई भाषाएँ और खेल सीखने की आदत डालें। जीवन में जो कुछ होता है उसको जीने की कोशिश करें। सीधा अनुभव लेने की कोशिश करें। प्रकृति के साथ, जानवरों के साथ समय बिताएँ। इसका लेखक होने में काफ़ी फ़ायदा मिलेगा।

- *मुझे सिनेमा में तो रुचि है लेकिन मुझे यह नहीं पता कि मुझे स्क्रीनराइटर ही बनना है या कुछ और।*

बेहतर यह है कि आप सिनेमा को फॉलो करते रहें। सिनेमा से प्यार करते रहें। सिनेमा में कुछ करते रहिए। बस, सिनेमा से दूर मत जाइए। धीरे-धीरे आपको समझ में आ जाएगा कि आपको क्या करना है।

- *क्या मुझे व्याकरण और भाषाई अशुद्धियों को ठीक करना चाहिए?*

स्क्रीनराइटर की भाषा बहुत ही साधारण होती है। उसमें कुछ भी जटिल नहीं होता। उसमें भी आप ग़लतियाँ करेंगे तो जो आदमी आपकी पटकथा पढ़ेगा, उसको कैसा लगेगा? इसलिए इसको तो आपको ठीक करना ही चाहिए।

- *क्या स्क्रीनराइटर बनने की कोई उम्र है?*

तेरह-चौदह साल का बच्चा लिखना सीख सकता है। 17-18 साल की उम्र में तो आराम से लिखना सीख सकते हैं। तो न्यूनतम उम्र किशोरावस्था है और इसके बाद बड़ी उम्र में कभी भी सीख सकते हैं। 45 से 50 साल

या 60 साल में भी कर सकते हैं लेकिन सच्चाई यह है कि इसे सीखने में मेहनत और वक़्त लगता है। अपने समय की पीढ़ी की नब्ज़ को पकड़ पाएँ इसलिए आपको हमेशा वक़्त के साथ चलना होता है। जेनरेशन गैप वाली पुरातनपंथी सोच के साथ आप एक प्रोग्रेसिव लेखक नहीं बन सकते या अपने समय के दर्शकों को नहीं जोड़ सकते। यह सच है कि किसी भी उम्र में आप लिखना सीख सकते हैं।

- *कोई मुझे स्क्रिप्ट लिखने के पैसे नहीं दे रहा, मैं क्या करूँ?*

लिखना आपका पैशन है तो लिखते रहिए। अपनी कहानियों और पटकथा पर काम करिए। जब आपके पास अपनी बाउंड पटकथा होगी और वो अच्छी होगी तो लोग आपकी क़ाबिलियत को समझेंगे। फिर लिखने के लिए पैसा भी देंगे।

- *फ़ाइनल फ़िल्म जो बनकर आएगी, उस पर मेरा कितना नियंत्रण होगा?*

आपका कोई नियंत्रण नहीं होगा। वो निर्माता की सम्पत्ति है और निर्देशक की रचना। वो चाहें तो आपसे राय ले सकते हैं। आपका उस पर कोई अधिकार नहीं है।

- *फ़िल्म इंडस्ट्री में मेरा कोई कनेक्शन नहीं है तो मुझे कैसे काम मिलेगा?*

अगर आपका कोई कनेक्शन नहीं है तो मुश्किल है। यह सच है। लेकिन नामुमकिन नहीं। वहाँ बहुत सी वर्कशॉप होती हैं, इवेंट्स और फ़िल्म फ़ेस्टिवल होते हैं। सब अटेंड करेंगे तो वहाँ आपके दोस्त बनने शुरू होंगे। कोई एक्टर बनना चाहता है, कोई असिस्टेंट डायरेक्टर होगा कोई कुछ और काम कर रहा होगा। ऐसे आपके मित्रों का एक सर्किल बन जाएगा। उन्हीं में से कोई आपका सन्दर्भ कहीं देगा। आपको धीरे-धीरे काम मिलना शुरू हो जाएगा। सबने ऐसा ही किया है। आप भी ऐसा ही करेंगे। जब भी कोई मौक़ा मिले तो लपककर पकड़िए और जमकर मेहनत करिए।

- *मेरे पास स्क्रिप्ट तैयार है और अच्छी बन गई है। अब मैं प्रॉडक्शन हाउसेज को कैसे अप्रोच करूँ?*

सामान्यतया प्रॉडक्शन हाउसेज चाहते हैं कि आप कहानी की एक पेज में सिनॉप्सिस लिखें। उस पेज के ऊपर एक लाइन में उस कहानी की

लॉग लाइन लिख दें। इसको पढ़कर अगर उनकी आपमें रुचि हुई तो वो आपकी पटकथा माँगते हैं। उसको पढ़ते हैं। ज़्यादातर प्रॉडक्शन हाउसेज नए और अच्छे लेखकों की तलाश में हमेशा होते हैं। आजकल कई टैलेंट मैनेजमेंट कम्पनियाँ भी हैं, जो आपका काम आगे स्टूडियोज़ तक पहुँचा सकती हैं। तो आप उनसे सम्पर्क कर सकते हैं।

- *क्या मुझे अपना आइडिया या कहानी शेयर करने से डरना चाहिए? क्या लोग मेरा आइडिया चुरा लेंगे?*

  हमारी राय यह है कि आप आइडिया किसी से शेयर मत कीजिए क्योंकि आइडिया पर क़ानूनन कोई कॉपीराइट होता नहीं है। वैसा ही आइडिया किसी और को भी आ सकता है। लेकिन आइडिया पर आपने कहानी या पटकथा लिख दी है, भले ही आपने दो पेज की कहानी लिख दी है तो आप मुम्बई में स्क्रीनराइटर्स एसोसिएशन के सदस्य बनिए और वहाँ अपनी कहानी को रजिस्टर करवा लीजिए। उनकी अधिकृत वेबसाइट www.swaindia.org है। इस पर आपको सदस्यता के बारे में जानकारी मिल जाएगी। यहाँ सदस्य बनने के बाद आप ऑनलाइन अपनी हर कहानी और पटकथा को रजिस्टर करवाएँ। यह काफ़ी मज़बूत संगठन है। अगर कोई आदमी आपकी इस कहानी को चुराएगा तो पहले सोचेगा। बिना रजिस्टर कराए आप लोगों को सुनाएँगे तो चोरी का ख़तरा हमेशा बना रहेगा।

- *क्या पटकथा किसी को देते समय नैरेशन करना ज़रूरी होता है?*

  कुछ लोग चाहते हैं कि आप नैरेशन दें लेकिन आजकल ज़्यादातर लोग उसे पढ़ना पसन्द करते हैं। आपका नैरेशन अगर मज़बूत है तो बहुत अच्छी बात है लेकिन अगर आपका लेखन मज़बूत है तो आप अच्छा लिखिए। लोग पढ़कर उसको पहचान लेंगे।

- *क्या मुझे स्क्रीनराइटर बनने या राइटिंग सीखने के लिए मुम्बई आना ज़रूरी है?*

  हमारी राय है कि पहले मुम्बई मत आइए। आप कहीं पर भी रहते हुए पटकथा लिख सकते हैं। पहले आप उस पर मज़बूती से काम करिए और फिर स्क्रीनराइटर्स एसोसिएशन में उसे रजिस्टर करवाइए। फिर यहाँ मुम्बई आकर अपनी पटकथा को पिच करिए। लोग पढ़ते रहते हैं और

उनको समझ में आ जाएगा कि आपकी पटकथा में दम है। उससे पहले मुम्बई आने की ज़रूरत नहीं है। आप आर्थिक रूप से सक्षम हैं तो पहले भी आ सकते हैं लेकिन व्यावहारिक बात यह है कि आपने अभी तक कुछ लिखा ही नहीं है, तो मुम्बई जैसे महँगे शहर में आने की ज़रूरत नहीं है।

- *मेरे ऊपर परिवार की काफ़ी आर्थिक ज़िम्मेदारियाँ हैं। क्या नए स्क्रीनराइटर के तौर पर मुझे इतना पैसा मिल जाएगा कि मैं अपने परिवार का पालन-पोषण कर सकूँ?*

शुरू में तो इतना पैसा नहीं मिलेगा। यह तय है। इसलिए आप कोई ऐसा काम या नौकरी ढूँढ़िए, जहाँ कम कोशिशों से ज़्यादा पैसा कमा सकते हैं। बाक़ी समय अपने लेखन को दीजिए। रोज़ थोड़ा समय लिखने को दीजिए।

- *जब कोई प्रोजेक्ट फ़ाइनल हो जाता है तो लेखक को पैसा कब मिलता है?*

आमतौर पर भुगतान किस्तों में होता है। आपकी पटकथा किसी को पसन्द आई है तो सबसे पहले वो साइनिंग अमाउंट देकर पटकथा अपने पास रख लेते हैं। इसके बाद के पैसे को वो तीन, चार या पाँच किस्तों में बाँट देते हैं। सामान्यतया फ़िल्म की शूटिंग ख़त्म होने तक लेखक को पूरा पैसा मिल जाना चाहिए। आदर्श स्थिति तो यह है कि लेखक का भुगतान फ़िल्म की शूटिंग शुरू होने से एक दिन पहले पूरा हो जाना चाहिए। लेकिन कुछ लोग शूटिंग तक कुछ भुगतान रोककर रखते हैं कि सेट पर कुछ बदलाव हो और लेखक की ज़रूरत पड़ जाए।

- *स्क्रीनराइटर को कितना पैसा मिलता है?*

यह कई बातों पर निर्भर करता है। पहला, फ़िल्म का बजट। दूसरा इस बात पर निर्भर करता है कि प्रोफ़ेशनली आप अपने करियर में कहाँ हैं। आप शुरुआत कर रहे हैं या दस बड़ी फ़िल्में लिख चुके हैं। उस फ़िल्म को कितने लोग और लिख रहे हैं। आपकी भूमिका क्या है लिखने में। कहानी, पटकथा और संवाद में। स्क्रीनराइटर्स एसोसिएशन के अनुसार लेखकों के भुगतान के कुछ मापदंड तय करने की कोशिश की जा रही है और वो आप उनकी वेबसाइट पर जाकर देख सकते हैं।

- *क्या लेखक के तौर पर मुझे फुल टाइम काम मिल सकता है या फिर मुझे फ्रीलांसर ही रहना होगा?*

  आमतौर पर स्क्रीनराइटर्स का काम फ्रीलांसर का ही होता है। पूर्णकालिक वेतन वाली नौकरी बहुत कम मिलती है। आपका काम प्रोजेक्ट के आधार पर ही होता है।

- *अगर मैं किसी के साथ सह-लेखक हूँ तो इसका क्रेडिट मुझे कैसे मिलेगा?*

  हॉलीवुड में तो इसको लेकर एकदम स्पष्ट मापदंड हैं। हमारे यहाँ भी कुछ मापदंड तो हैं ही। सामान्यतया आपके निर्माता और निर्देशक अच्छे लोग हैं तो आपको वे उचित क्रेडिट देंगे। जितने भी लेखक हैं, सबको उनका उचित नाम मिलता है लेकिन कई बार लेखकों के साथ अन्याय हो भी जाता है। कई बार निर्देशक ज़बरदस्ती अपना नाम लेखकों के साथ घुसा लेता है। यह समस्या तो है। लेकिन चीज़ों में धीरे-धीरे सुधार हो रहा है।

- *क्या फ़िल्म का प्रॉफ़िट मुझे मिलेगा? या मेरी कहानी पर कोई सीक्वल बन रहा है तो उसका लाभ क्या मुझे मिलेगा?*

  यह सब कुछ हमारी इंडस्ट्री में स्थापित नहीं हुआ है लेकिन धीरे-धीरे इसके मापदंड बन रहे हैं। लेखक से प्रॉफ़िट तो निर्माता शेयर नहीं करता है। लेकिन सीक्वल और किरदारों को लेकर अभी तक चीज़ें स्पष्ट नहीं हैं। हॉलीवुड में यह सब स्पष्ट है। जैसे 'स्टार वॉर्स' सीरीज में हर बार जॉर्ज लुकास का नाम आता है क्योंकि वे किरदार उन्हीं के बनाए हुए हैं। कुछ निर्माता लेखक को लाभ में से भी कुछ हिस्सा देते हैं लेकिन यह आम बात नहीं है। इसलिए इसकी अपेक्षा नहीं रखें। हाँ, कॉपीराइट एक्ट में बदलाव के बाद लेखकों को रॉयल्टी के लिए कुछ पैसा शायद मिलने लगे। पर उसके भी नियम-क़ायदे पर सोसाइटी अभी काम कर रही है। गीतकारों को तो रॉयल्टी इंडियन परफ़ॉर्मिंग राइट्स सोसाइटी के ज़रिये पहले से ही मिल रही है।

लेखन की दृष्टि से 20 महत्त्वपूर्ण हिन्दी फ़िल्में

	फ़िल्म	लेखक
1.	आनंद	हृषिकेश मुखर्जी, डी.एन. मुखर्जी, बिमल दत्ता, गुलज़ार
2.	आँखों देखी	रजत कपूर
3.	अनुपमा	हृषिकेश मुखर्जी, डी.एन. मुखर्जी, बिमल दत्ता, राजेन्द्र सिंह बेदी
4.	अर्ध सत्य	विजय तेंदुलकर, वसंतदेव डी.ए. पनवलकर की कहानी 'सूर्या' पर आधारित
5.	ब्लैक फ्राइडे	अनुराग कश्यप एस. हुसैन ज़ैदी की किताब 'ब्लैक फ्राइडे' पर आधारित
6.	दिल चाहता है	फरहान अख़्तर
7.	गोल माल	शैलेश डे, सचिन भौमिक, राही मासूम रज़ा
8.	इजाज़त	गुलज़ार, सुबोध घोष
9.	खोसला का घोंसला	जयदीप साहनी
10.	लगान	आशुतोष गोवारिकर, संजय दायमा, कुमार दवे, के.पी. सक्सेना
11.	मकबूल	विशाल भारद्वाज, अब्बास टायरवाला शेक्सपियर के नाटक 'मैकबैथ' पर आधारित

12.	मुक्ति भवन	शुभाशीष भूटियानी, असद हुसैन
13.	मुन्ना भाई एम.बी.बी.एस	राजकुमार हीरानी, विधु विनोद चोपड़ा, लाजेन जोसेफ, अब्बास टायरवाला
14.	पीकू	जूही चतुर्वेदी
15.	रंग दे बसंती	कमलेश पांडे, राकेश ओमप्रकाश मेहरा, रेंसिल डिसिल्वा, प्रसून जोशी
16.	सत्या	अनुराग कश्यप, सौरभ शुक्ला
17.	शोले	सलीम-जावेद
18.	उड़ान	विक्रमादित्य मोटवानी, अनुराग कश्यप
19.	बाज़ार	सागर सरहदी
20.	चक दे इंडिया	जयदीप साहनी

लेखन की दृष्टि से
20 महत्त्वपूर्ण अन्तरराष्ट्रीय फ़िल्में

	Film	Writer
1.	12 Angry Men	Reginald Rose
2.	Annie Hall	Woody Allen, Marshall Brickman
3.	The Apartment	Billy Wilder, I.A.L. Diamond
4.	Before Sunrise, Before Sunset, Before Midnight	Richard Linklater, Julie Delpy, Ethan Hawke, Kim Krizan
5.	Bicycle Thieves	Vittorio de Sica, Cesare Zavattini, SusoCecchid'Amico, Gherardo Gherardi, Oreste Biancoli, Adolfo Franci Based on a novel by Luigi Bartolini
6.	Casablanca	Julius Epstein, Philip Epstein, Howard Koch Based on a play by Murray Burnett and Joan Alison
7.	Citizen Kane	Herman J. Mankiewicz and Orson Welles
8.	The Godfather	Mario Puzo, Francis Ford Coppola
9.	Groundhog Day	Danny Rubin, Harold Ramis
10.	Fargo	Joel Coen, Ethan Coen

11.	In Bruges	Martin McDonagh
12.	Late Spring	Kogo Noda, YasujiroOzu
13.	Manchester by the Sea	Kenneth Lonergan
14.	Pulp Fiction	Quentin Tarantino, Roger Avary
15.	Rosemary's Baby	Roman Polanski
16.	Scenes from a Marriage	Ingmar Bergman
17.	Short Term 12	Destin Daniel Cretton
18.	Vertigo	Alec Coppel, Samuel A. Taylor Based on a novel by Pierre Boileau and Pierre Ayraud
19.	The Shawshank Redemption	Stephen King, Frank Darabont Based on a novella by Stephen King 'Rita Hayworth and Shawshank Redemption'
20.	Taxi Driver	Paul Schrader